CAMINOS de BAJA CALIFORNIA;
geología y biología para su viaje

By

John Minch, Dr.
Edwin Minch, M. en C.
Jason Minch, Lic.
Jorge Ledesma Vázquez [UABC], Dr.

63 photographias de color
164 photographias de negro y blanco
118 ilustraciones

John Minch And Associates, Inc.

Apado Postal 4244
Mission Viejo, CA 92690
(800) 367-2995, Fax (949) 367-0117

Un traducción de ROADSIDE Geology and Biology of BAJA CALIFORNIA
Basado en parte en The Baja Highway de John Minch y Thomas Leslie

Caminos de Baja California; Geología y Biología Para Su Viaje

Primera edición 2003

Impreso en USA
ISBN: 0-9631090-2-2

Library of Congress Cataloging in Publication Data
      Minch, John A
Caminos de Baja California; Geología y Biología Para Su Viaje / John A., Edwin S., Jason I. Minch and Jorge
    Ledesma-Vazquez
Translation and revision of Roadside Geology and Biology of Baja California
Derivitive work of: The Baja Highway, a Geology and Biology Field Guide for the Baja Traveler
includes bibliographical references
ISBN: 0-9631090-2-2
      1. Travel – Mexico – Baja California, 2. Geology – Mexico – Baja California, 2. Biology – Mexico – Baja California
I Minch, Edwin S. II Minch, Jason I. III Ledesma-Vazquez, Jorge, IV Title
Library of Congress Number 2003102737

Para recibir una copia de este libro favor de enviar $ 22.95 + 3.00 US dólares [7 US dólares en Mexico] para envió a nombre de: [residentes de California, añadir el impuesto respectivo]

John Minch and Associates, Inc.
P.O. Box 4244
Mission Viejo, CA 92690-4244
Teléfono: (800) 367-2995, Fax (949) 367-0117

Pregunte por precios aplicados a copias multiples
y descuentos a librerías y distribuidores.

Notas de Producción: El equipo de JMA y Generation Graphics, utilizando computadoras Macintosh, compiló este manuscrito. El manuscrito original en inglés, fue traducido en parte al español por estudiantes de la Universidad Autónoma de Baja California, Ensenada y lo convirtieron en formato para Word 2001. Las figuras fueron dibujadas a mano y escaneadas con un escáner Cannon Canoscan y éstas fueron manipuladas con Adobe Photoshop 7.0. Las fotografías en Blanco y Negro fueron escaneadas con un escáner MicroTek ScanMaker 35t y fueron manipuladas con Adobe Photoshop 7.0. VersaType Inc., escaneó profesionalmente las fotografías a color, incluyendo la de la portada con un escáner de alta calidad. Todos los componentes fueron después incorporados mediante Adobe InDesign 2.0 y llevados para la impresión en CD-Rom. Generation Graphics dirigió y supervisó todo el proyecto; y se encuentran disponibles para asistir a otros. Sus oficinas pueden ser contactadas a través de John Minch and Associates al (800) 367-2995

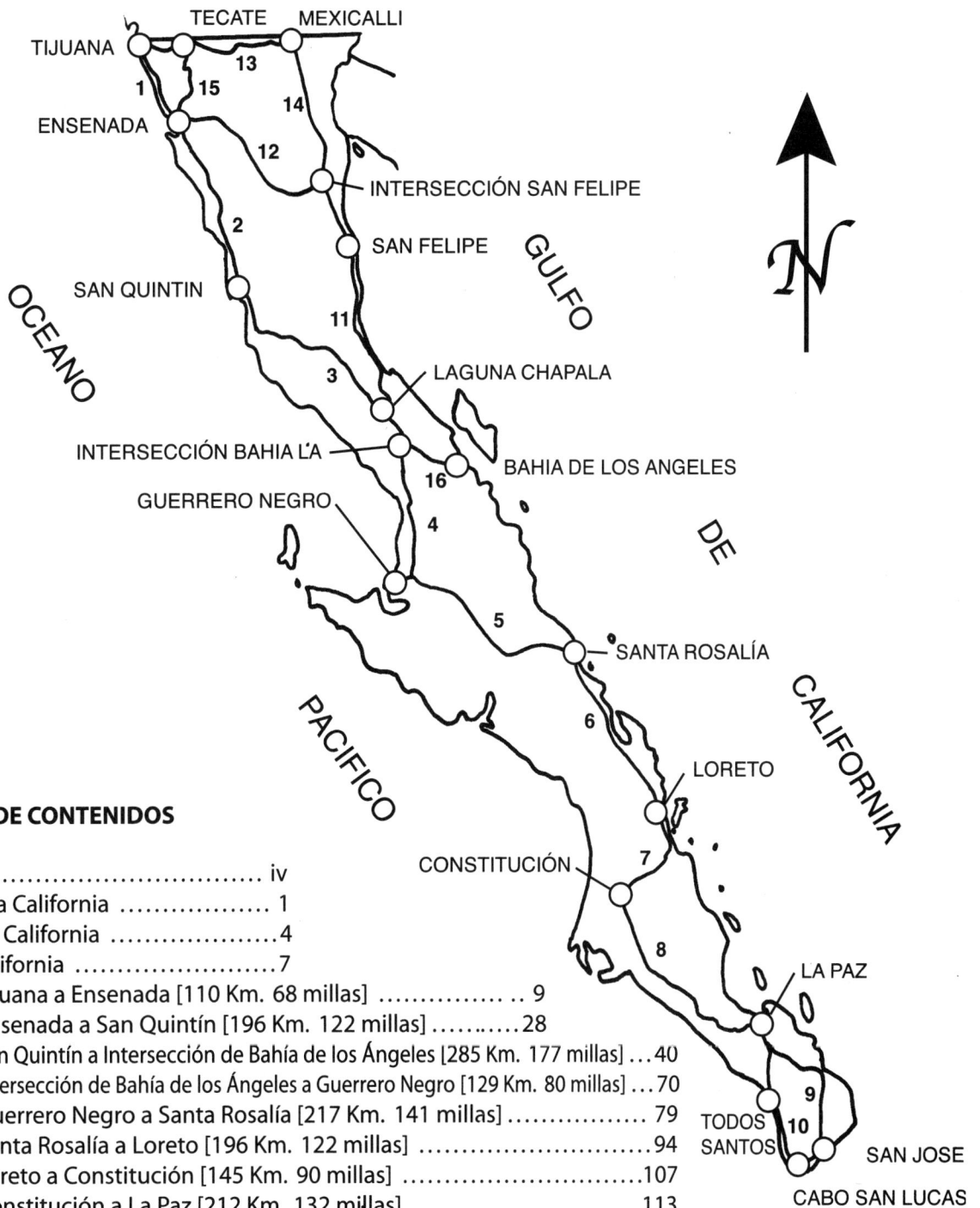

TIJUANA
TECATE
MEXICALLI
13
1
15
14
ENSENADA
12
2
INTERSECCIÓN SAN FELIPE
SAN FELIPE
GULFO
SAN QUINTIN
11
OCEANO
3
LAGUNA CHAPALA
INTERSECCIÓN BAHÍA L'A
16
BAHIA DE LOS ANGELES
GUERRERO NEGRO
4
DE
5
SANTA ROSALÍA
PACÍFICO
6
CALIFORNIA
LORETO
CONSTITUCIÓN
7
8
LA PAZ
9
TODOS
10
SANTOS
SAN JOSE
CABO SAN LUCAS

TABLA DE CONTENIDOS

Introducción iv
Geología de Baja California 1
Biología de Baja California 4
Aves de Baja California 7
Transecto 1 – Tijuana a Ensenada [110 Km. 68 millas] 9
Transecto 2 – Ensenada a San Quintín [196 Km. 122 millas] ….....…28
Transecto 3 – San Quintín a Intersección de Bahía de los Ángeles [285 Km. 177 millas] ...40
Transecto 4 – Intersección de Bahía de los Ángeles a Guerrero Negro [129 Km. 80 millas] ...70
Transecto 5 – Guerrero Negro a Santa Rosalía [217 Km. 141 millas] 79
Transecto 6 – Santa Rosalía a Loreto [196 Km. 122 millas] 94
Transecto 7 – Loreto a Constitución [145 Km. 90 millas] 107
Transecto 8 – Constitución a La Paz [212 Km. 132 millas] 113
Transecto 9 – La Paz a Cabo San Lucas [211 Km. 131 millas] 124
Transecto 10 – Cabo San Lucas a La Paz y Todos Santos [157 Km. 97 millas] 134
Transecto 11 – Laguna Chapala a San Felipe [215 Km. 133 millas] 139
Transecto 12 - San Felipe a Ensenada [245 Km. 152 millas] 147
Transecto 13 – Tijuana a Mexicali [179 Km. 111 millas] 155
Transecto 14 – Mexicali a San Felipe [190 Km. 118 millas] 165
Transecto 15 – Ensenada a Tecate [114 Km. 71 millas] 171
Transecto 16 - Carretera a Bahía de los Ángeles [66 Km. 40 millas] 176
Referencias 180
Glosario 184

AGRADECIMIENTOS

Existen numerosas personas que han contribuido a la creación de este volumen, directa e indirectamente. Deseamos agradecer a todas ellas por su apoyo. En particular a Carol Minch y a nuestras familias por las incontables horas dedicadas a trabajar en el manuscrito así como en los innumerables viajes a la Baja para verificar y compilar los transectos. También a Jennifer King quien realizo importantes contribuciones al rescribir secciones sobre la biología, así como las aves, plantas y las regiones fitogeográficas. Agradecemos también a Thomas Leslie por su contribución y trabajo en la versión previa "The Baja Highway" [Minch and Leslie, 1991]. Ese libro brindó en parte la base de donde se desarrollo el presente volumen.

Jorge Enrique Ledesma colaboró en la revisión de la tranducción y la edición final; en particular estilo y formato, así como con imagenes.

Nuestro mayor agradecimiento para Edwin Allison y Gordon Gastil quienes despertaron nuestro interés en la Baja, lo que nos ha llevado a desarrollar una apasionante exploración de la península.

**EN MEMORIA DE EDWIN CHESTER ALLISON
CALIZA DE LA FORMACIÓN ALISITOS
EN PUNTA CHINA**

CÓMO USAR ESTE LIBRO

Los transectos de este libro están referidos a las marcas de kilometraje de la carretera. Dichas marcas han permanecido relativamente constantes durante los últimos diez años y no deben de haber cambiado mucho. Los segmentos de cada transecto corresponden a la distancia consecutiva entre los puntos más importantes. Las marcas de kilometraje, en cada segmento, aumentan en Baja California, desde la frontera hasta Guerrero Negro y disminuyen hacia La Paz y Cabo San Lucas en Baja California Sur.

Es posible tomar el libro en cualquier marca de kilometraje y leer acerca de la biología y la geología que se encuentra a lo largo de la carretera. Algunas descripciones indicaran (*ver* 4:32), para que se proceda a localizar el kilómetro 32 en el transecto 4. Las fotografías y las ilustraciones estarán cercanas al texto relativo.

En esta impresión, la extensión que va de Laguna Chapala a San Felipe está sin pavimentar en su mayor parte, con escasas marcas de kilometraje, por lo que este transecto sólo es preciso en forma generalizada y las descripciones dadas pueden estar ligeramente equivocadas. En general este transecto es de difícil manejo y de mucha demanda para un vehículo.

INICIAMOS

La mayoría de los visitantes a la península ingresan por la frontera en San Ysidro al sur de San Diego, la cual es la frontera con mayor número de cruces en el mundo. Si es por esta frontera por donde usted piensa internarse le sugerimos seguir las indicaciones descritas a continuación.

Para llegar fácilmente a la carretera de cuota y de ahí hacia el sur, manténgase en el carril derecho al ingresar a México por aproximadamente 500 metros, al iniciar el descenso de la rampa cambie de carril a su izquierda [letrero; Ensenada cuota] e inicie una curva de 270° que lo llevara a un camino paralelo a la frontera hacia el Oeste, ahí inicia su viaje.

GEOLOGÍA DE BAJA CALIFORNIA

Provincias Geomorfológicas: Baja California se puede dividir en 5 provincias geomorfológicas (basándose en relieve geológico). Estas son: 1) Los bloques fallados e inclinados del Batolito Peninsular, 2) las amplias planicies del Geoclinal Cretácico, 3) Las serranías aisladas de la Sierra Costera, 4) Las sierras falladas y valles aluviales de Cuencas y Cordilleras, y 5) Las altiplanicies de las Mesetas Volcánicas. Las tres primeras provincias son resultado de la colisión durante el Cretácico de las placas de Norteamérica y del Pacífico.

1) El **Batolito Peninsular** está representado por las principales sierras graníticas del estado de Baja California, como son Sierra de Juárez, Sierra San Pedro Mártir y la sierras Sierra La Laguna de la región del Cabo. Su equivalente al norte de la frontera se denomina "Peninsular Ranges batolith". El principal tipo de roca lo constituyen los granitoides (graniodiorita, granito, tonalita) además de gabros, rocas metamórficas (esquistos, gneiss y mármol) y metavolcánicas (rocas volcánicas metamorfizadas, principalmente andesitas).

2) El **Geoclinal Cretácico** se presenta principalmente fuera de la costa en la parte norte de la Baja, observándose una angosta porción en tierra cerca de El Rosario. En Baja California Sur, se encuentra en todo el Estado, con excepción de la región de los Cabos. Esta representado por grandes llanuras como las planicies de Magdalena y Vizcaíno ó bajo las mesetas volcánicas. Esta provincia es similar a la secuencia "Great Valley" en California, con más de 10 000 metros de espesor de areniscas, lutitas y conglomerados depositados en una amplia zona de subducción.

3) La **Sierra Costera** no se observa en Baja California, ya que se presenta principalmente fuera de la costa. Para Baja California Sur, se presenta de manera aislada en Isla de Cedros, la península de Vizcaíno y las islas de Bahía Magdalena. Detritos de las rocas de estas unidades se presentan dentro de la Formación Rosarito Beach cerca de Tijuana. Esta Provincia es equivalente a "Coast Range" en California. Representa el material generado como piso oceánico y del manto superior [serpentinita] que ha sido metamorfizado y ahora se presenta aflorando.

Las últimas dos provincias están directa o indirectamente relacionadas con la apertura del Golfo de California.

4) **Cuencas y Cordilleras** representa el área del Golfo de California, al este del escarpe principal del mismo. Casi la totalidad de las serranías y valles aluviales pertenecen a esta provincia. Esta provincia corta a provincias pre-existentes, al estar conformada por bloques fallados relacionados con la provincia extensional del Golfo.

5) **Mesetas Volcánicas** presentan grandes planicies y mesas al norte de la región del Cabo en Baja California Sur. Estas unidades fueron formadas como resultado del paso de la dorsal del Pacífico Este bajo el macizo continental al principio de la formación del Golfo de California, Representan abundantes erupciones de lava como tobas andesíticas, basaltos, brechas y material volcano-sedimentario como areniscas y conglomerados

Superficies de Erosión - Al tiempo en que los dinosaurios se extinguieron, Baja California era una región relativamente llana con pendientes suaves hacia el Este hacia lo que hoy en día es Sonora. Existen muchos remanentes de esas superficies observables a lo largo del camino. Algunos cauces cortan estas superficies destruyéndolas rápidamente sin embargo aún es posible advertirles (5:35, 8:115, 12:110, 13:109, 15:40).

Bloques inclinados fallados - La dorsal del Pacifico este pasó bajo el continente e inicio la apertura del actual Golfo de California. Esta deformación originó que se levantara parte de la península y se generaran la serie de bloques inclinados y fallados que conforman a las serranías costeras en la margen del Golfo. Esta relación se puede apreciar al ascender sobre el escarpe presente en la margen occidental (5: 35, 8:34, 13:65).

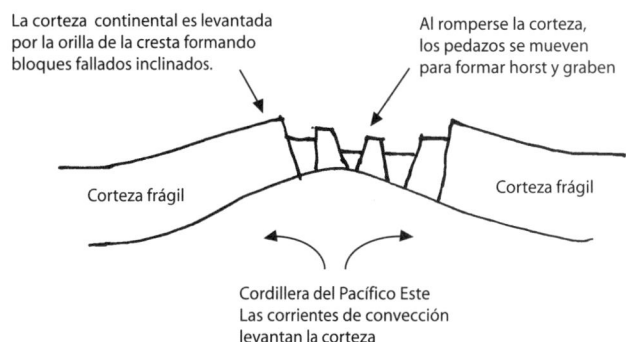

La corteza continental es levantada por la orilla de la cresta formando bloques fallados inclinados.

Al romperse la corteza, los pedazos se mueven para formar horst y graben

Corteza frágil

Corteza frágil

Cordillera del Pacífico Este
Las corrientes de convección levantan la corteza

Sedimentos depositándose
encima del bloque inclinado

Pendiente suave
(erosión superficial)

Cañones empinados en
la escarpada del Este

Pendiente empinada

Abanicos aluviales

Ríos del oeste con poca
fuerza y caudal débil

Bloque fallado inclinado

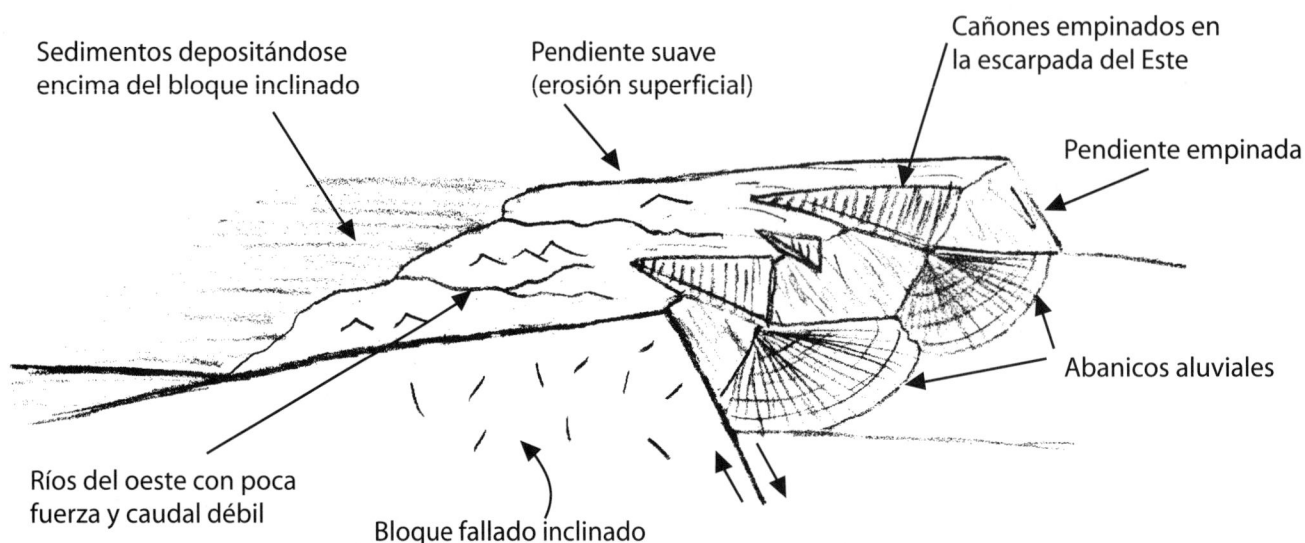

RESUMEN DE LA HISTORIA GEOLÓGICA DE LA BAJA PLACAS TECTÓNICAS

La corteza terrestre está constituida por una serie de placas semi rígidas, moviéndose relativamente una con la otra, y "flotando" en el manto. Cuando las placas, se separan forman cordilleras en la corteza oceánica, al igual que depresiones (Golfo de California) en la corteza continental. Cuando se empujan una contra la otra, estas forman zonas de subducción y arcos de isla. Cuando estas se deslizan pasándose una a la otra forman fallas laterales (Sistema de Fallas de San Andrés). Es la interacción de las placas, una con la otra, responsable de la producción de la mayoría de las características de la corteza terrestre. La vasta mayoría de estos movimientos son muy lentos y literalmente ocurren en frente de nosotros con una regularidad diaria. Un ejemplo de esto es el paso del Cajón en el sur de California. Un punto estudiado en un tramo de vías férreas en el paso se está elevando con un ritmo fijo de 0.40m/100 años. Eso son 4 Km. en un millón de años.

Paleozoico - El tiempo de calma

La historia Pre-Mesozoica de Baja California es confusa y muy fragmentada y poco documentada. Sabemos que las que más tarde serían las Placas del Pacífico y Norteamérica eran parte de una placa mayor que se estaba moviendo hacia el Este, cerrando en su camino al Océano Proto-Atlántico en una colisión con Europa y posteriormente con África. La costa oeste estaba en la mitad de una placa muy similar a la actual costa Este de Norteamérica. Este margen estable del continente estaba recibiendo sedimentos clásticos derivados de la masa continental, mientras que calizas se depositaban en la plataforma continental somera y en la pendiente continental. Lo anterior añadió una cuña sedimentaria al continente. El final del Paleozoico estuvo marcado por la formación del supercontinente Pangea que incluía a todos los continentes. En Baja California, carbonatos metamórficos del Paleozoico temprano, lutitas y areniscas se presentan en por lo menos una localidad, mientras que en varias otras áreas aisladas y dispersas se han identificado rocas del Paleozoico tardío. Algunos de los gneiss y esquistos metamórficos, como el Esquisto Julián, probablemente son del Paleozoico.

Mesozoico - La gran compresión

Al principio del Mesozoico los movimientos cambiaron. Mientras que el Atlántico se abría, Norteamérica se empezó a mover hacia el Oeste chocando contra una parte de la placa del Pacífico, provocando la subducción y formación de un Arco de Isla. Algunas partes de la península pudieron haber sido arrastradas de otras áreas, como pequeñas masas de tierra en la Placa del Pacífico. Sin embargo, la mayoría de las rocas ígneas intrusivas y meta volcánicas de la península fueron formadas en esta zona de subducción

Cuando la Placa del Pacífico fue empujada debajo del continente, la fricción causó fusión y la formación de magmas. El empuje forzó a estos magmas hacia la superficie. Algunos de ellos se enfriaron a la profundidad para formar las rocas graníticas del Batolito Peninsular (sierras), con sus acompañantes rocas metamórficas. Parte del magma fue emplazado en superficie, formando volcanes y rellenando cuencas sedimentarias asociadas con esos materiales. La subducción continúa y el entierro de estas rocas causó metamorfismo de bajo grado y dio origen a la Formación Alisitos y otras rocas meta-volcánicas. Mientras la masa montañosa se elevaba, la erosión llevó muchos de los restos hacia el Oeste, introduciéndolos en la cuenca de la trinchera y formando en el Mesozoico grandes cuencas sedimentarias cerca de la costa.

La subducción continuó por cien millones de años, resultando en la formación de más rocas plutónicas después de que las primeras rocas plutónicas fueron levantadas hacia la superficie y los sedimentos erosionados fueron depositados fuera de la costa en una cuenca geoclinal, encima de las rocas graníticas más jóvenes. Los márgenes de esta cuenca están expuestos y se conocen como la Formación Rosario a lo largo de la línea de costa en el norte de la península y como una cuenca geoclinal de más de 10,000 metros de espesor debajo de la mayor parte del sur de la península. La superposición de la Cordillera del Pacífico Este con la placa de Norteamérica sucedió al final de la subducción.

Cenozoico - La gran Separación y Rompimiento

En el Cenozoico temprano, la península era de nuevo un lugar relativamente en calma. Las sierras peninsulares fueron desgastadas y se desarrolló una superficie de erosión suave y ondulada en las rocas batolíticas expuestas. Esta superficie se extendió hacia el Este, dentro de Arizona y Sonora. Los ríos más grandes que contenían grava fluyeron a través del área de Arizona central hacia el Pacífico.

La Placa de Norteamérica se superpuso a la Cordillera del Pacífico Este y comenzó la gran separación. Las costas de Alta California y Baja California comenzaron a desplazarse hacia el norte a lo largo de fallas de desplazamiento lateral, como el del legendario Sistema de Fallas de San Andrés en la Alta California y las Fallas de San Miguel, Vizcaíno, Bahía Magdalena y la reactivación del sistema de Agua Blanca y otras, en Baja California.

La apertura de la fractura en el Cenozoico medio, que más tarde llegó a ser el Golfo de California, tardó decenas de millones de años. A través de las áreas bajas de la parte sur de la península, se extendieron grandes capas de lava y rocas piroclásticas acompañadas de sedimentos volcanoclásticos para llenar las cuencas tectónicas que se estaban abriendo en el área del Proto-Golfo. La separación del continente, inclinó a la península hacia el oeste formando los bloques asimétricos inclinados de las fallas de las principales cordilleras de la Sierra Juárez, San Pedro Mártir, La Giganta y levantando otras cordilleras, como Sierra La Asamblea y La Victoria.

La actual forma y figura de la Baja California se desarrollaron en los últimos 5-10 millones de años, cuando el continente finalmente cedió ante la tensión y abrió las áreas del Golfo, finalmente abriendo la boca hace aproximadamente 3.6 millones de años.

CORTE TRANSVERSAL SIMPLIFICADO DE LA GEOLOGÍA DE LA BAJA CALIFORNIA

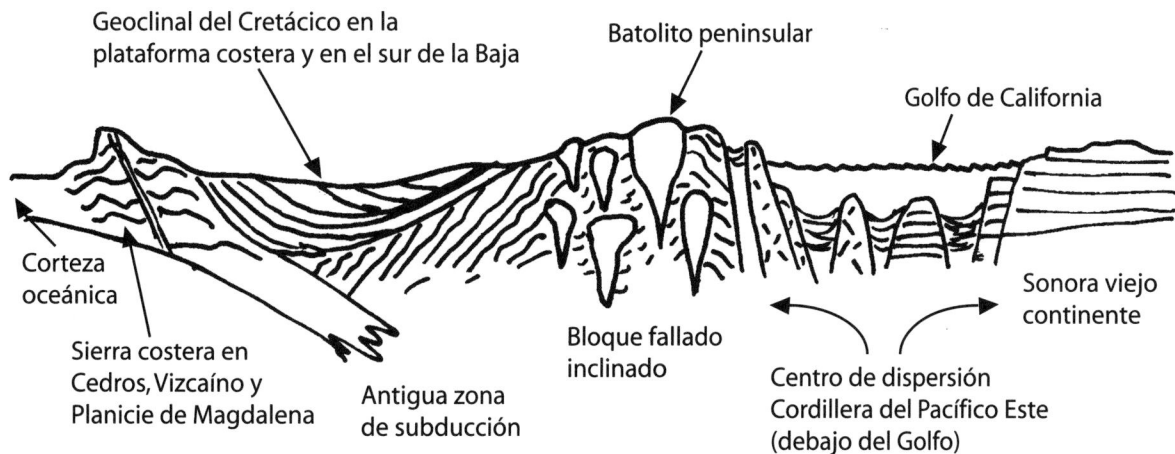

Geoclinal del Cretácico en la plataforma costera y en el sur de la Baja

Batolito peninsular

Golfo de California

Corteza oceánica

Sierra costera en Cedros, Vizcaíno y Planicie de Magdalena

Antigua zona de subducción

Bloque fallado inclinado

Centro de dispersión Cordillera del Pacífico Este (debajo del Golfo)

Sonora viejo continente

BIOLOGÍA DE BAJA CALIFORNIA

Trabajos de botánica en la península

Mucho trabajo ha sido hecho acerca de las especies vasculares de plantas en Baja California. La recolección de plantas en Baja California se data de tan tempranos tiempos como 1841, llevada a cabo por el naturalista I. G. Voznesenskii. En este siglo, varias excelentes colecciones botánicas, cuentas botánicas y referencias publicadas se han hecho disponibles lo cual da los detalles de las plantas vasculares de Baja California para los viajeros interesados, estudiantes, naturalistas y botánicos serios.

Aquellas referencias que son particularmente dignas de notas y de mucha ayuda son de Roberts (1989), Standley (1920&26), Shreve y Wiggins (1964), Felger and Lowe (1976), Axelrod (1979), Wiggins (1980) y Copyle (1990).

ÁREAS FITOGEOGRÁFICAS: Viajando a lo largo de la península, el viajero notará cambios en la vegetación. Las plantas familiares del Sur de California como el chaparral y las montañas, son seguidas de zonas con plantas de regiones desérticas. Mas para el sur especies de igual rareza aparecen. Las regiones de es estas plantas son divididas en regiones o en áreas fitogeográficas.

Tres grandes regiones fitogeográficas de la península, son reconocidas por Shreve y Wiggins (196), Wiggins (1980) y Roberts (1989).

La **REGIÓN DE CALIFORNIA**, es una extensión de las regiones montañosas del sur de California y el drenado del Pacífico al sur de la Sierra San Pedro Mártir y algunas de las montañas en medio de la península. Comunidades vegetales de la región de California, encierran a bosques de coníferos, Huata-Piñón Arbolado, chaparral, Matorral Costero, y áreas riparias.

La región californiana de comunidades de plantas y sus condiciones climáticas, similares a aquellas del sur de California, son encontradas al sur de San Quintín. Bosques de Coníferos son encontrados en la Sierra Juárez y en la Sierra San Pedro Mártir. Estas se mezclan con Pino Encino Arbolado, que son reemplazadas por el chaparral y cerca del pacífico por Matorral Costero.

Bosques Coníferos. Los bosques coníferos son encontrados a lo largo de las crestas de la Sierra Juárez y la Sierra San Pedro Mártir. Especies comunes incluyen a: Pino Jeffrey, Cedro Incienso, Pino Lodgepole, Pino Piñón, y Pino Blanco. Otras especies de bosques coníferos, son Lila, Manzanita, Alamillo, y Encino Roble.

Pino-Huata-Encino Arbolado. Pino-Huata-Encino Arbolado es una transición entre los bosques de pino y el chaparral. Especies comunes incluyen a, Piñón, Encino Roble y Encinillo, Maguey, Manzanita, Lecheguilla, Romerillo, Hierba Liebrera, Salvia, Biznaga y Chaquira.

Chaparral. El chaparral cubre áreas de las pendientes del oeste de las montañas y al sur de San Quintín. El chaparral puede abarcar, desde solamente Chamizo hasta una de las más diversas comunidades de plantas. Las especies del chaparral, incluyen hierba del pasmo, Lila, Encino, Encinillo, Maderista, Castilleja, Lentisco, Hiedra, Manzanita, Sauce, Lecheguilla, Salvia, Toyon, y Chaquira.

Matorral Costero. El Matorral Costero, es similar a, pero, distinto al chaparral, con una apariencia mas abierta, y mas biznaga. Los arbustos son menos verdes, rígidos y leñosos, con hojas más delgadas y suaves. Muchas de las especies son parcialmente desidiosas, muriendo en períodos de sequía. Las especies del Matorral Costero, incluyen: Agave, Biznaga, matorral de California, Hierba del Pasmo, Chamizo, Cholla, Lila, Siempreviva, Biznagita, Maderista, Pitayita, Jojoba, Lentisco, Hiedra, Canutillo, Caoba de Montaña, Pitaya Agria, Tuna y Toyón.

Arboledas riparias son comunidades con vetegetación que crecen a lo largo de corrientes y otros lugares de drenado. Debido a que el régimen climático de Baja California en parte es árido, la presencia local de cuerpos de agua estáticos y el flujo de cuerpos de agua, tiene una influencia dramática en la composición de la vegetación. Localidades con una situación permanente de flujo de agua son generalmente bordeados por árboles, arbustos y hierbas que solo crecen en tales cursos del agua. Donde los valles de río son anchos, el arboledas riparias es correspondientemente amplio; a mayores elevaciones, donde los cursos del agua son estrechos, los arboledas riparias, pueden formar una franja muy estrecha posiblemente de solamente algunos pocos metros de ancho.

En los arroyos de la región de California, la cubierta consiste dominantemente de Sauces con Álamo,

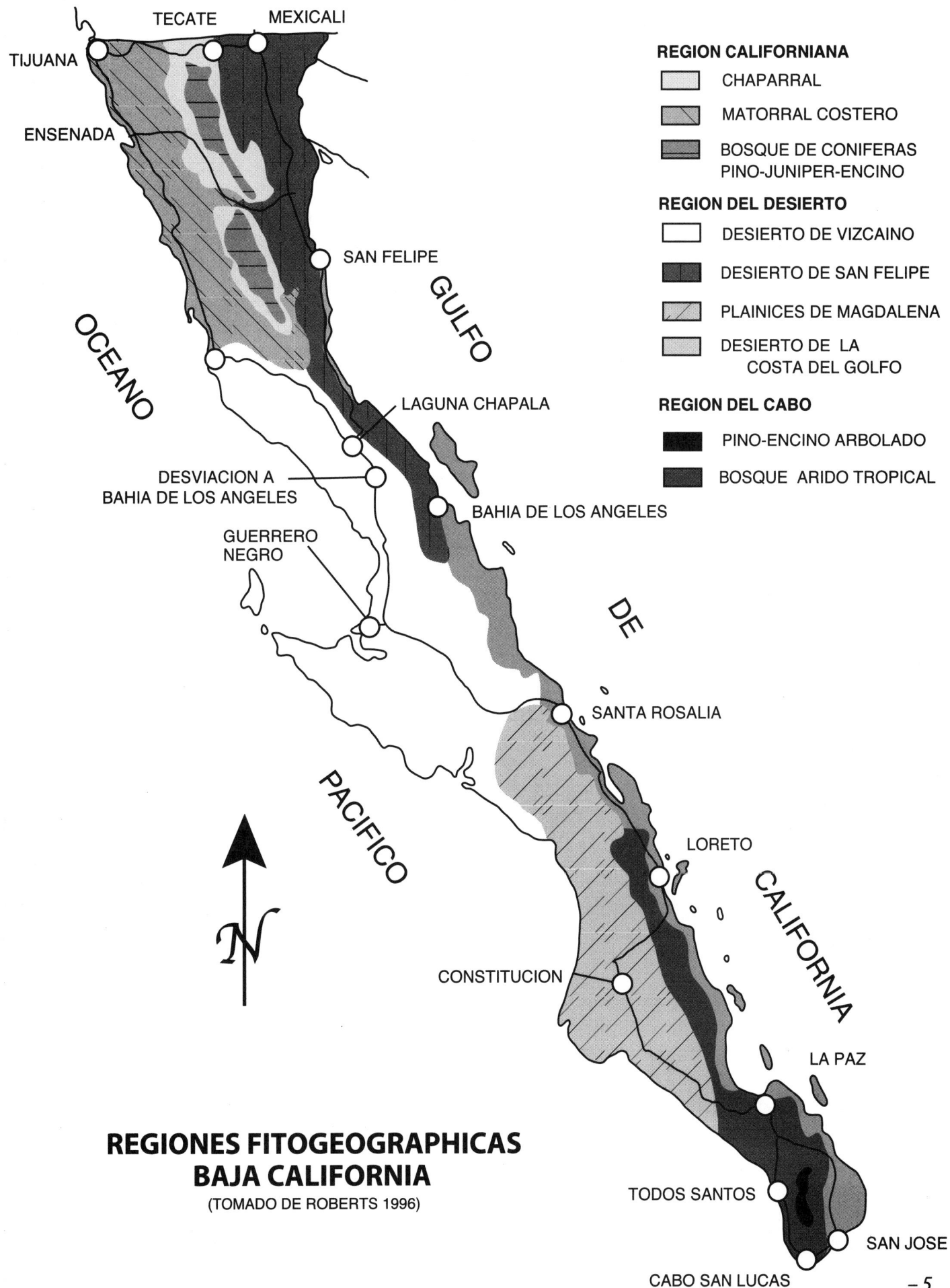

REGION CALIFORNIANA

- CHAPARRAL
- MATORRAL COSTERO
- BOSQUE DE CONIFERAS
  PINO-JUNIPER-ENCINO

REGION DEL DESIERTO

- DESIERTO DE VIZCAINO
- DESIERTO DE SAN FELIPE
- PLAINICES DE MAGDALENA
- DESIERTO DE LA
  COSTA DEL GOLFO

REGION DEL CABO

- PINO-ENCINO ARBOLADO
- BOSQUE ARIDO TROPICAL

TIJUANA
TECATE
MEXICALI
ENSENADA
SAN FELIPE
OCEANO
GULFO
LAGUNA CHAPALA
DESVIACION A
BAHIA DE LOS ANGELES
BAHIA DE LOS ANGELES
GUERRERO
NEGRO
DE
SANTA ROSALIA
PACIFICO
LORETO
CALIFORNIA
CONSTITUCION
LA PAZ
TODOS SANTOS
SAN JOSE
CABO SAN LUCAS

REGIONES FITOGEOGRAPHICAS
BAJA CALIFORNIA
(TOMADO DE ROBERTS 1996)

–5

encino, y cedros. En menor proporción están hierba del pasmo, Chamizo, Chaquira, Encinillo, Rosa Salvaje y Sauces.

UN CARDÓN Y LA LUNA EN CATAVIÑA

La **región del desierto**, incluye a la mayoría de la península, incluyendo una franja estrecha a lo largo de la costa del Este, y las regiones centrales y del sur de la península. La región del desierto, está dividida en subregiones: San Felipe, la cosa del Golfo, Vizcaíno y los desiertos de Magdalena.

La región del desierto está al Sur y al Este de la región Californiana, el clima y la vegetación es similar al del desierto de Sonora, que cubre muchos de los estados Mexicanos, como Sonora y Sinaloa y se extiende a sureste de California y al sur de Arizona. Dos terceras partes de Baja California y todas las islas del golfo, tienen vegetación típica del desierto de Sonora.

La particularidad de aislamiento de la península, ha resultado en el desarrollo inusual de plantas tales como el Cardón, Cirio, Torote o árbol elefante, Ocotillo y Candelilla.

Plantas comunes presentes en una o más áreas de las regiones desérticas, incluyen a: Biznaga, Palma de Abanico, Candelilla, Cardón, Cholla, Cirio, Datilillo, Uña de gato, Cochear, Garambullo, Cactus, Lomboy, Maguey, Mesquite, Ocotillo, Palo Adán, Palo Verde, Pitaya Agria, Pitaya Dulce y Torote.

La región del desierto es comúnmente dividida en cuatro subregiones, cada una con sus especies dominantes. Muchas de ellas están presentes en más de una subregión. En el desierto de San Felipe, desierto de la Costa del Golfo, desierto de Vizcaíno y en los planos de Magdalena, todos son parte de la región del desierto.

Subregión del desierto de San Felipe. La vegetación se encuentra muy esparcida en varias áreas. El noventa por ciento de la vegetación de esta región es huizapol y Gobernadora. Otras plantas comunes son Incienso, Cardón, Cholla, Mimbre, arbusto índigo, Palo fierro, Mesquite, Ocotillo, Palo Verde, Pitaya Agria, corona de Cristo, Torote y Lecheguilla.

Subregión del desierto de la Costa del Golfo. Esta región es caracterizada por árboles con troncos hinchados, incluyendo a Lomboy y Torote. Incienso, huizapol, Cardón, Cholla, Cirio, gobernadora, Palo Fierro, Ocotillo y Palo Blanco son partes significantes de la flora.

Subregión del desierto del Vizcaíno. La mayoría de las plantas dominantes, son muy suculentas o cactus. A pesar de que hay Mesquite en arroyos, los árboles son escasos. Las plantas comunes son el Agave, Gallito, Huizapol, Cholla, Cirio, Copalquin, gobernadora, Ocotillo, Palo Adán, Pitaya Agria y Lecheguilla.

Subregión de los planos de Magdalena. Los planos de Magdalena, cuentan con la abundancia cactus, como es el Cardón, Cholla, Garambullo y Pitaya Agria. Mesquite, Palo Adán, Palo Blanco, Palo Verde, y San Miguel, son encontrados en los pies de cerros y los grupos de Mesquites, crecen en los arroyos. El "desierto de bruma" es un área apropiada para líquenes y Gallitos en los arbustos y cactus. Rocella (especie Ramalina) es una de los líquenes más notables al sur de Punta Prieta. Otras plantas comunes son el Datilillo, Lomboy, Maguey, Pitaya Agria, Pitaya Dulce y Torote.

La **REGIÓN DEL CABO** incluye la Sierra de la Laguna y la Sierra de la Giganta y el área al sur de la Paz. Las comunidades vegetativas son cedros-Encino Arbolado y el bosque árido tropical. La región del cabo está clasificada como bosque árido tropical. Pino-Encino Arbolado son de zonas más elevadas y bosques semi perennes, prominentes en árboles leguminosos y arbustos que ocupan zonas menos elevadas.

Cabo Pino-Encino Arbolado. La comunidad Pino-Encino Arbolado es encontrada a mayores elevaciones en la Sierra de la Laguna al sur de la Paz. Hay extensos pinos de piñones Mexicanos en conjunto con la Palmita, Madroño y encinos. Algunos cedros son encontrados a mayores elevaciones en la Giganta.

Bosque Árido tropical del Cabo. El bosque árido tropical cuenta con arbustos y árboles de diferentes alturas y ramificaciones que se entrelazan con otros, brindando a esta región una presencia de jungla tropical empobrecida como fue descrito por Shreve. Los árboles dominantes inclúen a: Mauto, Mezquite y Palo Verde. En regiones de menor elevación encontramos Carón, Colorin, Palo Blanco, Palo Arco, San Miguel y Yuca.

ISLA PÁJAROS EN BAHIA MAGDALENA.

AVES DE BAJA CALIFORNIA: Las aves son vistas durante el día a lo largo de la carretera peninsular. Un viajero tomando un paseo por diferentes comunidades de plantas, adyacente a la carretera, puede ser premiado con vistas de una gran variedad de aves. Sin embargo existen algunas áreas habitadas por más especies de aves que en otras, para algunos viajeros, la presencia de las aves por toda la península es maravillosa.

Las aves de Baja California, generalmente exhiben preferencias regionales de hábitat, al igual que algunas plantas algunas especies de aves tienden a ser encontradas en localidades geográficas específicas. Las aves apreciadas a lo largo de la carretera, cambian de localidad con respecto a la temporada del año, la geografía, latitud, temperatura y clima.

Los binoculares son de mucha ayuda para observar a las aves. Un poco de preparación, incluyendo el observar fotografías de aves comúnmente vistas en México, ayudarán a la identificación de aves adyacentes a la carretera de la península.

Buenas fuentes de fotografías e información pueden ser encontradas en Robbins, Brunn y Zim (1983),

Wilbur (1987), Scott (1992), Radamaker (1995) y la guía de campo de aves del oeste de Peterson.

En su ABA lista de datos, Radamaker (1995) nombra a 450 especies de aves encontradas en Baja. Las aves del desierto árido de Baja, son pobremente conocidas, listas de especies, se encuentran incompletas y muy pocos estudios referentes a la ecología y la densidad de apareamiento por acre han sido conducidas y reportadas. En las zonas más áridas del desierto, hay menos aves por acre que en regiones más densas de California, y los que generalmente son vistos se encuentran camuflageados y cuentan con termorregulación. La mayoría de las plantas de Baja, pierden sus hojas durante las partes mas secas del año y consecuentemente las aves cuentan con pocos refugios y es entonces cuando se pueden apreciar por los amantes de aves.

Cuatro especies en particular distinguen la avifauna de los desiertos de la península. Se encuentran Urraca azulejo, Codorniz de California, Chuparrosa de Xantus y Cuitlacoche ceniciento. Los últimos dos son ambos endémicos de dos terceras partes del sur de la península y son encontrados en ambas áreas del desierto en la región del cabo.

Debido a que la mayoría de la especies comúnmente son vistas a lo largo de la carretera de la península, también son comunes en ambas Américas, es difícil de tipificar las variadas regiones de Baja, basándose en su avifauna. Sin embargo, en esta guía se ha hecho un intento para enlistar aquellas especies que son comúnmente vistas a lo largo de la carretera peninsular y que son apreciadas por los viajeros que pasan por las tres principales regiones fitogeográficas de la península. Alguna de las especies de aves de Baja son cosmopolitas en la totalidad de la península, y se encuentran enlistados en más de una región fitogeográfica.

Varias aves cosmopolitas se encuentran presentes desde la línea internacional hasta el cabo a lo largo de ambas costas y las islas del golfo, en hábitats adecuados. Y estos son: Chupaflor garganta violeta, Carpintero de Gila, Codorniz californiana, Cuervo, Gorrión común, Carpintero chilillo, Aguililla parda, Cernícalo chitero, Triste ceniciento, Monjita llanera, Valoncito, Saltapared, Saltaladera, Cenzontle norteño, Perlita común, Perlita colinegra, Naranjero, Charrán mínimo, y Aguililla cinchada.

La información siguiente está presentada como una corta introducción, presentando de manera general las aves comúnmente vistas a lo largo de la carretera, en cada una de sus respectivas regiones fitogeográficas, a lo largo de la costa de Baja, en las islas del gofo y las aves migratorias.

Región Fitogeográfica Californiana: Las especies de aves en las costas del Pacífico y el Norte de Baja son las mismas que aquellas encontradas en la región californiana. Las especies dominantes de la región son el Cuitlacoche californiano, Milano maromero, Chupaflor cuello escarlata, Chupaflor barbinegro, Carpintero alirrojo, Carpintero de Nuttall, Urraca azulejo, Copetoncito sencillo, Camea, Vireo aceitunado, Dominiquito de Lawrence y Vieja.

Región fitogeográfica del Desierto: La especie dominante de ave, de la región desértica, incluyendo sus cuatro subáreas son, Codorniz gambelii, Cardenalito, Cuitlacoche del desierto, Cuitlacoche crisal, Toquí de Abert, cuitlacoche ceniciento, y Chiero de lunar.

Región del Cabo: Las especies mas comúnmente encontradas en la región del Cabo (estimadas en 250 especies) son el Primavera del Cabo, Quebrantahuesos, Cardenal común, Cardenal huasteco, Platero piquiamarillo. Vireo aceitunado, Ojilumbre mexicano, Gorrión prusiano, Tortolita, Paloma de alas blancas, Chuparrosa de Xantus, Perlita común, Verdín azuloso, Verdín de antifaz. Muchas de las mas comúnmente encontradas especies del cabo, también son encontradas en el desierto americano del suroeste.

Aves costeras y de las islas del Golfo: Las aves mas comunes de la costa, son los Ostrero, Osprey, Glls, Terns, Pelícano, Egrets. Magníficos Frigate-birds, Blue and Brown-footed Boobies, y el Great Blue Heron. Estas especies son comúnmente vistas en el las costas del pacífico y del golfo y prácticamente en todas las islas del golfo. Otras aves que son vistas en la costa incluyen a: Chichicuilote, Zarapico, plovers, Avoceta, Monjita, Cormorán, y Zambullidor. Aunque hay varios endémicos peninsulares, no hay aves endémicas en las islas del golfo de California. Hay otras especies de aves de costa, pero son distribuidas de una manera aglomerada en playas con mangles y ensenadas en las grandes islas a lo largo de la península sureña de la costa del golfo.

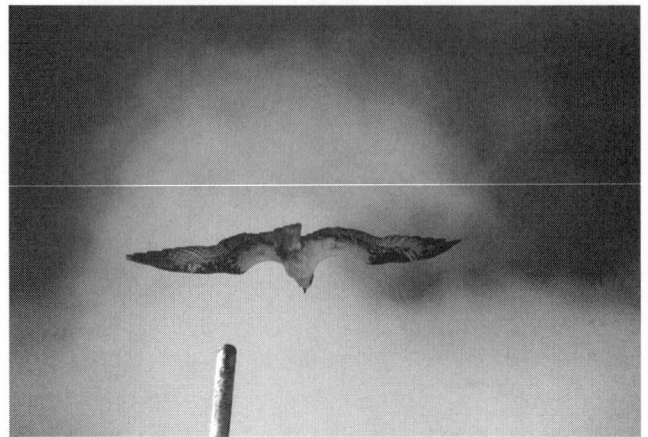

GAVILÁN PESCADOR EN VUELO EN GUERRERO NEGRO

Aves de Rapiña: Las aves de rapiña disfrutan de una amplia distribución en toda la península, debido a que no presentan preferencias de hábitat y son capaces de viajar por largas distancias. Las especies de rapiña con mayor distribución en Baja, incluyen a: Aguililla parda, Zopilote, Cernícalo chitero, Halcón peregrino, Gavilán ratonero, Gavilán ranero, Gavilán pescador y Caracará. La mayoría de estas aves depredadores son residentes de la totalidad de la península a lo largo de todo el año.

Aves Migratorias: Baja está ubicado como un plano en el pasaje de vuelo del pacífico, el camino de muchas especies que se aparean en el verano en el oeste de Norte América, y en el invierno en Baja o mas lejos hacia el sur. Como consecuencia, un gran numero de aves, tales como el Mallards, Brant, Teals, y los gansos, son temporalmente vistos en Baja. La bahía de San Quintín es la casa invernal para el Black Brant y otros Watefowl. Muy temprano por las mañanas en la Bahía de Magdalena hay miles de aves volando a sus puestos de mediodía. La isla de pájaros se puede apreciar con una población de varias aves por cada metro cuadrado de isla.

PELÍCANO CAFÉ DE CALIFORNIA

TRANSECTO 1 - TIJUANA A ENSENADA
[110 Kilómetros = 68 Millas]

Tijuana a Punta Descanso - *La carretera se dirige hacia el oeste fuera del valle del Río Tijuana por caminos cortos y empinados en las terrazas desarrolladas sobre los conglomerados y areniscas del ancestral delta del Río Tijuana. Después da vuelta hacia el sur entre las mesas y la terraza baja de Playas de Tijuana, para después seguir los abruptos acantilados marinos basálticos a lo largo de un elevado borde de playa del Plioceno con abruptos y empinados cañones, baja sobre una angosta terraza del Pleistoceno tardío, cortada en los acantilados por basalto y finalmente dentro de un área de cantos rodados y colinas de toba. La carretera sigue la orilla de la Playa de Rosarito, sobre la terraza del Pleistoceno con vistas de Mesa Redonda y el Cerro Colonel, cubiertos en la cima por rocas volcánicas, después continúa pasando Punta Descanso en donde las colinas se hallan sobre sedimentos marinos de la Formación Rosarito.*

Punta Descanso a Ensenada - *Por Punta Descanso, la carretera está siguiendo la angosta terraza del Pleistoceno tardío, ó esta elevándose sobre los numerosos bloques caídos de roca volcánica de las mesas coronadas de basalto del Mioceno, las cuales forman la parte posterior de los acantilados. La carretera cruza el empinado cañón del Río Guadalupe y viaja a lo largo de un ancho segmento de la terraza del Pleistoceno en La Salina, antes de encumbrarse de nuevo sobre las mesas y bloques caídos, con las mesas de basalto situadas encima de los suaves sedimentos marinos. En San Miguel, la carretera sigue de nuevo la terraza del Pleistoceno más allá de los montes de sedimentos marinos, luego de rocas metavolcánicas, hacia Ensenada.*

CONTROL DEL FLUJO EN EL RIO TIJUANA:
Hacia el Noreste se puede ver el sistema disipador del control de flujo del Río Tijuana. Las inundaciones han sido una constante amenaza para el valle del Río Tijuana (Pryde, 1977). Aproximadamente el 73% de las 2,770 kms. cuadrados de las cuencas de drenado se encuentran en México. El río fluye 9.4 kilómetros a través de la Frontera Internacional desde su boca en el estuario de Tijuana en Imperial Beach, California. A pesar de que el 72% de la cuenca está controlada por represas, hasta lluvias moderadas han causado serias inundaciones en las áreas bajas del río. En 1966 ambos gobiernos aprobaron un proyecto común para el control del flujo. La construcción comenzó en 1972 y para 1976 se había completado la primera fase del proyecto. Esta consiste de un canal de concreto de 80 metros de ancho, extendiéndose 4 kilómetros hacia el suroeste desde la frontera.

Se temía que un canal de concreto similar en el lado estadounidense de la frontera causaría graves daños ambientales al ecosistema del estuario de Tijuana, por lo que la sección de Estados Unidos ha sido construida como un sistema disipador. (El sistema incluye la división de las inundaciones en zonas llanas a través de la mayor parte del valle, consistiendo en diques para las áreas bajas a lo largo de la frontera y la carretera Interestatal 5, una estructura de disipado de baja energía de 1.1 kilómetros de largo, para detener y dispersar los flujos mayores entrando a Estados Unidos desde México y un canal de flujo débil con una cuenca para la eliminación de sedimentos para manejar las inundaciones menores). También fue adoptado un plan para el uso de la tierra, el cual proporciona un aumento al parque estatal en la punta oeste del valle y terreno para la agricultura en la mayor parte de la punta este.

4   La carretera comienza a ascender por las empinadas montañas del oeste, dejando atrás al llano Valle del Río de Tijuana. Mientras que la carretera asciende, pasa a través de una serie de afloramientos en el terraplén que exponen gravas y areniscas, las cuales representan una parte fluvial de la Formación San Diego del Plioceno. Estas areniscas y gravas del delta fueron depositadas en la Bahía de San Diego por el Río de Tijuana durante el Plioceno y Pleistoceno. Note las pendientes empinadas, casi verticales del afloramiento en el terraplén de la izquierda (sur). El material del delta de este afloramiento es suficientemente estable para resistir la gravedad y se levanta en casi todas las pendientes verticales.

6.3   Dé vuelta a la derecha para permanecer en la carretera 1D, en la conjunción del segmento de la desviación y el segmento en cuestión de la carretera 1D desde el centro. El Río de Tijuana y la Frontera Internacional aún se encuentran hacia la derecha (norte). La carretera 1D fue terminada en este cañón en 1964.

UNA PRESA INESPERADA: Durante el invierno de 1965-66 se presentó una violenta tormenta inesperada y la lluvia torrencial produjo un furioso río en el generalmente seco fondo del cañón. Las aguas del caudaloso y crecido río fueron cargadas con lodo y detritus que rápidamente taparon las pequeñas alcantarillas de drenado que pasan hacia el norte por debajo de la carretera. Como resultado, el relleno de la carretera actuó como una presa y fueron llenados dos tercios del cañón hacia el sur de la carretera.

9   La carretera 1D se curva hacia el sur en dirección a Ensenada. Aquí, una bifurcación encabeza hacia el oeste desde la carretera y el único acceso a la Plaza de toros junto al mar y el desarrollo habitacional de Playas de Tijuana. Playas de Tijuana está construida sobre una terraza de 55,000 años del Pleistoceno ó equivalente a la terraza baja Néstor en el área de San Diego.

ANIGUO CANTIL EROSIONADO
TERRAZA MARINA LEVANTADA CUBERTA POR SEDIMENTOS
OESTE
ESTE
CANTIL COSTERO ACTUAL
TERRAZA MARINA POR OLEAJE ACTUA

ACANTILADOS, TERRAZAS MARINAS Y PLAYA DE EROSION MARINA: Mientras que las olas golpean contra las costas, su impacto (422 Kg/m^3) desgasta los acantilados levantados hasta que una plataforma se desarrolla como su base. Mientras que la erosión continúa, la plataforma se ensancha hasta que absorbe la mayoría de la energía de la ola y se forma una playa a lo largo de la ahora costa de baja energía. El acantilado disminuye mientras se intemperiza y el derrumbe lo desgasta hacia abajo al mismo nivel que la terraza. En regiones de levantamiento de la costa en la península y que se elevaron como plataformas sobre el nivel del mar son

llamadas terrazas marinas. Generalmente, la carretera atravesará estas terrazas marinas en cualquier momento que esté cerca de la costa del Pacífico. Varias terrazas marinas serán discutidas mientras la carretera continúa hacia el sur.

A lo largo de la playa en la región de Playas de Tijuana ha habido una erosión fuerte de los acantilados en los suaves sedimentos de terraza, lo cual resultó en la desaparición de varias cuadras de la ciudad desde la costa. Eventualmente, esta erosión costera puede destruir más del desarrollo habitacional ubicado aquí.

Existe una buena vista hacia el oeste de las Islas Coronado. La carretera de cuota (Carretera 1D) sigue la costa alrededor del lado Este del área de Playas de Tijuana y continúa hacia el sur a Ensenada, a través de conglomerados marinos y areniscas de los tiempos Plioceno y Pleistoceno, los cuales representan el borde del antiguo delta de Tijuana. Los deltas se forman cuando una corriente de agua que carga sedimentos en suspensión se separa, lo cual forma un delta triangular ó en forma de abanico, similar a la letra griega "delta".

10   Existen tres casetas de cobro entre Tijuana y Ensenada.

12   Si necesita ayuda en cualquier lugar a lo largo de la carretera en el camino a Ensenada, hay 29 teléfonos de energía solar localizados en postes azul-claro de 7 metros de alto y marcados por grandes señales rectangulares azules y blancas, altamente visibles que llevan las letras de socorro internacionalmente reconocidas "S.O.S.".

EL CAMBIO DE FLORA A LO LARGO DE LA CARRETERA: Mientras que la carretera procede hacia el sur desde la Frontera Internacional hacia Santa Rosalía, es muy notable un cambio gradual en la vegetación.

La Región Fitogeográfica de California domina el norte de la península. En esta área existen tres áreas vegetativas, las cuales consisten en el área del Bosque de Coníferas, el área del Bosque de Pino Piñonero-Junípero y el área de Chaparral. Cada una está típicamente caracterizada y reconocida por su asociación con especies de plantas dominantes, conocidas como especies indicadoras. Cada una de las tres áreas y sus especies dominantes serán discutidas en detalle cuando se encuentren a lo largo de la carretera.

EL CHAPARRAL es la primera comunidad vegetal desde la frontera. El área de Chaparral es una continuación de las comunidades vegetales de la región sur de California. Esta comunidad está compuesta de árboles leñosos enanos y de arbustos cubriendo las colinas y pendientes bajas de las montañas de la costa del Pacífico de California Sur y las pendientes del oeste de Baja California desde la Frontera Internacional hasta el Valle de Santo Tomás en el sur.

Existen dos tipos de Chaparral en la región fitogeográfica de California del norte de la península. Ambos tipos de Chaparral son importantes en el control de avenidas y en la prevención de la erosión de la tierra de la línea divisoria de la península Noroeste.

EL MATORRAL COSTERO de la península está localizado a elevaciones más bajas a lo largo de la costa del Pacífico. La flora de este tipo de chaparral es corta (0.3 a 2 metros de alto) y menos densa que el Verdadero Chaparral discutido más adelante. Las especies de plantas indicadoras dominantes del matorral costero son: Matorral de California, Arbusto Púrpura, Arbusto Negro, y varias otras especies de Arbustos Silvestre.

Localizado en el continente desde la costa del Pacífico, el **VERDADERO CHAPARRAL** se encuentra a elevaciones ligeramente más altas en las colinas y pendientes del oeste de las dos cadenas montañosas del norte de la península (debajo de los 1000 metros) hacia el sur del Valle de Santo Tomás. El Verdadero Chaparral está constituido de arbustos y árboles con hojas pequeñas que crecen densa y rígidamente ramificados. Los árboles y arbustos son más altos que los del Chaparral

de Matorral Costero (1 a 3.5 metros). Las plantas del Verdadero Chaparral están adaptadas a veranos largos y áridos. El verdadero chaparral, es reconocido por las siguientes especies indicadoras: Chamiso, Toyon, Incienso, Encino, Caoba de Montaña, Lecheguilla y Manzanita.

Varias especies comunes de Chaparral fueron usadas por los nativos en ambas Californias. Se hacía un té ácido remojando el fruto y las semillas del Lemonade Sumac (*Rhus*) en agua. Las hojas del Arbusto Silvestre Brush (*Eriogonum*) fueron usadas como una cocción para dolores de cabeza y de estómago. Un té de las flores del Arbusto Silvestre fue usado como un lavado de ojos y como té para tratar problemas de la vejiga.

QUE SON LAS ESPECIES INDICADORAS: Los ecologistas botánicos creen que cada planta es un producto de las condiciones bajo las cuales crece y es una medida de su medio ambiente. Ciertas especies de plantas pueden estar restringidas exclusivamente a un sólo tipo de suelo ó sólo pueden ocurrir en un cierto régimen climático y se les nombra especies indicadoras. Por ejemplo, en la península la Gobernadora sólo crece en desiertos áridos, la presencia de ciertas especies indicadoras nos dice mucho acerca de las características ecológicas generales de un área y las comunidades vegetales son a menudo, nombradas por la especie indicadora.

12.5 Las colinas hacia la izquierda (este) revelan la exposición de areniscas y conglomerados fosilíferos del Plioceno-Pleistoceno de la Formación San Diego.

13 Las primeras exposiciones de los sedimentos del Mioceno Medio de la Formación Rosarito Beach, están localizadas cerca de la punta sur de Playas de Tijuana. Fueron definidas por primera vez por Minch (1967) como una serie de basaltos (roca ígnea de grano fino, de color rojo-café a negro), tobas (roca volcánica, en gran parte ceniza volcánica, de grano fino) y sedimentos volcanoclásticos (depósitos de tobas de erosión fluvial) del Mioceno Medio

(14.5 M.a.), los cuales están expuestos entre Tijuana y Rosarito.

LA FORMACIÓN ROSARITO BEACH VISTA EN CANTILES

14   Las colinas de la izquierda (este) están en gran parte compuestas de los basaltos y tobas de la Formación Rosarito Beach del tiempo del Mioceno, con una cubierta muy delgada de areniscas y conglomerados de la Formación San Diego del Plioceno-Pleistoceno. La Formación San Diego fue depositada en un medio ambiente cercano a la costa. La costa del Plioceno por arriba de la carretera está a pocos cientos de metros más hacia la tierra y algunos cientos de metros más alta que la actual costa. La costa se ha movido más hacia el oeste desde que esta área fue levantada.

LOS BASALTOS DE LA FORMACIÓN ROSARITO BEACH SOBRE PIROCLASTOS

14.8   En la bifurcación de La Joya, los estratos (capas de roca) expuestos en el afloramiento del terraplén están compuestos de tobas volcánicas (ceniza) cubiertas por basaltos. Dichas tobas y basaltos son parte del

Miembro Costa Azul de la Formación Rosarito Beach. Una prominente zona de cocción de toba rojiza está expuesta en el afloramiento hacia la izquierda de la estación de guardia. Se formó cuando el material volcanoclástico, normal-mente blanco, se horneaba a un calor extremo (1,100°C). Los basaltos fluyeron derretidos sobre ellos durante el Mioceno Medio.

La bifurcación de La Joya proporciona una oportunidad de observar la litología y las relaciones entre dos miembros de la Formación Rosarito Beach del Mioceno Medio y la Formación San Diego del Plioceno Tardío.

DETRITOS DE TIPO FRANCISCANO: La base de la sección está localizada aproximadamente 0.5 kilómetros arroyo arriba hacia el Este alrededor del lado sureste de la colina. Ahí está expuesto el miembro más joven de la Formación Rosarito Beach -- el Miembro Mira al Mar. Este miembro está expuesto en el núcleo del monoclinal y está compuesto de una brecha de matriz arenosa arcósica, de grano medio a grueso, de color gris claro. Estas brechas contienen fragmentos de tipo Franciscano tales como esquistos glaucófanos y otros (roca laminada de granulación media a gruesa con granos minerales visibles), serpentina, gabro, pedernal (roca silícea densa y dura), cuarcitas y menores cantidades de rocas volcánicas y plutónicas (Minch, 1967). En otro cañón, está expuesta una roca caliza oolítica (roca caliza litográfica con oolitas elipsoidales ó esferoidales formadas por precipitación química en aguas someras agitadas por las olas) y areniscas volcanoclásticas. Esto indica un depósito relativamente quieto entre los lóbulos de este complejo abanico de flujo, de limo submarino.

Este miembro ha sido interpretado que representa a una serie de depósitos de flujo de limo originados de una masa de tierra al oeste (levantamiento de la base) los cuales fueron depositados en una angosta capa horizontal de roca contra y sobre la pendiente del área de la masa de tierra hacia el Este. Las corrientes oceánicas y la acción del oleaje retrabajaron los flujos de limo, los cuales produjeron brechas de matriz arenosa junto a los lóbulos de areniscas y lutitas más distantes. Esta área fue periódicamente barrida por fuertes corrientes con períodos de quietud entre las montañas volcánicas fuera de la costa. Esta unidad está expuesta a lo largo de este arroyo y en cañones a lo largo de la Falla Los Buenos en el área de la costa de Tijuana-Rosarito (Minch, *et al.*, 1984). Este miembro está correlacionado con el Miembro Los Indios expuesto hacia el sur en el área de la Misión.

LÍNEA DE PLAYA ROCOSA DEL PLIOCENO

Un pequeño paseo a lo largo del camino de terracería hacia la izquierda lleva a una localidad fósil en la orilla de la Formación San Diego del Plioceno, la cual contiene a los basaltos y tobas del Miembro Costa Azul. (Pida permiso al guardia de la estación antes de entrar al área). Los fósiles presentes en este sitio (y en otra localidad notable en las colinas al este del kilómetro 15.2) también se hallan en estratos de areniscas conglomeráticas amarillo-café, pobremente clasificadas, sobre la superficie

intemperizada de los basaltos del Mioceno inclinados hacia el este.

No colecte los materiales fósiles de la península ya que todos ellos se necesitan para describir el pasado de la península. ¡Es en contra de las leyes federales colectar cualquiera de los recursos de la península!

15.2 Una rica localidad fosilífera de la Formación San Diego en el lado norte de este cañón, inmediatamente al Este de la carretera produjo una fauna invertebrada de 36 especies en capas lenticulares de arenisca gris, localizadas a dos metros sobre el contacto con las rocas volcánicas del Mioceno.

UNA COSTA MARINA DEL PLIOCENO Y FÓSILES: La rica fauna fósil de las dos localidades (Km. 14.8 y 15.2) es dominada por conchas y fragmentos de conchas de los siguientes moluscos extintos: *Pecten healeyi, Acanthina emersoni, Anadara trilineata* y *Chalmys parmeleei.* Estas especies fósiles extintas son características de los estratos del Plioceno encontrados a ambos lados de la Frontera Internacional. Debido a estudios que comparan las condiciones ambientales de vida de las especies tanto extintas como vivientes de moluscos en esta región, los científicos indican que el paleo-ambiente en donde vivían los moluscos extintos arriba mencionados se hallaban en la región de San Diego - Tijuana. Tales estudios que comparan los ambientes pasados y actuales son extremadamente importantes para los geólogos y biólogos ya que ellos buscan reconstruir la historia de la Tierra y predecir su futuro.

La fauna fósil encontrada en las dos localidades puede ser dividida en dos componentes de agua fría. El primero es una epifauna litoral y sublitoral inferior, la cual vive en un sustrato costero, expuesto, rocoso ó de conchas. Este componente está representado por los siguientes géneros indicadores: *Acanthina, Calliostoma, Balanophillia, Penitella, Tegula* y *Thais.*

El segundo componente consiste primordialmente de los siguientes géneros indicadores sublitorales: *Acila, Dentallium, Dosinia, Laevicardium, Nuculana, Panope, Protothaca, Siliqua, Spisula, Terebra* y *Tresus*. Los requisitos ambientales conocidos para éstos géneros sugieren un ambiente sublitoral protegido de sustrato arenoso. El molusco *Calyptraea mammilaris*, un organismo de aguas cálidas, indica que también existía un elemento cálido infaunal como un subcomponente de este elemento ambiental generalmente frío.

En esta localidad también está presente una sustancial fauna de vertebrados, la cual consiste en los grandes dientes de *Carcharadon megalodon*, el enorme primo extinto del moderno Gran Tiburón Blanco (*Carcharadon carcharias*). La presencia de éstas especies en esta localidad es el primer registro publicado (Ashby y Minch, 1984) en el Plioceno. *Carcharadon suicidens*, otro Gran Tiburón Blanco, también está presente aquí, tal como lo está en varias rocas del Plioceno a lo largo de la península y la Alta California. Esta especie ha sido considerada equivalente (Espinosa, 1983) con el moderno Gran Tiburón Blanco.

Otros vertebrados presentes en esta localidad incluyen restos de ballena y delfín, un tiburón Mako (*Isurus planus*), un tiburón (*Carcharias* sp.) y una raya (*Myliobatis* sp.). *Ver* Ashby y Minch (1984) y Rowland (1972) para discusiones más detalladas de la paleontología de esta localidad.

15.5 El afloramiento en el terraplén de la izquierda (este) expone una serie de areniscas prominentes, de estratificación cruzada del Plioceno. Estas cubren basaltos del Mioceno de la Formación Rosarito Beach. Un fechado radiométrico K/Ar de una roca de este basalto dio una edad experimental de 14.3 +/- 1.2 millones de años. Este fechado probablemente está cerca de la edad verdadera, a pesar de que el grado moderado de alteración de la muestra posee cierta incertidumbre. En general, parece razonablemente cerca de las muy difundidas edades de 15 M.a. para vulcanismo basáltico en la Zona Fronteriza Continental y estas rocas probablemente son representativas de una provincia volcánica

que estaba activa en el Terciario medio y se extendió hacia el oeste hasta la pendiente continental (Escarpadura de Patton) al norte hacia las Cordilleras Transversales y hacia el este al Golfo de California (Hawkins, 1970).

16.1 Desde el desvío de Punta Bandera la carretera sigue una angosta franja de la terraza Nestor del Plioceno tardío por todo el camino hasta Rosarito. Desde este punto también se pueden ver afloramientos de los sedimentos fluviales del Mioceno en la roca media de la isla norte y la isla sur de las Islas Coronado.

Un paseo hacia el norte a lo largo de la playa en esta desviación, permite ver unas clásicas exposiciones de tobas lapili piroclásticas y de basaltos del Miembro Costa Azul de la Formación Rosarito Beach.

19 La carretera cruza el Cañón San Antonio de los Buenos. Tres kilómetros hacia arriba de éste cañón el Miembro Mira-al-Mar de la Formación Rosarito Beach contiene detritus Franciscanos (Ver 1:14.8) y fósiles del Mioceno. Los fósiles de esta terraza bien desarrollada del Pleistoceno consisten en invertebrados marinos de aguas someras mezclados con restos de nativos (hombre primitivo) y de mamífero terrestre.

En esta región la terraza Nestor estuvo ocupada por varias culturas indígenas. Se pueden hallar evidencias de éstos habitantes en numerosas áreas a lo largo de la terraza en la forma de "cocinas ó concheros".

COCINA INDIGENA O CONCHEROS: En la parte norte del Cañón San Antonio de los Buenos, hay un extenso conjunto de concheros indígenas en la colina justo arriba de la carretera. La capa superior de tierra oscura representa restos de una ocupación aborigen de la terraza. Por varios años los Indígenas nativos vivieron a lo largo de la costa del Pacífico. No tenían aldeas permanentes, pero vivían unidos en pequeños campamentos familiares, los cuales se movían cuando el área ya fue pescada ó agotada de almejas, ó se habían infestado de parásitos. De esta forma, los campamentos se movían hacia arriba y hacia abajo de la costa y durante varios años se depositó una capa casi continua de material de desecho. Algunos antropólogos creen que es posible que los indígenas pudieron haber ocupado esta área hace aproximadamente 1,000 años. Las excavaciones realizadas en concheros como éste son muy valiosas para los arqueólogos y antropólogos; proporcionan muchos artefactos hechos a mano, cementerios y restos orgánicos (plantas y animales).

No altere los escombros ni mueva nada de la península. **¡ES ILEGAL!** (*Ver* 3:176 para una discusión extensiva y detallada de la prehistoria del hombre primitivo en la península).

22   Esta área de la terraza Nestor del Pleistoceno tardío, cerca de las Costas de San Antonio, también ha experimentado una erosión severa de los acantilados marinos durante la última década.

MAMIFEROS TERRESTRES DEL PLEISTO-CENO TARDIO : Las excavaciones de la terraza Nestor en las costas de San Antonio han producido los restos posiblemente de una nueva especie de mastodonte *Stegamastodon* sp. También de un pariente relativamente reciente del caballo moderno (*Equus caballus*) y otros fósiles de huesos de mamíferos. Estos fósiles representan a la fauna terrestre que ocupaba esta terraza costera siguiendo su emergencia del Pleistoceno tardío.

22.5   Los terraplenes de los siguientes 11 kilómetros exponen basaltos y rocas volcanoclásticas de la Formación Rosarito Beach. Las tobas rojizas cerca de la punta de esta sección fueron cocidas por los basaltos que las cubren durante el Mioceno (*Ver* 1:14.8).

23   Las suaves colinas de fragmentos finos de la izquierda (este) de la carretera están desarrolladas en los basaltos de la Formación Rosarito Beach. Los cuales se intemperizan en una tierra fértil y rica en arcilla. Los sedimentos de colores más ligeros de esta área son estratificaciones volcanoclásticas más arenosas que no se intemperizan en suelo bueno en las pendientes de ésta área. Hacia el sur, cerca de

La Misión ocurre lo opuesto. El Miembro de Los Indios de la Formación Rosarito Beach, el cual está compuesto de sedimentos volcanoclásticos arcillosos, es uno de los más cultivados. Ahí las tobas arcillosas forman un buen suelo en las áreas planas y los basaltos forman áreas muy rocosas. Los geólogos son apoyados en el mapeo de la distribución de tobas en el área de La Misión por tomar en cuenta en donde se ha cultivado la tierra. Han encontrado que hay una correlación de casi el 100% entre el cultivo y las ubicaciones de los suelos buenos producidos por las tobas arcillosas.

25   Mientras que la carretera dobla suavemente, observe la costa escarpada. El oleaje a lo largo de esta extensión de la costa es, a menudo, bastante espectacular debido a la topografía más encrespada, la cual hace que las olas se estrellen en la costa produciendo un fuerte estallido.

Frecuentemente se pueden ver barcos petroleros que despachan combustible a la Termoeléctrica de Rosarito (CFE) anclados en la costa.

27   La Termoeléctrica de Rosarito a la derecha quema combustibles derivados del petróleo para abastecer mucha de la electricidad del Noroeste de la Baja California, mientras que el excedente es exportado.

MESA REDONDA CUBIERTA POR BASALTOS

Hacia el este de la carretera se encuentra la prominente Mesa Redonda, empinada de los lados y coronada por una planicie. El prominente pico hacia la derecha de Mesa Redonda se llama

Cerro Colonel. Ambas colinas están coronadas por basaltos del Mioceno y están sostenidas por estratos del Eoceno y del Cretácico Superior. Mesa Redonda se formó mientras las rocas sedimentarias de los períodos Eoceno y Cretácico eran desgastadas por arroyos que fluían a través de él, disectando el paisaje. Esto dejó a las mesas coronadas por una planicie, elevadas sobre áreas más fácilmente desgastables.

27.3   Mientras que la carretera desciende de un nivel superior a una terraza de nivel inferior de la terraza Nestor del Pleistoceno, cruza la falla activa de Agua Caliente, la cual compensa a la terraza en esta área. Esta falla obtuvo su nombre debido a que corre a través de la Pista Caliente y es responsable de las Aguas Termales de Agua Caliente en la pista. Las Aguas Termales de Agua Caliente son unas de las aguas termales localizadas a lo largo de fallas en Baja California (*Ver* 1:176). Esta falla también va a través del área de la Termoeléctrica de Rosarito.

27.7   Las excavaciones en la cantera hacia el Norte de la carretera han producido una diversa y abundante asociación de invertebrados marinos del Pleistoceno Tardío. En lo alto del terraplén, hacia la punta Noreste de la cantera, cerca de la cresta de la colina en la cual es excavada la cantera, las areniscas blancas produjeron 55 especies de invertebrados en dos localidades. En el suelo de la cara sureste, un conglomerado produjo siete especies, incluyendo al extinto molusco *Crepidula princeps*.

LA AVIFAUNA DE LA REGION DE CALIFORNIA:

Las especies de aves de la costa del Pacífico del norte de la península son las mismas que las encontradas en la Región Fitogeográfica del sur de California. En la península, la Región de California se extiende desde Tijuana hasta el Valle Santo Tomás. Las siguientes especies son las más típicas a lo largo de la costa norte peninsular del Pacífico y en las comunidades vegetales del Chaparral y del Bosque de Encinos de la región Fitogeográfica de California:

En puntos específicos a lo largo de la carretera, en donde una especie de ave es particularmente común, se presentará una breve discusión de la historia natural de dicha ave, una discusión de características distintivas de identificación.

Pájaros	Locación
Pájaros de Todo de Baja California:	
Cernícalo chitero	Cables y postes de cercos
Pelicano blanco	Planeando sobre la costa
Chupalor cuello escarlata	Alimentándose de flores tubulares rojas ó amarillas
Copeton cenizo	Desierto, chaparral, arboledas
Chupaflor barbinegro	Alimentándose de flores tubulares rojas ó amarillas
Perlita colinegra	Volando a través de arbustos de chaparral
Perlita comun	Volando a través de arbustos de chaparral
Matraca grande	Entre el cactus
Pelicano moreno	Planeando sobre la costa
Codorniz californiana	Sobre el suelo
Cuervo grande	Volando y posandose sobre árboles, postes de teléfono
Correcamino californiano	Cruzando la carretera
Calancria zapotera	Comunes alrededor de palmas
Alondra cornuda	Campo de tierra, costillas degrava, y líneas de costa
Gorrion de Cassin	Abundantes en todas las áreas
Carpintero listado	Clavándose por el aire
Centzontle norteno	arbustos, arboledas, pueblos
Aguililla parda	En la cima de postes de teléfono y cercos
Saltapared comesebo	cantiles, arroyos secos y zonas áridas
Zopilote de Cabeza Roja	Surcando el cielo o alimentándose de carrona
Valoncito	Mezquites y arbustos
Triguera de occidente	Cables y postes de cercos
Pájaros de Región de California:	
Vireo aceitunado	En arboledas de humedales, tierras bajas, mezquite
Vieja	Colinas con arbustos, canoñes arbolados, y chaparral
Cuitlacoche californiano	Sobre el suelo
Tildio	En las márgenes de marismas, líenas de costa, y salitrales
Dominiquito viajero	En el chaparral y en areas de pastos secos
Cabezon	Cables y postes de cercos
Carpintero de Nuttall	Chaparral y arboledas de encino
Paro sencillo	Encinos, junipero pinonero, pinos
Carpintero alirrojo	Chaparral y arboledas de encino
Urraca azulejo	Chaparral y arboledas de encino
Estornino	Congregandose sobre cables de teléfono, árboles, campos
Camea	Chaparral, arboledas de

29.4   La desviación de Rosarito es cuestión de una vuelta a través de la pequeña ciudad de

Rosarito, la cual eventualmente regresa a la carretera de cuota cerca del kilómetro 35.

29.8 El camino libre de Tijuana se une a la carretera de cuota. La carretera continúa hacia el sur sobre el terraplén de la terraza del Pleistoceno Tardío en la secuencia volcánica del Mioceno.

33.6 Justo al sur del pueblo, en la desviación hacia Rosarito se encuentra Renee's Rosarito Beach Hotel, por el cual fue nombrada la Formación Rosarito Beach.

34.5 El camino de retorno de Rosarito regresa a la carretera de Cuota en el mismo lugar en donde el camino libre de Tijuana continúa.

Usted puede seguir cualquiera de los caminos. El camino libre proporciona un mayor acceso a las playas locales. Sin embargo, es de alguna manera más lento. Este segmento (guía) del camino sigue el camino de cuota.

35.5 Caseta de cobro

36 Al sur de la caseta de cobro, la carretera sigue otra terraza del Pleistoceno desarrollada sobre las Formaciones Rosarito Beach y Rosario, localmente interrumpida por planicies en donde se encuentran sedimentos no consolidados debajo de los basaltos que las coronan.

39 Existe una prominente colina hacia la izquierda de la carretera con lo que parecen ser columnas verticales ó postes. Son el resultado de un fenómeno geológico conocido como fracturamiento columnar. Esta colina es el cuello de un volcán de edad más joven que la Formación Rosarito Beach. (No fue una fuente para las rocas volcánicas de la Formación Rosarito Beach). Esta es una de varios cuellos volcánicos que puntean el área de la Frontera Internacional, desde Tijuana hacia el Este por decenas de kilómetros.

LOS CUELLOS VOLCANICOS son masas cilíndricas de roca que sellan las ventilas y conductos de los volcanes. Estas estructuras son expuestas cuando la roca más

erosionable del cono basáltico original que lo rodea es transportada.

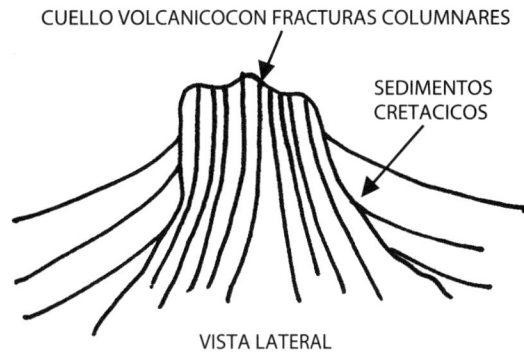

CUELLO VOLCANICO CON FRACTURAS COLUMNARES

SEDIMENTOS CRETACICOS

VISTA LATERAL

VISTA EN PLANTA

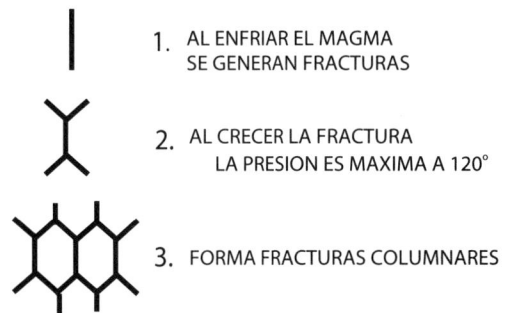

1. AL ENFRIAR EL MAGMA SE GENERAN FRACTURAS

2. AL CRECER LA FRACTURA LA PRESION ES MAXIMA A 120°

3. FORMA FRACTURAS COLUMNARES

42 La terraza del Pleistoceno estuvo más desarrollada a lo largo de la carretera. Como resultado de los sedimentos más suaves por debajo, la terraza ha sido minada y reducida a remanentes con áreas intemperizadas y entremezcladas con colinas y barrancas.

Depósitos de la terraza marina del Pleistoceno tardío descansan sobre rocas volcánicas del Mioceno por aquí y allá a lo largo de la costa local. En el lado oeste de Punta Descanso justo al norte de la punta, están expuestos cerca de dos metros de material fosilífero adyacentes a la superficie cortada de la terraza a lo largo de aproximadamente 40 metros de acantilado marino. El metro inferior de dicho depósito es un conglomerado de guijarro no consolidado en una matriz de arena. El metro superior es cantera no consolidada con una matriz de aluvión y conchas trituradas. Juntas, estas dos capas de roca han dejado cerca de 150 especies de invertebrados. Son principalmente moluscos, incluyendo al sureño *Chione picta* (que vive desde Bahía Magdalena hacia el sur) y el norteño *Velutina laevigata* (que vive hacia el norte desde Cayucos, California).

44.5 Están expuestos restos arqueológicos en los pocos metros superiores de los afloramientos en el terraplén a ambos lados del camino por el siguiente 0.5 km. Si se dejan sin perturbar, estos depósitos proporcionarán información valiosa acerca de la historia del hombre en la península cuando se realicen futuros estudios arqueológicos.

45 Aquí los basaltos de la Formación Rosarito Beach cubren a la Formación Rosario y se encuentran bien expuestos en algunos de los acantilados al este de la carretera.

46.5 La pequeña masa de basalto a corta distancia de la costa es conocida como Roca Moro debido a su semblanza con una nariz.

48 En el siguiente kilómetro hay buenas exposiciones de la Formación Rosario en afloramientos en el terraplén a lo largo de ambos lados de la carretera.

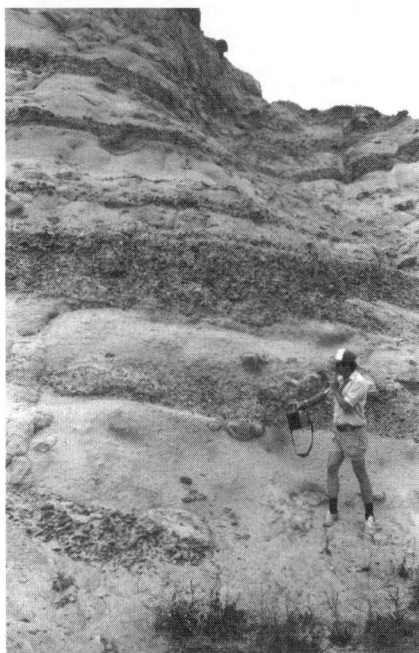

FORMACIÓN ROSARIO EN LOS CANTILES

Los postes de teléfono y cables en esta región generalmente son buenos lugares para buscar Cernícalo Chítero.

Cernícalo Chítero (American Kestrel) (*Falco sparverius*) es el más pequeño y vocal entre las aves de presa de la península y es el halcón más comúnmente visto en el campo traviesa de la península. Caza desde postes, cables, ó árboles y es frecuentemente visto revoloteando en el aire antes de arrojarse para capturar algunos insectos del suelo ó roedores pequeños.

52.2 La carretera cruza el Valle El Morro. Observe a la Codorniz Californiana en el camino hacia este valle.

Codorniz Californiana (California Quail) (*Callipepla californicus*): Son miembros de la subfamilia de los faisanes y son pequeñas aves coloridas con cuerpos regordetes que viven en el Chaparral Costero y Chaparral de colina al pie de una montaña, cañones con Encinos, desiertos y oasis de palmeras a través de la península. Estas aves gregarias son comunes a lo largo de la brecha. Viajan y se alimentan en grandes bandadas. Sus más identificables características de campo son sus plumas negras cortadas corto, unidas en la punta y sus pechos escamosos. Dependiendo del acento, la voz de estas tímidas y espantadas aves parece decir "chacuaca".

54 El campo de dunas costeras Médanos se formó como resultado de las arenas del océano sopladas hacia la costa por fuertes vientos provenientes del mar abierto. Las dunas están estabilizadas (no migran) por las raíces de la vegetación que crece sobre ellas. Algunas veces las dunas pueden ser "barridas" por el viento, olas excepcionalmente altas ó lluvias torrenciales. Si esto ocurre, empiezan a moverse y ya no son estables. Los biólogos a menudo estudian la sucesión de plantas en dichas áreas de dunas como ésta. Cuando las dunas son "barridas", los biólogos estudian un tipo secundario de sucesión de plantas, conocido como "sucesión de dunas viejas" cuando la vegetación regresa a estabilizar las dunas.

55.5 Más allá de la siguiente desviación está la primera vista de las mesas del Miembro

La Misión de la Formación Rosarito Beach. Durante los siguientes 40 kilómetros, entre éste punto y San Miguel (justo al norte de Ensenada), la carretera sigue la orilla de estas mesas y pasa entre ellas y el Océano Pacífico.

CANTILES DE BASALTO EN EL VALLE DEL DESCANSO

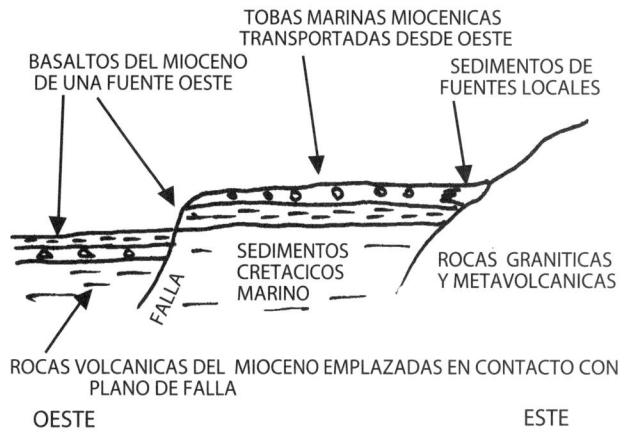

56   La pequeña iglesia blanca en la colina hacia el norte de Arroyo Descanso está en el sitio de la Misión Descanso. Fue establecida en 1814 como la misión Dominica más septentrional y fue la siguiente a la última misión establecida en Baja California.

58.6   La cuenca lechera proporciona acceso a Medio Camino y a la carretera libre.

59.4   Medio Camino es localizada aproximadamente a la mitad del camino entre Tijuana y Ensenada. Medio Camino está construido sobre tobas y basaltos de la Formación Rosarito Beach. Las mesas visibles hacia el oeste de la carretera están coronadas por la Formación Rosarito Beach cubriendo la Formación Rosario del Cretácico. Las tobas ligeramente inclinadas del Miembro Punta Mesquite de la Formación Rosarito Beach afloran en los acantilados marinos a corta distancia hacia el norte y hacia el sur de este punto. Las areniscas líticas volcanoclásticas debajo de Medio Camino son ligeramente diferentes en composición de las tobas hacia el norte. Son más gruesas y contienen interestratificaciones de areniscas y lutitas. Han sido altamente disectadas por fallas. Un paseo a lo largo de la playa hacia el norte de Medio Camino revela buenas exposiciones de esta toba.

Esta área es interpretada como próxima a la región montañosa volcánica de la costa durante el Mioceno. La depositación de estos sedimentos fue arriba de la base de la ola de tormenta (estratificación cruzada hamacada) y bien oxigenada (bioturbación). Las estructuras estratificadas exhiben una dirección de transporte hacia el este. Esta área define las exposiciones más antiguas reconocidas hasta la fecha de la Formación Rosarito Beach. Descubrimientos preliminares indican que estas formaciones de toba representan a una sección del margen oeste de la cuenca del Mioceno Medio.

61   Ya avanzada la primavera (Mayo-Junio) note los puntos gris-blanquecinos de vegetación que crecen en las laderas de las colinas hacia la izquierda de la carretera. A estos tallos se les conoce como Siempreviva (*Dudleya pulverulenta*).

Las **SIEMPREVIVAS** son herbáceas perennes suculentas que comúnmente crecen en los suelos rocosos más pobres de las comunidades del Matorral Costero y del Chaparral de Montaña de las playas y riscos costeros, desde la Frontera Internacional al sur hacia el Rosario y hacia el Este dentro del Desierto de San Felipe. Otras especies crecen hacia el sur a través de la península.

62   Hacia el norte se observa una vista panorámica de la línea de costa con Punta Descanso en la distancia. Las tobas de la Formación Rosarito Beach se ven expuestas en el acantilado marino. En un

día claro las Islas Coronado están a la vista hacia el norte.

62.3 Son comunes los bloques caídos a lo largo de la carretera durante los siguientes 3 kilómetros. Varios de los bloques se proyectan en el mar como retorcidas protuberancias.

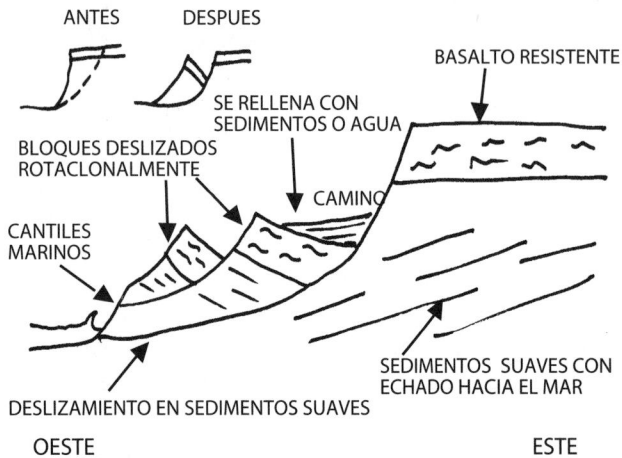

BLOQUES CAIDOS EN LA COSTA: Al sur de ésta área la carretera de cuota cruza derrumbes de la era moderna ó cuaternaria durante aproximadamente 40 kilómetros de línea de costa escarpada, extendiéndose hasta 170 metros sobre el nivel del mar. La mayoría de los acantilados están sostenidos por una gruesa secuencia, que va de un completo a un gentil hundimiento hacia el suroeste, de areniscas, conglomerados y lodolitas del Cretácico superior de la Formación Rosario. Estas capas sedimentarias más suaves y más erosionables están coronadas por resistentes basaltos del Mioceno de la Formación Rosarito Beach.

La erosión marina y los derrumbes han formado altos acantilados en la gruesa secuencia de rocas sedimentarias suaves del Cretácico. Esto ha resultado en la debilitación y el desgaste de masa de las resistentes capas basálticas del Mioceno. Las fallas a lo largo de la línea de costa de esta región (hundimientos y derrumbes) están influenciadas por el grosor de las resistentes unidades volcánicas, la litología de los sedimentos que se hallan por debajo, el fallamiento y conjunción de norte a sur, el ángulo y altitud de los planos de estratificación y el agua subterránea. La causa dominante de las fallas es la debilidad inherente de las lodolitas halladas por debajo

y la sobre-inclinación causada por la erosión marina. La mayoría de los deslizamientos son bloques rotacionales; sin embargo, parte del deslizamiento puede ser debido a deslizamientos del bloque en donde las inclinaciones son favorables. La base del bloque deslizado es levantada a poca distancia de la costa. Aún durante los mares tranquilos, se puede encontrar agua lodosa en la base de un deslizamiento (Minch, 1971).

DERRUMBE SOBRE LA CARRETERA

64 Hacia la derecha está la réplica de una Pirámide. Fue construida en medio de una masiva cuenca derrumbada. Esta área exhibe una topografía de colina pequeña (hamacada) e indica que aquí han ocurrido varios derrumbes. En diversos tiempos del distante pasado, toda la línea de costa se había deslizado hacia abajo y hacia el oeste. Localmente se han desarrollado terrazas prominentes en La Misión y miembros más viejos de la Formación Rosarito Beach, la cual depone la relativa estabilidad y antigüedad de algunos de estos derrumbes. Varios de ellos ocurrieron en exceso hace 50,000 años.

66 La desviación de La Fonda es la última desviación entre el camino de cuota y la carretera libre. La carretera de cuota es la ruta más corta a Ensenada. La Fonda es un área turística popular situada sobre un acantilado de basalto en la misma terraza costera del Pleistoceno. Al estar comiendo en la terraza, es común ver delfines en las olas. Busque a los pelícanos que comúnmente se ven deslizándose cerca de las aguas someras cerca de la costa.

El Pelícano (Alcatraz) blanco (*Pelicanus erythrorhynchos*) y **el Pelícano (Alcatraz) Moreno** (*Pelicanus occidentalis*) son las grandes aves acuáticas que se alimentan de peces que son vistas a lo largo de ambas costas y sobre varias de las islas del golfo, en la península anidan en grandes colonias. Muchas veces se pueden ver volando en largas líneas rectas (pelícano moreno) ó en formaciones en forma de "V" (pelícanos blancos) sólo a unos centímetros sobre la superficie del agua. Su alimentación se lleva a cabo clavándose en el mar desde los 50 metros (pelícano moreno) ó cuchareando con el pico mientras andan ó nadan en aguas costeras someras ó de lago (pelícanos blancos). El vuelo deliberadamente lento del pelícano moreno sobre el agua, con repentinas zambullidas por peces, hace inconfundible su identificación. El pelícano moreno es el pelícano manso generalmente visto pidiendo comida en muelles pesqueros alrededor de los muelles en Guerrero Negro y Puerto Escondido. Otro nombre común de los pelícanos moreno es el Pelícano gris ó Alcatraz.

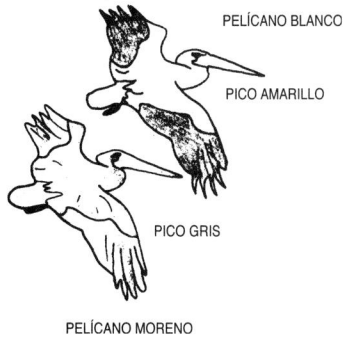

PELÍCANO BLANCO

PICO AMARILLO

PICO GRIS

PELÍCANO MORENO

67.5 Una buena vista de La Misión revela una playa lisa y un escénico promontorio rocoso. Los afloramientos en el terraplén en esta área exponen los basaltos del Miembro la Misión de la Formación Rosarito Beach.

69.2 La carretera cruza el estuario del Río Guadalupe, el cual se origina en la Sierra Juárez cerca de la Laguna Hansen. Los pozos profundos en este valle proporcionan mucha de la provisión de agua para la ciudad de Tijuana y Ensenada. La ondulante torre de tubería se puede ver sobre la colina norte del estuario.

Existen **Medios Ambientes Estuarinos** en donde las mareas oceánicas se encuentran con el flujo de una corriente de río. El agua de dicho ambiente puede ser alternativamente dulce ó salobre.

RÍO GUADALUPE EN LA MISIÓN CON MARISMAS Y MESAS BASÁLTICAS

En donde el Río Guadalupe se encuentra con el océano se ha favorecido un medio ambiente estuarino conocido como marisma. Las plantas acuáticas de marisma son el soporte de uno de los más importantes grupos de vida silvestre en esta área. Por lo tanto, las plantas de este ambiente son de gran valor para las aves costeras, para algunos mamíferos pequeños y para aves de canto como el Tordo de ala roja, chimbito, y saltapared. La marisma es rica tanto en especies vegetales como en animales. Las plantas características de este ambiente son miembros de la familia del Junco. Los juncos (*Juncus acutus*) son hierbas penachudas como los pastos generalmente encontrados creciendo en lugares húmedos como La Marisma Estuarina de Guadalupe. Los fuertes tallos de esta hierba eran utilizados por el hombre primitivo en la construcción de canastos. Este es un buen lugar para detenerse a ver algunas de las plantas y animales dominantes de este ambiente estuarino. Otras plantas prominentes de esta marisma son la Hierba Mansa, Pastos Salados, Heliotropo, Sándalo de Mar, Encino Salado, Sargaso, entre otros.

Los animales más comúnmente vistos aquí son algunas aves como el Tordo de ala roja, garzas, tildio, y garzón. Las siguientes descripciones le ayudarán a identificar a estas aves tan comunes.

Tildio (Killdeer) (*Charadrius vociferous*), un miembro de la Familia de Avefría, está ampliamente distribuido a través de toda la península. Esta ave, comúnmente vista con su quejumbroso llanto solitario, es a menudo vista y/ó escuchada en campos de agricultura, áreas de pastos cortos y a lo largo de los límites de marismas saladas y a las orillas de ambas costas de la península. Las características más distintivas de identificación del Tildío son su cuello blanco con doble banda negra y la "rutina de ala rota" que efectúa regularmente cuando anida ó sus pequeños son amenazados.

Sus nidos abiertos como cuencas generalmente son construidos sobre suelos guijosos. Debido a su quejumbroso llanto solitario los antiguos españoles llamaban a esta ave El Perdido.

Tordo charretero (Red-winged Blackbird) (*Agelaius phoeniceus*) es un residente de marismas de agua dulce cultivadas, campos y prados húmedos en la península norte. Los machos son fácilmente reconocibles por sus rojas charreteras en el hombro. Las charreteras son utilizadas para defender su territorio de otros machos de su especie. Generalmente se pueden ver aglomerados en grandes y ruidosas bandadas.

ROJO

La Garza azul (Great Blue Heron) (*Ardea herodias*) reside por todas las tierras bajas de la península cerca de arroyos de agua dulce y salada, marismas y ambientes estuarinos. Esta es una de las aves más grandes de la península -- más grande que cualquier otra garza excepto la gran garza azul (*Ver abajo*). La garza mayor tiene plumaje blanco, pico amarillo y patas y pies negros y brillantes. Como la gran garza azul, la garza mayor es una paciente cazadora de peces de aguas someras, de movimientos lentos.

La Garzón Blanco (Great Egret)(*Casmerodius albus*) a menudo se ve en las marismas, playas

ó hasta en los campos secos de la península. La alta y delgada figura solitaria de la gran garza azul puede ser vista parada e inmóvil en una laguna ó avanzando lentamente, paso a paso, levantando cada pie cautelosamente sin producir una sola onda. Las garzas se pueden parar tan quietas como una estatua por más de media hora mientras esperan a una presa. Con una embestida rápida como un rayo de su largo cuello y pico hacia adelante, la garza logra capturar a su presa. La gran garza azul prefiere el pescado pero también puede comer aves, pequeños mamíferos, insectos, víboras, ranas y crustáceos.

Ya sea que esté sobre tierra ó en el aire, una garza es fácilmente reconocida por el largo cuello como víbora sostenido en una curva en forma de "S", los lentos aleteos, patas largas y la envergadura de las alas de casi dos metros. En la península, busque a la solitaria y majestuosa gran garza azul en muelles, desembarcaderos, botes en los puertos, rocas a lo largo de la costa, barras de arena, tombolos, ó en estuarios, ensenadas y marismas, campos cultivados y en los bosques ribereños en los fondos de los cañones de río del desierto.

69.5 Una excelente desviación junto a la carretera proporciona fácil acceso a una amplia y extendida playa. Las playas arenosas se forman a lo largo de orillas de baja energía cuando las arenas son depositadas en la orilla.

70 El basalto que forma los afloramientos en el terraplén de aquí, sobre el cual están construidas las casas de la costa, es más viejo que el basalto que forma la cima de la mesa hacia el este (izquierda) de la Carretera 1D. Este basalto fue depositado contra el acantilado del Cretácico y llenó mucho del área. Esto resultó de las avenidas de los basaltos sobre el acantilado y sobre la terraza del Cretácico. Las tobas que la cubren fueron movidas de mucha del área costera, lo cual dejó una superficie plana a lo largo de la costa por varios kilómetros. La terraza del Pleistoceno Tardío (50 000 años de edad) se ha desarrollado en la cima de esto y

muestra la antigüedad y estabilidad de parte de la línea de costa entre Tijuana y Ensenada. Más hacia el sur la costa es altamente inestable y se está moviendo hacia abajo y hacia el mar. Esto es demostrado por las numerosas reparaciones que están continuamente siendo hechas en la ondulante carretera.

72 A la derecha está el parque de campers RV de Baja Ensenada. Observe la elevación del parque en relación al área de supramarea hacia la izquierda de la carretera. Es probable que durante alguna tormenta particularmente violenta, este parque sea inundado por las mareas altas.

73 La planicie de marea (marisma salobre) de La Salina justo al sur de la desviación también es un área supermareal. Las bocas de varios de los valles de ríos costeros de la península están frecuentemente semicerrados por una barra de arena, extensiones de playa ó dunas que separan el frente de mar abierto de los frentes de marea hacia atrás (hacia el continente). Esto proporciona a la planicie de marea de acceso ocasional al mar. En un tiempo esta planicie de marea debe haber sido muy popular con los indígenas, ya que hay restos de material indígena hacia el Este de la carretera durante cerca de un kilómetro a ambos lados de la marisma.

Ambientes de Planicie de Marea (Marisma o Lodo): En general las planicies de marea ocurren entre los niveles medios de marea alta y marea baja, se encuentran habitados por plantas unicelulares y algas más grandes, estando limitados en su lado de tierra adentro por plantas intermareales y otras halófitas (Pickleweed, plantas amantes de la sal).

Las planicies de marea son el hogar ó el lugar de descanso favorecido por muchos organismos adaptados a la vida en este ambiente salino. Los organismos que habitan las planicies de marea encaran cambios severos en sus ambientes diarios. Son alternadamente inmersos por mareas altas ó expuestos por mareas bajas, sin mencionar las mareas de primavera, tormenta, muertas

y acarreadas por el viento. Una parte de la planicie de marea siempre estará bajo el agua en pantanos y canales y otra parte estará por arriba del nivel de marea alta. Debido a estas condiciones variables, se esperan cambios en la salinidad del suelo. En la porción más baja y plana de las planicies lodosas las concentraciones de sal pueden exceder el 60‰, lo cual impide el crecimiento de todas las plantas excepto las algas marinas. Más cerca de las zonas poco profundas y las orillas de las planicies, la salinidad decrece tanto como fluctúa con agua dulce de desagüe y lluvia. Las variaciones de temperatura son amplias y necesitan otras adaptaciones para sobrevivir las fluctuaciones de temperatura de hasta 30°C por día.

Más cerca de la orilla, lejos de las zonas poco profundas y sobre los bancos que limitan la planicie de marea, las raíces de las plantas halófitas capturan sustratos de sedimento, lodo y arena. Algunas de las halófitas que pueden ser vistas creciendo alrededor de la marisma de La Salina son enlistadas abajo. Están divididas en dos comunidades basadas en su relación con la planicie de marea. La flora de duna y de línea de playa la cual está predominada por las halófitas Verbena de Arenales, plantas fanerógamas, Higuera de Playa, Matorrales y Hielitos; la flora de marisma salada está predominada por las halófitas Hierba Mansa, Pasto salado, Alcalina, Heliotropo, Sándalo de Mar, Encino Salado y Sargaso.

El terreno más lejano como las laderas y hasta las colinas circundantes están cubiertas por especies indicadoras del Verdadero Chaparral, las plantas más tolerantes de la sal son reemplazadas por aquellas que son menos tolerantes. A pesar de que no son muy obvios, existen animales en el lodo y en las planicies de marea. Debido a flujos incrementados de nutrientes, las planicies de mareas son muy fértiles y son más prósperas que muchas otras comunidades naturales. Las planicies de mareas son lugares concurridos especialmente por aves como los Patos, Cuervos, Gaviotas, Garzas y otras aves que abren las conchas de los moluscos buscando gusanos y camarones en las lodosas planicies de marea.

76　La carretera pasa por una desviación en las tobas y areniscas volcanoclásticas de la Formación Rosarito Beach. Los estratos volcanoclásticos de la Formación Rosarito Beach han dado una fauna marina fósil del Mioceno Medio la cual incluye a: *Chione temblorensis, Anadara topangansis, Turritella ocoyana* y numerosos vertebrados marinos. Estos estratos también han revelado un camélido que ha sido tentativamente identificado como *Oxydactylus* cf. *longpipes*. Esta combinación de especies marinas y no-marinas en la misma localidad sugiere una vinculación marina - no marina entre la edad de mamíferos terrestres Hemingfordiana de Norteamérica del Mioceno Medio y la etapa de moluscos marinos de la Formación Temblor de la Costa Oeste (Minch *et al.*, 1970).

77.8　El campo de golf de Baja Mar en Jatay ha sido descrito por varios jugadores como "muy retador" debido a que algunas de las vías de juego son "islas" en el "mar" de Cactus, Agave y Matorral Costero. Se ha dicho que los jugadores errantes son tan propicios a encontrar su pelota clavada en un Cactus como descansando sobre el prado.

78　Justo al sur de Jatay las colinas hacia la izquierda de la carretera parecen estar bastante derechas (lineales en relación a la costa) y tienen una inclinación cóncava hacia arriba. Dicha inclinación cóncava hacia arriba es el cantil de un muy grande bloque rotacional derrumbado. La tierra sobre la cual está ésta sección de la carretera se ha derrumbado y volteado. A lo largo de la carretera en esta área existen numerosas concavidades que son indicadoras de la rotación de muchos de los pequeños bloques caídos anteriormente mencionados.

84　La desviación hacia El Mirador sucede en una curva peligrosa. ¡Avance cuidadosamente! La orilla de un acantilado de 300 metros en El Mirador proporciona una excelente vista de varios rasgos costeros que se encuentran en esta área e incluyen una vista de las Islas de Todos Santos.

La vista panorámica de la costa [*ver* sección de color] hacia el sur muestra las lodolitas y conglomerados de la Formación Rosario del Cretácico Superior cubiertas por los basaltos de la Formación Rosarito Beach. Hay numerosos derrumbes que son evidentes a lo largo de la costa. Algunos han dejado caer las rocas volcánicas que los coronaban al nivel del mar en donde ahora forman resistentes promontorios de la orilla. El parte aguas de Punta Banda, que incluye al lado sur de Bahía Ensenada, a menudo se puede ver a la distancia. Es un bloque de falla limitado en los lados noreste y suroeste por dos ramificaciones de la Falla de Agua Blanca. Las Islas de Todos Santos son las islas que se observan fuera de la costa.

VISTA COSTERA CON TERRAZAS SOBRE BLOQUES CAÍDOS DEBAJO DE LA CARRETERA

ISLAS DE TODOS SANTOS: Las dos islas de Todos Santos están compuestas de rocas metavolcánicas del Cretácico de la Formación Alisitos cubiertas por basaltos (Miembro La Misión) y sedimentos (¿Miembro Los Indios?) de la Formación Rosarito Beach. También está presente en las islas una terraza marina bien desarrollada del Pleistoceno Tardío. Una leyenda cuenta que las islas de Todos Santos fueron la inspiración para "La Isla del Tesoro" de Robert Lewis Stevenson.

85　Si se perdió la desviación hacia El Mirador en el kilómetro 84, este punto tiene una vista similar a la de El Mirador. Este lugar proporciona un buen sitio para ver las planicies de terrazas debajo de la carretera en el lado del Pacífico. Cada terraza es un bloque caído rotacional. El punto de vista producido por el movimiento rotacional de un bloque caído está directamente arriba de una de estas terrazas.

Paloma gris (Mourning Doves): (*Zenaida macroura*) miembros de la familia del pichón, son pequeñas aves delgadas con largas colas ahusadas. Por lo general se pueden ver en el norte de la península en cultivos de frutas ó recogiendo semillas entre el rastrojo de campos de grano cultivados en el verano avanzado ó en otoño. Con frecuencia se ven sobre tierras altas y secas y en varios de los poblados y áreas desérticas de la península. A excepción del ocasional cornícalo chitero, las palomas son las aves más grandes que se posan sobre los cables de teléfono en donde sus largas colas puntiagudas las hacen fácilmente identificables. Esta ave es intensamente cazada por los cazadores de aves por su pequeño pero delicioso músculo pectoral. Mientras usted llega a la parte sur de la península, fíjese en un pariente cercano de la paloma triste-- la paloma de ala blanca.

87.5   Salsipuedes. Los antiguos marineros se refugiaban en la ensenada de abajo. Un camino por la derecha lleva a un pequeño rancho y un campo turístico de pesca. Fíjese en los Pelícanos morenos que se deslizan a lo largo de los acantilados entre éste lugar y Ensenada.

Mientras usted ve las aguas justo fuera de la playa, puede notar las oscuras masas de vegetación de color caramelo flotando cerca de la superficie del mar, esta alga es conocida como Alga Gigante.

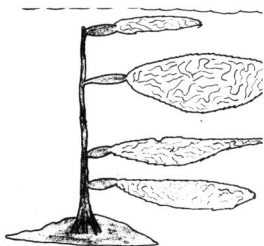

ALGA GIGANTE: es el nombre común para el Alga Marina *Macrocystis pyrifera*. Forma grandes mantos de algas en las aguas profundas cerca de la orilla. Esta alga a menudo es arrojada a la orilla en esta área y forma olorosas masas repugnantes de vegetación en descomposición que atrae a numerosas moscas. Los lechos de Alga Gigante son un importante hábitat de organismos marinos.

91   Desde aquí hasta el kilómetro 94 hay exposiciones de areniscas masivas y conglomerados de la Formación Rosario. Uno de estos sistemas de abanico submarino es mejor visto al Este de la carretera en el kilómetro 92. En esta parada los sedimentos graban una transición hacia arriba desde la ladera (el abanico exterior-medio) hasta los depósitos del abanico interior. Aquí la sección descansa sobre una lutita oscura de la Formación Rosario (Miembro de La Lodosita Media) que está cubierta por una unidad de diamictita de 12 metros de grosor. Está cubierta por 7 metros de conglomerado imbricado inversamente gradado, el cual representa flujos de detritus canalizados y derrumbados. Arriba de los conglomerados están 37 metros de flujos de turbiditas submarinos compuestos de areniscas y lodolitas que llenan un pequeño cañón submarino. La naturaleza adelgazante hacia arriba de esta secuencia indica el canal interior del abanico de un cañón submarino del cretácico.

ROCAS CRETACÍCAS CERCA DE ENSENADA: Los sedimentos depositados en esta área durante el Cretácico Tardío son derivados del Batolito de las Cordilleras Peninsulares. Estos sedimentos se desarrollaron como una cuña clástica que es más gruesa hacia el oeste y consiste de sedimentos fluviales y aluviales hacia el Este y facies marinas profundas hacia el oeste. Durante el Turoniano, facies fluviales y aluviales fueron depositados como abanicos; estos depósitos son conocidos como la Formación Redondo. Los sedimentos por encima comprenden a la Formación Rosario los cuales son Campaniano-Maastrichtiano en edad (Cretácico Tardío) y el contacto con la Formación Redondo que los sostiene es discontinuo. En el tiempo Campaniano el nivel del mar se elevó y depositó una secuencia transgresiva (son representados depósitos de playa afuera de la costa). La línea de costa fue definida por empinados acantilados de estratos de roca con ensamblajes de moluscos incrustados, tales como el de rudistas, moluscos bivalvos en el Rincón de la Ballena (*Ver* 2:14 camino de Punta Banda). Al mismo tiempo están registrados depósitos sedimentarios de tormenta (estratificación cruzada hamacada) en la misma área. El nivel del mar se elevó con la depositación de una gruesa unidad de lutita (lodolita) descrita por Kilmer (1963) en el área tipo hasta el Campaniano Tardío. El nivel del mar cayó en el Maastrichiano Temprano y formó enormes secuencias deltáicas. Esta regresión descargó grandes cantidades de sedimento en la empinada y angosta plataforma y causó depósitos de flujos gravitacionales que desarrollaron numerosos sistemas submarinos de abanico (Ledesma-Vázquez, 1984).

**EL AREA DE DERRUMBES DEL CANTIL
EN PUNTA SAN MIGUEL SE HALLA EN
LA CIMA DEL ÁREA DE DESLIZAMIENTOS**

95.2   Este es el sitio de un derrumbe importante que alguna vez interrumpió el viaje a través de la carretera durante algunos meses. Durante ese tiempo se utilizó el camino viejo. Se ha tratado de compensar el derrumbe repavimentando la carretera.

96   La topografía a lo largo de ambos lados de la carretera desde aquí hasta el kilómetro 98 es muy escarpada con varias pequeñas colinas irregulares. Cada colina representa un área de derrumbe individual sobre el punto principal de Punta San Miguel. Toda la línea de costa en esta área se está deslizando hacia el mar debido al debilitamiento de la punta en el océano.

98   Aquí esta la primera vista del pequeño pueblo pesquero de El Sauzal y el sitio de otro desgaste

masivo de la carretera que ocurrió en 1978. El derrumbe en las colinas de la izquierda resultó en la pérdida de muchas casas residenciales que en algún tiempo tuvieron vista al mar. Observe hacia la izquierda (este) para ver los remanentes de algunas de estas casas. La pared de una de estas casas todavía sobresale sobre la orilla del acantilado. Cada una de estas casas fue construida sobre su propia "terraza" de bloque caído. Cuando los bloques cedieron (se movieron hacia la carretera), las casas fueron destruidas.

LAS SUPERFICIES DE DERRUMBE ofrecen atractivos sitios para construcción para el confiado urbanizador debido a que a menudo son planicies con vistas sin obstrucciones. El desarrollo de baja densidad en algunos de los bloques estabilizados no ha creado inmediatamente suelo inestable. Sin embargo, un mayor desarrollo en derrumbes, actualmente estables, podría crear efectos desastrosos como se mostró al continuar problemas en el área de San Miguel. Cuando se construyen estructuras sobre derrumbes, existe un incremento en el agua subterránea debido al riego residencial y a desagües. Esta agua adicional se infiltra en el derrumbe; actúa debilitando, cargando y lubricando la masa de deslizamiento hasta que llega a ser inestable y se desliza. La demanda de propiedad enfrente de la playa está aumentando rápidamente y más de estos bloques están siendo desarrollados. Más derrumbes, pérdidas de propiedad y posibles desgracias serán inevitables.

DERRUMBE EN SAN MIGUEL

98.5   Esta es la última caseta de cobro; la carretera encabeza hacia el sur.

99.2 En la unión de la carretera libre de Tijuana y la carretera 1D existe una última vista hacia atrás de los remanentes de las casas destruidas por los derrumbes de 1978 y las casas vecinas sobre más derrumbes.

100 La carretera desde aquí y hasta Ensenada sigue la terraza del Pleistoceno Tardío, la cual ha estado siguiendo en forma intermitente desde Tijuana.

101 Las colinas hacia la izquierda de la carretera durante los siguientes kilómetros están compuestas de areniscas marinas del Cretácico superior que fueron depositadas a lo largo de una línea de costa rocosa expuesta. La gran casa en la izquierda detrás de la arboleda de Olivos Rusos pertenece a la familia del General Abelardo Rodríguez (Ver 1:101.6).

101.3 La desviación hacia la derecha conduce 114 kilómetros hacia Tecate sobre la carretera 3 de México.

105 En el lado de colinas al Este de la carretera está localizada una cantera de material para el camino. Las rocas de basamento que forman la costa del Cretácico Tardío están expuestas en las barrancas inmediatamente detrás de la cantera y a lo largo de la carretera hacia el sur.

106.5 La Universidad Autónoma de Baja California con su Facultad de Ciencias Marinas está localizada hacia la derecha de la carretera en Punta Morro. La muy prestigiada Facultad obtuvo derechos legales de la propiedad en donde está construida la escuela después de que los estudiantes se establecieron sin permiso en ella, lo cual obligó al gobernador de la península a otorgárselo.

El Centro de Investigación Científica y Educación Superior de Ensenada (CICESE) es la serie de edificios y domos en las colinas de la izquierda de la carretera. Ambas instituciones gozan de una buena reputación en México y en los Estados Unidos.

107 Esta es la intersección de la ruta alternativa a Ensenada (por la calle 10) y la ruta costera a Ensenada.

109.7 Este terraplén expone masivas brechas andesíticas prebatolíticas. Las rocas pre-batolíticas en esta área son flujos volcánicos metamorfizados, rocas piroclásticas y rocas sedimentarias de derivación volcánica. Los tipos de roca más comunes fueron tobas de intermedias a básicas y brechas, flujos basálticos y andesíticos. La edad de las rocas en el área de Ensenada todavía está en duda. Rocas similares varían en edad desde Jurásico Tardío hacia el norte del condado de San Diego hasta Cretácico Temprano al sur de Ensenada. Aquí están explotando las rocas para usarlas para alargar el puerto. Durante la operación de explotación algunas de las rocas del acantilado se colapsaron hacia la carretera, por lo tanto se construyó una desviación alrededor de éste.

109.8 **ENSENADA** ha sido un puerto natural durante mucho tiempo y floreció como un puerto importante durante la huelga de embarcaciones en la costa oeste de Estados Unidos en 1974 y 2002. La huelga fue un detonante para esta ciudad y resultó en el crecimiento del puerto. Con este evento llegaron más negocios, aún después del término de la huelga. La disponibilidad de grandes bloques de roca metavolcánica en el cerro de Chapultepec ha hecho más barata y más fácil la tarea de construir el muelle y agrandar el puerto, sin tener que importar roca de una cantera más lejana. Recientes mareas altas y olas más grandes han demostrado que las rocas pueden no ser lo suficientemente grandes para soportar las tormentas ocasionales que embaten el área. El trabajo en el muelle continúa.

110 Esta es la intersección de la Av. Gastelum y Calle Primera en el centro de Ensenada. Siga la carretera 1D de México (Blvd. Gral. L. Cárdenas) hacia el sur a lo largo del Malecón a su derecha. El distrito principal de compras turísticas, el destino de muchos turistas americanos, está a una cuadra hacia el Este. Existe un gran número de buenos restaurantes y hoteles en Ensenada.

En la punta sur del Malecón (Blvd. Gral. L. Cárdenas) la carretera continúa por varias cuadras hacia la izquierda. Después da la vuelta hacia la derecha en la Avenida Reforma (carretera 1D) que es la principal carretera hacia el sur.

TRANSECTO 2 - ENSENADA A SAN QUINTÍN
[196 Kilómeters = 122 Millas]

Ensenada a Santo Tomas - *La carretera viaja hacia el sur sobre la terraza del Pleistoceno, limitada por colinas metavolcánicas hacia la izquierda con vistas de la sierra metavolcánica de Punta Banda y la Zona de la Falla de Agua Blanca. Después continúa sobre el fértil y aluvial Valle de Maneadero y se eleva de nuevo sobre la terraza antes de seguir hacia arriba por un valle a través de las rocas metavolcánicas para continuar a lo largo de la zona de la Falla de Agua Blanca para coronar un pequeño paso en donde cruza la zona de la Falla de Agua Blanca y sigue al Valle de Santo Tomás, el cual se desarrolla sobre las rocas metavolcánicas a lo largo de las zonas de fallas de Santo Tomás y Agua Blanca. Santo Tomás y la pendiente al sur del pueblo están en la zona de Falla de Santo Tomás.*

Santo Tomas a Colonet - *La carretera sigue a través de una serie de valles de Bosques de Encino a través de más cordilleras metavolcánicas con valles aluviales y afloramientos de tonalita para entrar a las colinas de granito y en áreas del valle de aluvión en la Planicie San Vicente. Más allá de la Planicie de San Vicente la carretera desciende una pendiente y se vuelve hacia el mar a través de colinas metavolcánicas hacia Colonet en la punta norte de la Planicie San Quintín.*

Colonet a San Quintín - *En Colonet la carretera se vuelve hacia el sur para continuar paralela al océano y sigue la terraza marina del Plio-Pleistoceno desarrollada sobre sedimentos marinos de la Formación Rosario y de la Formación Cantil Costero del Plioceno. Las colinas al Este son parte de la Formación metavolcánica Alisitos. Estas formaron la línea de costa durante el desarrollo de la terraza del Plio-Pleistoceno. La carretera alternadamente subirá sobre la terraza y caerá en valles de aluvión. Al sur de Vicente Guerrero la carretera cae sobre la terraza más baja del Pleistoceno tardío con vistas de Laguna Figueroa, Bahía de San Quintín y los conos basálticos del campo volcánico de San Quintín. Cerca de San Quintín la terraza sedimentaria marina más alta forma una serie de mesas respaldadas por las altas colinas metavolcániccas.*

0	Este transecto y las mediciones de kilometraje comienzan en el centro comercial en la intersección Calle Gral. Agustín Sanguínes y Avenida Reforma - carretera 1D.
6	La carretera se encabeza hacia el sur paralela a la costa sobre la amplia y bien desarrollada

terraza de 10 metros del Pleistoceno Tardío. Enfrente y a la derecha están las vistas de la sierra de Punta Banda y del frente activo de la duna costera que está parcialmente estabilizada por la vegetación característica de la región de Chaparral del área Fitogeográfica de California.

Las colinas metavolcánicas a la izquierda consisten de una sección bien preservada de riolita piroclástica y dácita en un gran sinclinal que se sumerge hacia el oeste. La sección estratigráfica aquí expuesta consiste de 2,400 metros de tobas líticas y cristalinas dacíticas, brechas, tobas soldadas; tobas soldadas líticas y andesita; brecha andesítica volcanoclástica y arenisca. Un plutón de cuarzodiorita limita la estructura y la estratigrafía del norte, cerca de la planta de Cementos California, mientras que un plutón granodiorítico termina la sección en el sur cerca del pequeño pueblo de Maneadero. No se han encontrado fósiles en esta sección, pero sus características litológicas indican que son probables representantes de los episodios volcánicos del Jurásico Tardío y del Cretácico temprano que han sido datados al sur de la Falla de Agua Blanca.

12	Aeropuerto Militar de Ensenada es tanto para vuelos militares como comerciales. Los vuelos comerciales pueden ser obtenidos aquí en aviones de carga que dan servicio a en remotas partes de la Península de Vizcaíno.
13	La vereda de la derecha lleva hacia el Estero Beach Resort en la Playa Estero
16	La carretera abandona la terraza y desciende a través de arenales hacia el fértil Valle de Maneadero. Mientras la carretera cruza el Valle de Maneadero hay una vista de las colinas de Punta Banda. La línea de la falla de Agua Blanca, las terrazas, los arroyos fuera de lugar y los lineamientos de la vegetación muestran en donde han brotado las aguas subterráneas hacia la superficie a lo largo de las fallas de esta área. La carretera se acerca a la línea de la Falla de Agua Blanca y la seguirá hacia arriba del valle a la izquierda.

18.5 La vereda de la izquierda lleva a las aguas termales de San Carlos (20 Km.) ubicadas sobre una zona de fallas en las rocas metavolcánicas de la cordillera costera.

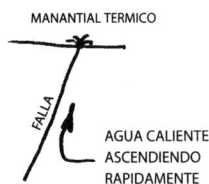

AGUAS TERMALES: las aguas termales están por lo menos 10° más calientes que la temperatura promedio del aire. Las aguas termales normalmente no requieren fuentes de calor anormales. La temperatura de la tierra aumenta cerca de 1° centígrado por cada 100 metros de profundidad. Las aguas subsuperficiales son calentadas a la temperatura de la roca circundante, de tal manera que el agua que es 10° más caliente sólo necesita venir de 1000 metros por debajo de la superficie. Las fallas proporcionan una salida rápida para el ascenso del agua caliente subterránea hacia la superficie, lo cual resulta en aguas termales. La mayoría de las aguas termales en el oeste de los Estados Unidos son fallas. Algunas, tales como Yellowstone y Lassen, están cerca de centros volcánicos y son debidas al magma cercano a la superficie.

22 Esta es la desviación hacia Punta Banda y La Bufadora (21 kilómetros). La carretera principal vira hacia la izquierda para abandonar el valle y sube sobre la terraza costera. **Para continuar al Sur *vea* Km. 23 abajo.**

EXCURSION LATERAL HACIA LA BUFADORA Y PUNTA BANDA:

El camino da vuelta a la derecha hacia la costa y realiza un recorrido a la derecha para evitar los campos cultivados. Mientras el camino se acerca a las colinas, la zona de fallas de Agua Blanca se hace obvia en el corte entre la cuesta de las colinas empinadas y los abanicos.

7 Los edificios y árboles al lado derecho (oeste) del camino son parte del Club La Grulla. La orilla norte del pantano más allá del club es una lagunilla escarpada de la Falla de Agua Blanca. El camino cruza esta pendiente a cerca de 7 Km. hacia el sureste y más adelante

se dejan ver muchos más rasgos suavizados de la falla a lo largo de la base de la Cordillera de Punta Banda. (Ver 2:24)

7.5 Mientras toma la curva, note los juncos que crecen en el lado izquierdo del camino. Aquí son vistos numerosos residentes Tordos de ala roja construyendo nidos en la primavera (*ver* 1:69.2).

8 En las zanjas al lado del camino se pueden ver Junco, Tifa y Hierba Gigante. El Pino Salado y los árboles de Olivos forman buenos rompe-vientos. El área es estero ó marisma. Otras plantas distintivas en el área incluyen a la Hierba Gigante (*Arundo donax* de la familia del pasto Toyon), Arbol Pimiento de California, Tabaco Amarillo, Lentisco, Hierba Liebrera y Datura.

9 La barra de arena que separa al estero de la Bahía de Todos Santos se puede ver a la derecha. En la punta del estero yacen numerosas aguas termales a lo largo del reciente rompimiento de la Falla de Agua Blanca, a pocos cientos de metros hacia la derecha (norte) del camino. Las aguas termales del extremo occidental están sobre la playa principal y encaran al océano cerca del kilómetro 11, casi opuestas a la casa septentrional. Las aguas termales son denotadas en los mapas de la península como Agua Caliente. Es posible excavar aquí en la arena durante marea baja y encontrar agua caliente (*Ver* 2:18.5).

10.6   Esta es la desviación hacia Punta estero y el Baja Beach Hotel y Club de Tenis. Los materiales de la terraza del Pleistoceno están expuestos en el afloramiento en el terraplén. El camino da vuelta a la derecha hacia la barra de arena Punta Estero. Esta es un área represada de la laguna costera, Alanofria y otras halófitas crecen en las arenas del estero.

Las dunas están estabilizadas con Arbusto Silvestre, Tunas, Flor de Sol y Girasoles anuales. Sólo las halófitas crecen en esta región. El Datilillo está plantado alrededor de las residencias lo cual le da un sabor tropical al medio ambiente. Los pastos anuales toman ventaja de las orillas de la carretera.

La avifauna de la planicie de lodo cerca de tierra firme en la parte superior del estero, consiste en Garzas, de Ganado, Agachona, Gaviotas del Oeste, Gaviotas de California y Zopilotes. Las aves excavan en las planicies de lodo para encontrar invertebrados, almejas, etc.

11   La vegetación sobre las colinas es típica de la flora de Chaparral y consiste en Arbusto de Queso, Toyon, Arbustos Silvestres, Mostaza Negra, Cascabelito, Pino Salado y Nopales.

Algunos de los afloramientos en el terraplén contienen fragmentos dacíticos intrusivos deformados y rotos. Esta roca es parte de un gran masa metavolcánica que es la espina dorsal de Punta Banda. Por los siguientes tres kilómetros el camino se mueve transversalmente a las rocas del Pleistoceno y del Cretácico superior que han sido transportadas en contra y/ó depositadas sobre las rocas metavolcánicas más viejas a lo largo del lado norte de la punta.

12.5   La villa turística de La Joya.

13.2   Hacia la izquierda y atrás hay una vista de la Falla de Agua Blanca. La falla pasa a través de la ranura del horizonte y sigue la base de la pendiente.

14.2   Las rocas de la edad del Cretácico fueron reconocidas y descritas por primera vez en Baja California en esta localidad. El camino hacia la hondonada después de las casas a

la derecha lleva hacia un pequeño muelle sobre la playa. Las rocas del Cretácico están expuestas en los acantilados a lo largo de la playa, cerca del muelle y en afloramientos en el terraplén por los siguientes dos kilómetros.

LOCALIDAD DE CORALLIOCHAMA ORCUTTI

Coralliochama orcutti: C.A. White (1885) describió a Coralliochama (almejas deformes) dentro de algunas rocas en la Bahía de Todos Santos. Este género es uno de los más característicos en las faunas cercanas a la costa del Cretácico tardío de la Baja California Noroeste. Abundantes acumulaciones de especímenes, algunos con conchas fijas y parcialmente desgastadas, pueden ser vistos en los acantilados a lo largo del lado norte de Punta Banda cerca de la villa de El Rincón de la ballena. Los estratos del Cretácico superior en esta localidad están más deformados que en cualquiera de las otras localidades conocidas en esta región. Esto es debido probablemente a su proximidad a la Falla de Agua Blanca que yace justo fuera de la costa y a la falla rincón que las corta.

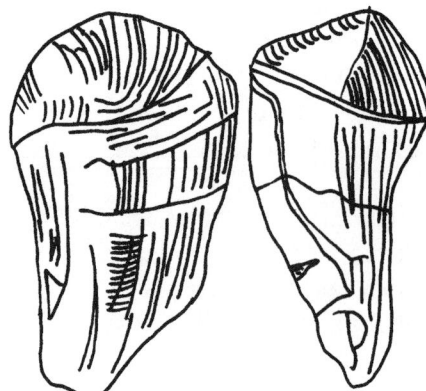

FOSIL DE CORALLIOCHAMA ORCUTTI

16.5 Están expuestas rocas de la Formación Alisitos de color gris-verde a lo largo del camino.

El suelo en ésta desviación está cubierto por hielitos (*Mesembryanthemum* sp.) una hoja suculenta naturalizada de Africa del sur. La hielito es comúnmente vista en acantilados, dunas, playas y suelos arenosos tan al sur como en la península central.

17.8 El camino llega a la cima de una cuesta y pasa brevemente a lo largo de la cima de Punta Banda. El Trompo crece en arroyos y en faldas de colinas.

18 La villa de La Bufadora puede ser vista hacia abajo del camino a la izquierda. Son obvias varias terrazas marinas del Pleistoceno a lo largo de este segmento de la punta.

La vegetación sobre la terraza, que consiste de Toyon, Lentisco, Maderista, Chamizo, Agave, Jojoba, Hierba del Pasmo y Tabaco Amarillo.

20 Esta área de Punta Banda está compuesta de pórfido andesítico metamorfizado muy fragmentado. La Bufadora se desarrolló a lo largo de una gran fractura dentro de las rocas metamórficas.

El contacto entre la andesita y los conglomerados redondeados de cantos rodados en la terraza del Pleistoceno está expuesto a lo largo del camino.

21 **La Bufadora:** En Punta Banda se hallan parques para trailer y para acampar, cafés y numerosas tiendas de curiosidades.

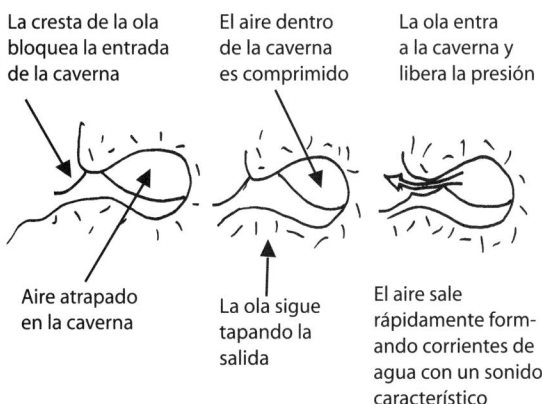

La cresta de la ola bloquea la entrada de la caverna

El aire dentro de la caverna es comprimido

La ola entra a la caverna y libera la presión

Aire atrapado en la caverna

La ola sigue tapando la salida

El aire sale rápidamente formando corrientes de agua con un sonido característico

LA BUFADORA tiene reputación de ser la más grande del mundo. Las olas que se aproximan a la Bahía Papalote atrapan aire en una cueva rocosa en la orilla norte de la bahía y bloquean la boca de la cueva. Mientras que la cresta de la ola se mueve hacia adentro de la cueva, comprime el aire de la cueva hasta que la liberación de la presión a lo largo de las grietas en el techo de la cueva forza un chorro de agua hacia el cielo. La inclinación del frente de ola y la cantidad de agua que bloquea la entrada de la cueva determinan la fuerza y la altura de cada pluma de agua. Si no hay mucha marejada La Bufadora puede no dar un gran espectáculo.

LA BUFADORA

Otra atracción puede ser experimentada por buzos justo fuera de la costa en las aguas termales que se han desarrollado a lo largo de la Falla de Agua Blanca. Algunos buzos cocen huevos en las aguas calientes que se elevan fuera de las termales (ver 2:18.5 del transecto de Ensenada).

De La Bufadora usted regresa a la carretera principal en el kilómetro 22. Puede dar la vuelta a la derecha y continuar hacia el sur ó regresar a Ensenada.

23 **CONTINUAR AL SUR A MANEADERO:**

24 Una terraza costera del Pleistoceno es visible a la derecha por arriba de Maneadero. Hay una vista panorámica al norte de las mesas de basalto del Mioceno, de las Islas de Todos Santos, la Bahía de Todos Santos, la punta de Punta Banda y la cordillera de las colinas que vienen hacia abajo desde Punta

Banda a lo largo de la zona de fallas de Agua Blanca.

Note la naturaleza larga y derecha de esta cordillera, las planicies a lo largo de la sierra y las líneas de vegetación. Cerca del punto más alto de la cordillera, hay una serie de casas en una terraza plana. Estas casas se asientan directamente sobre la zona de fallas de Agua Blanca. Observe los abanicos aluviales que bajan desde la zona de fallas. A ambos lados de las casas existen arroyos desalineados, indicando movimiento lateral a la derecha. A la izquierda está el corte en las colinas a través del cual la carretera eventualmente cruzará por el valle ocupado por la zona de fallas de Agua Blanca.

33   Mientras que la carretera sigue el Cañón de las Ánimas, más ó menos va paralela a la zona de fallas de Agua Blanca que está localizada a la derecha. Sobre la cordillera, arriba de la carretera hay ejemplos de desplazamiento de las cordilleras, bancadas, alineamientos de vegetación y arroyos fuera de lugar que típicamente caracterizan a una importante zona de fallas.

Edad de los estratos metavolcánicos: Existen numerosas edades de los fósiles del Cretácico a lo largo de la península al sur de la zona de fallas de Agua Blanca y una edad del Jurásico en la Formación Alisitos del Arroyo San José (Minch, 1969). Al norte de la zona de fallas de Agua Blanca no hay fósiles del Cretácico inferior-superior en los estratos metavolcánicos. Las siguientes rocas fosilíferas están en los Santiago Peak Volcanics (California); contienen fósiles del Jurásico tardío (Fife *et al.*, 1967). Entre la zona de fallas de Agua Blanca y el Condado de San Diego, no hay fósiles ó fechas radiométricas en los estratos metavolcánicos.

39   Aquí regularmente se ven Milanos Coliblanco volando y cazando a lo largo de este tramo de la carretera.

Milano Coliblanco (Black-shouldered Kites) (*Elanus caeruleus*) son grandes aves grises con forma de halcón, con colas blancas recortadas por una sola línea negra. Se pueden ver volando ó remontándose a lo largo de la carretera mientras cazan pequeños reptiles, roedores e insectos grandes.

40   La zona de fallas de Agua Blanca corre diagonalmente a través del campo de visión en la parte posterior de derecha a izquierda y de la parte media de las colinas.

45.3   La carretera proporciona vistas espectaculares del Valle de Santo Tomás.

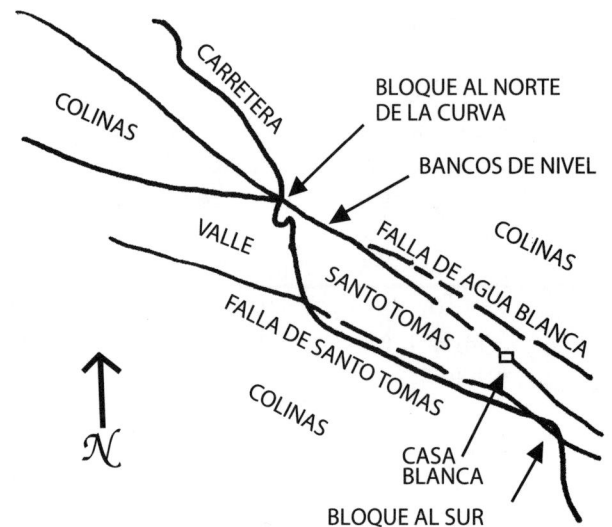

Entre la pronunciada curva de la derecha, en la cima de la pendiente y después de una curva en gancho a la izquierda (en el kilómetro 46.1), los numerosos cizallamientos y gravas proporcionan la evidencia de la zona de fallas de Agua Blanca que cruzan a la carretera cerca de la cima de la pendiente.

47.8   El camino nivelado a la derecha lleva a La Bocana y Punta China (26 kilómetros) en donde la Formación Alisitos del Cretácico superior fue definida por primera vez por Santillán y Barrera (1930) por las rocas cerca del Rancho Alisitos. Se ha desarrollado una cantera de cemento sobre Punta China en las rocas calizas de la Formación Alisitos.

Este camino nivelado es el camino más alto y nuevo que ha sido cortado al lado de las colinas para evitar los frecuentemente inundados y deslavados caminos viejos en el fondo del valle. Hay un bello sitio para acampar a 5 kilómetros de este camino entre los viejos Encinos y Sicamores en la vieja Misión Santo Tomás.

FORMACIÓN ALISITOS EN PUNTA CHINA, GRUPO CON EDWIN ALLISON

50.5   La carretera cruza el amplio valle de la zona de fallas de Santo Tomás. El gran cauce del tortuoso Río Santo Tomás generalmente seco contiene un pequeño arroyo perenne excepto durante los períodos de precipitación densa, cuando se convierte en un gran río caudaloso. Las aguas de este río probablemente se originan como series de manantiales de agua dulce del suelo de la subsuperficie que se elevan hacia arriba a través de la grava, producidos por movimientos a lo largo de la zona de fallas de Agua Blanca. Un Bosque Ripario bordea al Río Santo Tomás.

Esta pequeña fuente de agua alguna vez sostuvo a la pequeña Misión Dominicana de Santo Tomás y fue la razón para ubicar la misión en este lugar. Una expedición de Portola y el Padre Serra nombró a este valle "Cañada de San Francisco Solana". En junio de 1794 el Padre Loriente fundó una segunda misión, la Misión de Santo Tomás de Aquino, después de abandonar la primera misión que estaba localizada 5 kilómetros más cerca del Océano Pacífico. Las ruinas de la segunda misión están detrás de una casa cerca de la carretera. Tome el nuevo camino ó el camino de terracería en la punta norte del pueblo para encontrar la primera misión. Este camino hacia abajo del valle eventualmente llega a Punta China y La Bocana, es una ruta difícil pero más escénica.

MISIÓN SANTO TOMÁS

Comunidades vegetales que crecen a lo largo de arroyos y otras rutas de drenaje son referidas como Bosques Riparios. Debido a que el régimen climático en gran parte de la península es árido, la ocurrencia local de agua de larga duración, tiene una dramática influencia en la composición y cantidad de vegetación. Las localidades con abundante agua están generalmente circundadas por grandes árboles de hoja decidua, arbustos y hierbas que sólo crecen en los bancos de los causes de dichas aguas. En donde los valles del río son amplios, el Bosque Ripario es correspondientemente amplio; a elevaciones más altas en donde los causes del agua son estrechos y los bancos de arroyo son empinados, los Bosques Riparios pueden formar un muy angosto trecho que sólo tiene unos pocos metros de ancho.

51   **SANTO TOMAS:** El pequeño pueblo de Santo Tomás está localizado en el fértil valle de Santo Tomás. Esta antigua comunidad agrícola, que se extiende por todo el camino hacia el mar, data de los tiempos misioneros. Era el sitio original de la famosa fábrica de vino de Santo Tomás. Sin embargo, la fábrica de vino eventualmente fue llevada a Ensenada y ahora Santo Tomás cultiva Olivos y uvas.

El Palomar restaurante está directamente sobre la zona de fallas de Santo Tomás. Esta falla forma el lado sur del valle y la zona de fallas de Agua Blanca forma el extremo norte. Hacia el norte y al sur del valle las pronunciadas colinas están densamente pobladas por chaparral.

Observando las fallas de la península: Siéntese sobre las rocas en la sombreada punta externa del área de estacionamiento cruzando los tanques de gas y observe las colinas en el lado norte del valle. A su izquierda hacia el norte, la Falla de Agua Blanca pasa a través del mismo pasaje que la carretera. La huella está marcada por una serie de bancos a más ó menos 1/3 del camino hacia arriba de las colinas desde el suelo del valle. Estos bancos descienden hasta el fondo del valle en el arroyo que está casi directamente cruzando el valle. Dan lugar a un valle que va paralelo al valle principal. Hacia la derecha la falla sigue el desfiladero entre las dos colinas bajas amarillo-cafés que están paralelas al eje del valle y detrás de la lejana cordillera de la derecha, finalmente saliendo de la vista hacia arriba del valle en la lejanía de la derecha.

56 La casa blanca que está cruzando el valle en la base de las colinas a la izquierda marca el sitio de un manantial que está ubicado en el curso principal de la zona de fallas de Agua Blanca. *Ver* figura Km 45.3

57 Se han desarrollado numerosos abanicos pequeños que marcan el curso de la Falla de Santo Tomás en la base de las colinas de la derecha. Debido al relativamente reciente levantamiento a lo largo de la línea de fallas los arroyos están penetrando en los pequeños abanicos.

60.1 La carretera sube por la pendiente en donde los afloramientos en el terraplén exhiben numerosas zonas escarpadas y de grava típicas del curso de una zona de fallas importante. La desviación de la izquierda proporciona una buena vista del valle.

61 La desviación cerca de este señalamiento de kilometraje proporciona una buena vista de la zona de fallas de Agua Blanca que se extiende a través del valle hacia el norte. Hay una línea de arbustos y árboles muy pequeños que cortan a través de una de las puntas justo arriba y hacia la derecha de la casa blanca de rancho en el lado opuesto del valle. Esta línea de vegetación es reemplazada por la baja ranura hacia el oeste en donde la grava de la zona de fallas es fácilmente erosionada.

VALLE FORMADO POR LA FALLA DE AGUA BLANCA

La punta norte de Agua Blanca se ramifica cerca de aquí. Las ramificaciones forman los lados sur y norte de Punta Banda. Entre estas dos ramificaciones hay una resistente línea de rocas metavolcánicas de la Formación Alisitos que forman a la cordillera y a Punta Banda.

63 En la cresta de la carretera y a la izquierda, existe una vereda bien nivelada que lleva a una torre de microondas en el Cerro el Zacatón. Este camino cruza la zona de fallas de Agua Blanca.

68 El área hacia la izquierda es el Valle de San Jacinto. La vereda de la derecha es una de varias que llevan hacia Punta Cabras y Punta San José (hacia el noroeste) y Eréndira (hacia el suroeste). La ruta de preferencia es Km. 78.5 Ambas áreas tienen bellos acantilados y playas de bolsillo.

ACANTILADOS MARINOS Y PLAYAS DE BOLSILLO: Existen hermosas ensenadas y pequeñas playas con acantilados de material de terraza del Pleistoceno que cubren a la Formación Rosario del Cretácico. Se parecen a las hermosas playas de La Jolla, California. Generalmente los acantilados en esta área están formados sobre las Formaciones del Cretácico del Rosario ó la de Alisitos. Las playas se forman cuando el acantilado está coronado por depósitos de terraza marina más suaves. Esto deja un anfiteatro y una playa "de bolsillo" que por lo regular consiste de arena gruesa y grava.

69   mire hacia la izquierda. Una serie de exposiciones ligeramente coloreadas corren a lo largo de la bancada en la mitad de la cordillera del horizonte. Estas exposiciones son las gravas que marcan la zona de fallas de Agua Blanca.

73.3   Las rocas volcánicas metamórficas y sedimentarias de la Formación Alisitos están especialmente bien expuestas en los afloramientos en el terraplén a lo largo de este arroyo. Algunos de los pequeños hoyos en la roca son las impresiones de las conchas de gasterópodos que han sido filtrados de la roca.

Los arroyos y los valles en esta área, exhiben especies riparias de Encinos y Sauces, mientras que sobre las colinas, se presenta la vegetación típica de Matorral Costero, en la que podemos ver Incienso, Lentisco, Hierba del Pasmo, Chamizo, Maderista, y Cabellos de Bruja, creciendo en las plantas.

75.5   La cordillera que cruza la carretera en esta vuelta cerca de La Angostura, está formada por una serie de rocas calizas de color gris claro dentro de la Formación Alisitos. Estas rocas calizas son explotadas en Punta China por una empresa comercial (Cementos California). Las rocas calizas, que son bajas en magnesio y aluminio, afloran en un cinturón que se extiende hacia el sureste de Punta China. Las grandes reservas y la proximidad a facilidades navales de agua profunda la hacen una importante fuente de roca caliza para cemento.

78.5   Un camino pavimentado señalado como "Eréndira" lleva al sur 6.6 kilómetros por abajo del Cañón de Guadalupe y el Cañón de San Isidro hacia el Arroyo San Vicente y después da vuelta hacia el oeste hacia la pequeña comunidad costera de Eréndira y Bocana Eréndira.

80.5   La carretera llega a la cima de una cordillera con una vista panorámica de la planicie de San Vicente. La Misión San Vicente Ferrer está localizada a la derecha antes del puente. Esta planicie es cultivada en temporadas para Trigo y Cebada. Cerca de San Vicente las rocas metavolcánicas de la Formación Alisitos cambian a tonalita. Mucha de la planicie de San Vicente está cubierta por tonalita y rocas plutónicas mezcladas.

89   El pueblo de San Vicente se fundó en 1780 como el sitio de una misión Dominica.

93   Durante el siguiente kilómetro los montículos lineares de cantos rodados ligeramente coloreados forman buenos ejemplos de los remanentes erosionados de los resistentes diques graníticos que han rellenado grietas de contracción cerca de la cima del batolito. La roca madre de alrededor (tonalita) es menos resistente y más erosionable. Esto deja como resultado a las cordilleras de roca de dique.

102   Esta planicie es llamada Llano Colorado debido a las rocas volcánicas de color rojo erosionadas de la Formación Alisitos. La vista del horizonte hacia el Este es de las colinas metavolcánicas al pie de la montaña.

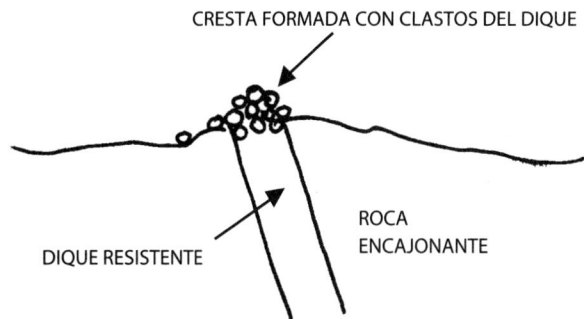

CRESTA FORMADA CON CLASTOS DEL DIQUE

DIQUE RESISTENTE

ROCA ENCAJONANTE

107.5   La carretera cruza un arroyo con densos saladillo del género *Atriplex*.

El Saladillo es una halófita que tiene modificaciones que le permite crecer en suelos secos muy salados. Se ha mostrado que las semillas del Saladillo contienen inhibidores químicos del crecimiento que se disuelven cuando están expuestos a las cantidades de agua que sólo pueden ser provistas durante un buen aguacero. Estos inhibidores aseguran que las semillas sólo germinarán cuando estén disponibles suficientes cantidades de agua para permitirle al brote a que germine y complete su

ciclo de vida. El Saladillo puede crecen en suelos con un alto contenido de sal. La sal es absorbida por la planta a través de sus raíces. Las hojas pueden usarse como saborizante para alimentos y las semillas tostadas hacen una basta comida condimentada ó harina fina.

109   Diques graníticos a lo largo de la pendiente.

115   La carretera desciende a través de afloramientos de granodiorita y gabro en el Arroyo Seco en donde la carretera da vuelta hacia el mar para seguir el arroyo. Están expuestas rocas metavolcánicas de la Formación Alisitos a lo largo del Arroyo Seco superior.

Esta punta fue el final de la carretera pavimentada por muchos años. Hasta el término de la carretera el letrero decía "FIN DEL PAVIMENTO". La carretera estaba preparada por todo el camino hasta San Quintín pero no estaba pavimentada. Se hallaban baches de "Clase Mundial" en este segmento aplanado. La mayor parte del tráfico hacía caminos laterales por el segmento aplanado en un intento por evitar los baches y agujeros.

126   Esta estación de gasolina y restaurante una vez fueron administradas por Wilmont Bradley, un pionero de la península que murió de cáncer. El construyó la clínica médica sobre la colina. Durante varios años esta clínica fue el centro local de los Samaritanos Voladores (Flying Samaritans), un grupo de doctores que todavía vuelan los fines de semana para establecer clínicas temporales que proporcionan atención médica que de otra forma no sería disponible.

126.4   La carretera cruza Arroyo Seco. La vereda a la derecha justo antes de la curva de la carretera lleva al Rancho Johnson y a San Antonio del Mar, el cual está localizado sobre una hermosa playa de arena.

126.6   La carretera pasa a través de la villa de Punta Colonet.

128   Mire hacia atrás a la derecha para ver la vista de Punta Colonet. Esta punta fue nombrada por un capitán inglés que por alguna razón

desconocida, encalló su barco en esta costa traicionera. Los sobrevivientes caminaron hasta Ensenada.

CARRETERA VIEJA Y SUS DIVISIONES

130   La carretera penetra en una pequeña y empinada barranca cuyos rocosos acantilados están formados por la erosión de la Formación Alisitos.

131.5   La cordillera en la distancia, al oeste de la carretera, son dunas costeras estabilizadas.

132   Las tierras rojas de arcilla en esta área son derivadas de la Formación Alisitos rica en hierro. Los llanos de San Quintín están extensamente cultivados por irrigación por goteo.

133   La carretera empieza a seguir una terraza marina de 30 metros del Pleistoceno que a menudo se le llama Llanos de San Quintín.

A la izquierda están las colinas al pie de las montañas de la Formación Alisitos. La costa del Océano Pacífico durante el Cretácico, cuando fueron depositadas las rocas de la terraza y durante el Pleistoceno tardío, cuando la terraza fue partida, es aproximadamente equivalente a la punta de la terraza y a las colinas al pie de montaña a la izquierda.

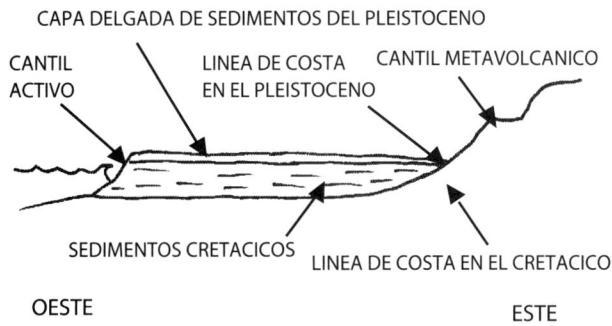

CAPA DELGADA DE SEDIMENTOS DEL PLEISTOCENO

CANTIL ACTIVO

LINEA DE COSTA EN EL PLEISTOCENO

CANTIL METAVOLCANICO

SEDIMENTOS CRETACICOS

LINEA DE COSTA EN EL CRETACICO

OESTE

ESTE

140.9 El camino de la izquierda lleva al pequeño pueblo de San Telmo (10 kilómetro), al Rancho Meling (50 kilómetro), al Rancho Mike's Sky ranch (sólo para vehículos con doble tracción y con experiencia), a las arboledas de pinos del Parque Nacional de San Pedro Mártir y al nuevo Observatorio Nacional (87 kilómetro).

Rocas plutónicas de las Cordilleras Peninsulares: Un mapeo de reconocimiento en las cordilleras peninsulares ha resultado en la identificación de 387 plutones con más de 1 Km. de diámetro que cubren 20,000 kilómetros cuadrados. Estos plutones son más pequeños en la punta oeste de la cordillera; las porciones axiales de la cordillera están ocupadas por un número relativamente pequeño de cuerpos mucho más grandes. La mayoría de los plutones son circulares en su contorno y muchos muestran estructuras concéntricas. Los plutones más pequeños están formados por granito y gabro, mientras que la mayoría de los plutones más grandes están compuestos de tonalita. Estos plutones redituaron fechas de edad de 95 a 119 millones de años antes del presente fechado con K/Ar de 75 a 85 millones en la punta oeste y 60 en la punta Este redituaron fechas de enfriamiento ó edades de metamorfismo (Gastil et.al., 1975).

Las rocas sobre el camino hacia el Rancho Meling y a la alta sierra de San Pedro Mártir exhiben una sección cruzada de las rocas pre-batolíticas y batolíticas de las Cordilleras Peninsulares. El camino comienza en las rocas metavolcánicas y metasedimentarias de la formación Alisitos. Esta área es estratigráficamente el estrato más inferior en el área tipo de la Formación Alisitos. Unos pocos kilómetros hacia arriba del camino están los estratos que contienen fósiles del Albiano

(Allison, 1974). Más cerca del rancho, estas rocas muestran una metamorfosis progresivamente más marcada hasta que se convierten en esquistos y gneiss. En el rancho está expuesto un plutón de rocas graníticas. A medida que el camino va trepando hacia el observatorio, entra en un área de rocas graníticas extensas.

La flora de las Sierra San Pedro Mártir. En promedio 1,500-2,800 metros ó más de elevación. Sus pendientes en el oeste están cubiertas con Bosques de Coníferas que reciben 50 centímetros de precipitación por año en promedio. Las especies dominantes de coníferas son Pino, Encino de Incienso, Pino Dulce. En las elevaciones más bajas son más frecuentes el Encino Roble y el Alamillo. La historia secundaria del bosque consiste en plantas anuales de sombra, pastos y arbustos ampliamente espaciados.

A elevaciones debajo de los 1,000 metros las pendientes del oeste de estas dos cordilleras están revestidas con Chaparral Verdadero y Matorral Costero. Las pendientes más secas del Este de estas cordilleras están cubiertas por grandes extensiones con vegetación que es característica del Desierto de San Felipe, una extensión del sur del Desierto de Colorado en los Estados Unidos. (La vegetación del Desierto de San Felipe será discutida en 14:108).

En la punta sur de la Sierra San Pedro Mártir la flora está en transición entre el área de vegetación de Chaparral de la región fitogeográfica de California y la flora de desierto de la región fitogeográfica del sur del Desierto Central. Como resultado de ello, las pendientes del sur están cubiertas con una mezcla de especies de Chaparral del norte y vegetación desértica del Desierto de El Vizcaíno. A éstas regiones de floras traslapadas se les conoce como ecotono; ésta área en particular se extiende aproximadamente por 160 kilómetros desde el Valle Santo Tomás hasta El Rosario. Esta zona tiene un mixto de Chaparral y flora del desierto que nivela una a otra hasta adonde terminen.

141.3 Un camino a la cantera de material proveniente de la Formación Alisitos a la izquierda.

La vegetación de ecotono transitoria de esta región consiste en una mezcla de las siguientes especies de Chaparral, Matorral Costero y plantas desérticas: Cochal, Arbusto Silvestre, Huizapol, Agave, Cholla Saltarina, Tuna, y compuestos anuales.

151.5   Mientras la carretera sube a través de más afloramientos de la Formación Rosario del Cretácico superior, note las canteras de material de la derecha. Han sido colectados fósiles de la Formación Cantil Costero del Plioceno en la segunda y tercera cantera en el kilómetro 155.5

Esta área es un bloque de falla levantado llamado "horst". La erosión del área levantada causa la exposición de los sedimentos.

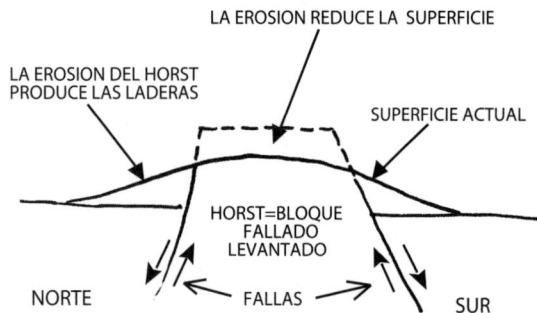

LA EROSION REDUCE LA SUPERFICIE

LA EROSION DEL HORST PRODUCE LAS LADERAS

SUPERFICIE ACTUAL

HORST=BLOQUE FALLADO LEVANTADO

NORTE   FALLAS   SUR

153   Algo de la topografía hamacada sobre el horst es probablemente debida a dunas costeras estabilizadas. Estas dunas son mucho más obvias en la siguiente subida hacia el sur.

154.3   En las canteras de material están ubicadas las localidades de fósiles del Plioceno.

156   La carretera comienza un descenso y pasa a través de afloramientos metavolcánicos y después a través de afloramientos del Plioceno en el lado sur del horst.

157   Camalú.

165   Algunos de los afloramientos en el terraplén de esta área están compuestos de arenales. Las colinas de fragmentos rodados de esta área forman un campo de dunas costeras estabilizadas que está extensamente arado y cultivado con varias siembras agrícolas. Esto podría llevar a la destrucción del frágil medio ambiente de las dunas y al desarrollo de condiciones de "dust bowl" (regiones en donde se llegan a producir grandes vendavales de polvo) si el arado y las plantaciones no son hechos propiamente y en los tiempos correctos.

ESTABILIZACION DE DUNAS: Los sistemas de dunas estabilizadas de la península proporcionan un delicado ambiente que es el hogar de numerosas plantas y animales. Los campesinos toman ventaja de la humedad retenida para arar las dunas y cultivar sembradíos. Sin embargo, el arado elimina la vegetación que estabiliza la arena y los vientos pueden quitar la duna cuando soplan. La siembra en seco y el ambiente provisto por las dunas estabilizadas para la manutención de plantas y animales pueden ser eliminados. Por estas razones se debe tener cuidado en desarrollar dunas estabilizadas para propósitos agropecuarios.

169   Esta desviación lleva 4 kilómetros hacia el este, a las ruinas de la Misión Santo Domingo. Esta misión ha estado abandonada desde 1885.

1978 ARRASTRE DEL ARROYO SANTO DOMINGO

169.8   La carretera cruza el Arroyo Santo Domingo. Este puente se lo llevó el agua a principios de 1978. Fue reconstruído y un segundo fue adicionado para adaptarse a futuras inundaciones.

170.2   Vicente Guerrero. La planicie de San Quintín está extensivamente sembrada en seco y es irrigada con pozos subterráneos. La sobreexplotación del agua subterránea cerca de la bahía ha resultado en la intrusión de agua salada; el agua subterránea salada debajo de la bahía empuja hacia el continente y desplaza al agua dulce.

NIVEL FREATICO

AGUA DULCE

INTERFASE
AGUA DULCE/
SALADA

AGUA SALADA
MARINA

◄— 2 A 3 KILOMETROS —►

ANTES

POZO   NIVEL FREATICO DEPRIMIDO

AGUA DULCE   AGUA DULCE

INTRUSION
DE AGUA
SALADA

INTERFASE AGUA DULCE/SALADA
ES DESPLAZADA HACIA TIERRA
Y LA SUPERFICIE

DESPUES

176   Desde la cresta de esta colina hay una excelente vista del campo volcánico de San Quintín.

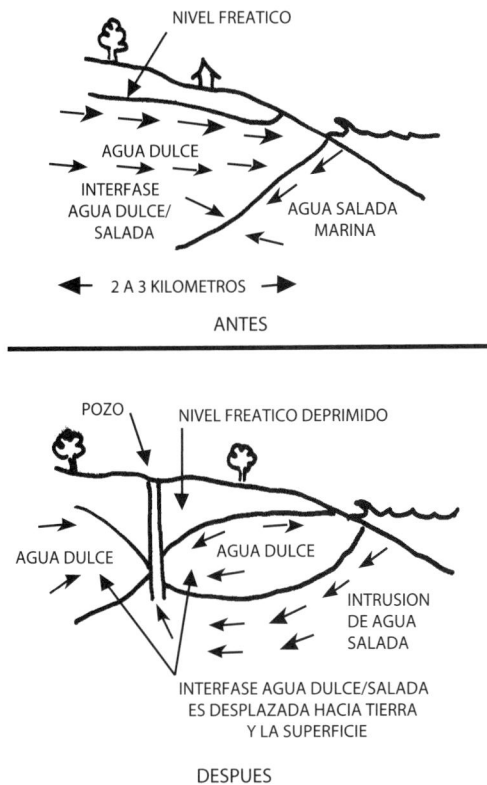

Campo Volcánico de San Quintín: Aproximadamente diez pequeños conos del campo volcánico de San Quintín se observan desde la carretera. A la derecha del grupo principal de conos está la baja silueta de la Isla San Martín, otro cono visible a 4 kilómetros de la costa. Woodford (1928) fue el primero en describir en gran detalle el campo volcánico de San Quintín. Este campo es una serie de conos cineríticos de basalto y olivino y flujos del Pleistoceno hasta edad Reciente. Localmente, las terrazas marinas están desarrolladas sobre los flujos de lava. Esto indica que las erupciones predatan al nivel del mar que bajó y a la terraza Sangamoniano de 125,000 años de edad. Mientras la carretera desciende para cruzar los Llanos de San Quintín, la somera Laguna Figueroa está a la vista detrás de las dunas al lado de la costa de Bahía San Ramón. Esta área ha sido explotada por su sal desde los tiempos de las misiones.

CAMPO VOLCÁNICO DE SAN QUINTÍN

187   A lo largo de este segmento del camino los montes de la izquierda consisten en la Formación Rosario del Cretácico. El monte a la derecha volcánico, denominado Media Luna, uno de los conos cinerítcos de basalto del campo volcánico de San Quintín.

189.5 En San Quintín estación de PEMEX y las tiendas le proporcionarán víveres, están disponibles también tiendas de autopartes, mecánicos, hoteles, bancos y neverías.

𝒩

OCEANO

CONES CINERITICOS

SAN QUINTIN

CARRETERA

ISLA
SAN MARTIN

BAHIA

SAN QUINTIN

CIELITO LINDO

PACIFICO

PUNTA SAN QUINTIN

TRANSECTO 3 - SAN QUINTÍN A INTERSECCIÓN DE BAHÍA DE LOS ÁNGELES
[285 Kilómetros = 177 millas]

San Quintín a El Rosario - *Al sur de San Quintín la carretera sigue la orilla de un área de dunas y sigue a una terraza a lo largo de la base de la mesa de sedimentos marinos del Cretácico que está debajo de sedimentos marinos del Plioceno. Las mesas altas comienzan a ser mucho más anchas en esta área siguiendo una línea de costa del Cretácico relativamente derecha. Las empinadas colinas metavolcánicas están fuera de la vista hacia el Este. En El Consuelo la carretera abandona la terraza costera y asciende por un valle a través de colinas del Cretácico hacia la superficie de la mesa alta con las colinas metavolcánicas en la distancia hacia el Este. La carretera cruza la mesa brevemente antes de descender un empinado cañón a través de la Formación Rosario hacia el Valle de El Rosario y poblado El Rosario.*

El Rosario a Cataviña - *Este sección de la carretera viaja casi directamente al Este. Desde El Rosario, la carretera da vuelta tierra adentro hacia el Río Rosario sobre una terraza fluvial, cruza el río y da vuelta hacia el continente a través de las colinas de fragmentos rodados de sedimentos marinos del Cretácico. La carretera asciende sobre las mesas de fragmentos rodados con vistas distantes de las mesas del Plioceno hacia el sur y de la masa granítica San Pedro Mártir hacia el norte. La carretera cruza la línea de costa del Cretácico hacia las colinas metavolcánicas de fragmentos rodados al pie de montaña y desciende una pendiente hacia una serie de valles desarrollados en las empinadas colinas de rocas metavolcánicas y graníticas. La carretera después sigue un amplio valle arrumbo con cordilleras empinadas de rocas metavolcánicas en ambos lados del valle.*

Después de El Progreso y un desfiladero en las rocas metavolcánicas, la carretera comienza a atravesar la Planicie de San Agustín sobre sedimentos lacustres. Las empinadas colinas metavolcánicas de la izquierda formaron la costa del lago. La carretera sigue una superficie que va de plana a fragmentos rodados desarrollada sobre conglomerados fluviales con colinas más altas de roca graníticas y metavolcánicas hacia el sur. Hacia el norte está la extensa área de la Planicie de San Agustín que está rota por bajas colinas metavolcánicas aisladas en la parte oeste y por mesas volcánicas en la parte Este. Después de pasar entre varias mesas volcánicas la carretera entra a las colinas

de fragmentos rodados de una pintoresca área de cantos rodados de tonalita, descendiendo finalmente por el Arroyo Cataviña hacia Cataviña.

Cataviña a interseccion de Bahía de Los Ángeles - *La carretera cruza un arroyo hacia el Rancho Santa Inés y después da vuelta hacia el sur a través de un área de cantos rodados de tonalita. A lo largo de la ruta, las mesas volcánicas se vuelven más numerosas hasta que, en Jaraguay, la carretera asciende para cruzar un extenso altiplano ondulante de basalto, punteado con conos cineríticos. La colina de cantos rodados de El Pedregoso surge por este altiplano. Después, la carretera sigue la orilla del altiplano en rocas graníticas y metamórficas mezcladas y cae sobre el plano valle aluvial y la capa lacustre de la Laguna Chapala con dunas en la punta sur de la capa lacustre.*

Después de un breve ascenso por un desfiladero en las pronunciadas colinas de tonalita la carretera cruza el parteaguas Peninsular con vistas de un amplio valle de fragmentos rodados de la espectacular y escarpada Sierra de la Asamblea. La carretera desciende hacia el valle aluvial a través de tonalita y después a través de sedimentos fluviales del Mioceno hacia la colina de granodiorita de Cerrito Blanco. Después de pasar de nuevo sobre un parteaguas Peninsular, en aluvión, la carretera comienza a descender el drenaje del Arroyo León a través de sedimentos fluviales del Mioceno hacia la conjunción con la carretera que va a Bahía de los Ángeles.

0   Las marcas de kilometraje a lo largo de la orilla del camino en el kilómetro 196 cambian a 0.

1   Esta desviación lleva al oeste al Molino Viejo y al Motel Ernesto's en Bahía San Quintín.

Molino Viejo: Hacia 1885 una compañía americana trató de colonizar esta área. Construyeron un molino de harina y un muelle y trataron de cultivar el área por temporadas para trigo. En la actualidad los modernos métodos de goteo y pozos profundos están suministrando una próspera industria agropecuaria, tratando de evitar la sobre explótación.

5   La carretera hace un amplio giro a la izquierda para cruzar el arroyo sobre un nuevo puente cerca de las colinas. Las colinas de la izquierda que forman los riscos inferiores son parte de la Formación Rosario y están sustentadas

localmente por la Formación Cantil Costero del Plioceno.

Observe y escuche de cerca para encontrar Triguera de Occidente sobre los cercos a lo largo de la carretera.

Triguera de Occidente (Western Meadowlark) (*Sturnella neglecta*) pertenece a la misma familia que los Cuervos y Orioles (F. Emberizidae) los cuales se procrean en el verano en la parte noreste de la península e invernan a lo largo de toda la península en donde son vistos y escuchados en campos y sobre cercos. Físicamente, el Triguera es un ave de cuerpo pesado, tamaño medio. La característica más distintiva de identificación de campo es una "V" negra en su brillante pecho amarillo. Esta ave no puede ser confundida con ninguna otra en la península debido a su marca en el pecho. La voz del halcón es una fuerte canción silbada que repentinamente interrumpe el silencio del paisaje desértico de la península. Otro nombre local es el de "Sabanero".

DESLAVES: En el pasado, el camino principal iba directamente a través de la planicie de inundación en esta localidad. Después de repetidos deslaves, la mayor parte del tráfico siguió una ruta más fácil que cruzaba la planicie de inundación en la base de las colinas cerca de El Consuelo. Cuando la carretera fue pavimentada, a principios de los 1970's, una vez más pasó directamente a través de la planicie de inundación. Fue deslavada numerosas veces y finalmente fue ubicada permanentemente más cerca de las colinas.

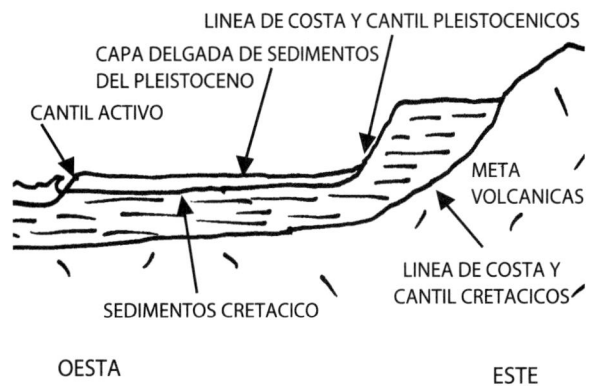

8.5 La carretera se acerca a la base de los acantilados marinos de la Formación Rosario en donde va aproximadamente paralela a una antigua línea de costa. La carretera está construida justo por arriba de lo que pudo haber sido la antigua costa cuando Llanos de San Quintín fue cortado como una terraza marina.

LINEA DE COSTA Y CANTIL PLEISTOCENICOS
CAPA DELGADA DE SEDIMENTOS DEL PLEISTOCENO
CANTIL ACTIVO
META VOLCANICAS
SEDIMENTOS CRETACICO
LINEA DE COSTA Y CANTIL CRETACICOS
OESTA
ESTE

LINEAS DE COSTA CAMBIANTES: Al sur de Colonet las costas del Cretácico y del Pleistoceno concuerdan. Las colinas metavolcánicas en la punta de la terraza formaron tanto la costa del Cretácico como la del Pleistoceno. Al sur de San Quintín la punta de la terraza representa sólo la costa del Pleistoceno. La costa del Cretácico se ha sometido a una mayor cantidad de levantamientos y está sobre el nivel de la terraza superior. Un ascenso sobre esta terraza proporcionará una vista hacia el Este de la costa del Cretácico la cual está guarnecida por las mismas colinas metavolcánicas que se ven hacia el norte.

9 La carretera cruza un gran arroyo por un alto y bien construido puente. Este solía ser el pequeño pueblo de El Consuelo. Aquí había un restaurante y era el final de la línea de autobuses antes de que la carretera transpeninsular fuera pavimentada.

Si desea ver los afloramientos de la Formación Rosario cerca de la carretera, estaciónese a la izquierda justo antes del puente y camine hacia el banco de material como a 100 metros de la carretera.

11 La vereda de Pino Salado de la derecha lo lleva hasta el Hotel La Pinta y el Motel Cielito Lindo y RV Park. Juanita, quien es la encargada del Motel Cielito Lindo, es una de las mejores anfitrionas que los autores han encontrado en la península. Algunos dicen que nunca han tenido una mejor comida que su platillo de tenazas de cangrejo de roca.

Por muchos años este hotel fue el sitio de retiro de una colonia de cine americano que le pertenecía a un cineasta. Entre los más notables y frecuentes invitados estaba Jimmy Stewart, Henry Fonda y John Wayne quien de hecho trabajó en la construcción de uno de los cuartos.

ÁRBOLES PINO SALADO: La vereda que lleva al Hotel La Pinta cruza un segmento desviado del camino viejo. Viaja hacia abajo por una ruta muy pintoresca que está demarcada por dos hileras de árboles paralelas formadas por el viento, de árboles viejos de Pino Salado que fueron plantadas para formar rompevientos de rápido crecimiento para las áreas de agricultura de la región. Un paseo en auto hacia abajo de este camino por la noche es un poco atemorizante.

Los árboles Pino Salado (*Tamarix pentendra*) fueron introducidos a Norteamérica a principios de 1800 para uso como plantas decorativas y la formación de rompevientos de rápido crecimiento. Estas plantas se expanden rápidamente; una sola planta puede producir 600,000 semillas por año. Sus hojas secretan sal, una adaptación para reducir el contenido de sal del árbol, lo cual le permite vivir en suelos salinos. Los suelos de la superficie debajo del árbol acumulan sal, la cual inhibe la germinación y establecimiento de plantas nativas intolerantes de la sal. Las grandes cantidades de basura (esparcida) producida por el Pino Salado estimula al fuego. Estos pueden rebrotar de sus propias raíces inmediatamente después de un incendio, mientras que muchas otras especies nativas no pueden. Todos estos factores ayudan en la expansión del Pino Salados y reducen el número y la influencia de las especies nativas. Los suelos habitados por Pino Salado pronto se vuelven áridos debido a que cada árbol transpira cientos de litros de agua diariamente de la tierra. Esto aún más reduce los números de especies nativas.

DUNAS DE PLAYA: En Cielito Lindo las dunas de playa están migrando hacia el sur por toda la superficie de la playa. Tienen aproximadamente de 2 a 3 metros de altura y continuamente migran, lo cual expone material que anteriormente estaba cubierto. Durante mareas altas las dunas son a menudo llevadas al nivel de la ola; esto forma una superficie ligeramente ondulada. Cuando la arena se seca, la arena forma de nuevo dunas migratorias.

PLAYAS ARENOSAS CALIDAS Y MAREAS ALTAS: Las playas arenosas calidas a lo largo de Bahía Santa María son algunas de las más agradables en la península. Son muy anchas y planas y están cubiertas con galletas de mar y conchas de almejas Pismo. En mareas bajas las galletas de mar vivas forman interesantes e inusuales modelos mientras que mueven sus pequeñas espinas para enterrarse en la arena. Hay varios lugares por donde puede cruzar las dunas y manejar sobre la playa por varios kilómetros.

PLAYA SAN QUINTÍN

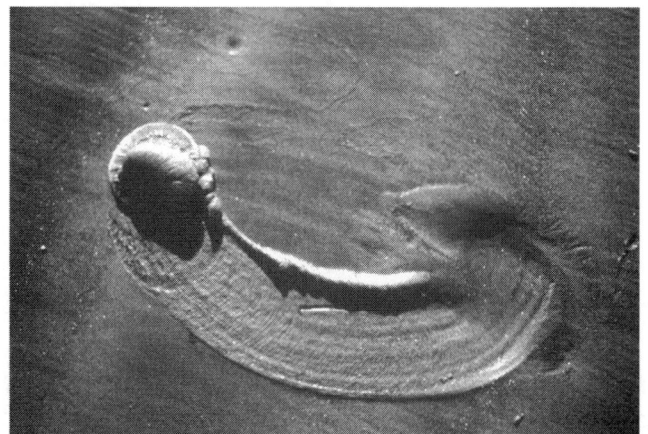

RASTRO DE GALLETA DE MAR

El Hotel La Pinta solía tener una alberca y un muro costero con un restaurante y un bar bajando las escaleras. En 1976 las mareas altas y tormentas pusieron 1 metro de agua en la planta baja del hotel y llenaron la alberca. El muro ya no está y las dunas están usurpando el área.

HOTEL LA PINTA DESPUÉS DE UNA TORMENTA

La marisma que rodea al Hotel La Pinta se ha ampliado en los últimos 10 años. Dentro ó cerca de la marisma comúnmente se ven Cormoranes, Gaviotas de California, Gaviotas del Oeste, Patos, Brant, Gallineta, y varias otras especies de aves.

17.5 Las colinas de la costa del Pleistoceno convergen con el camino mientras que la terraza baja se estrecha y desparece bajo un campo de dunas.

19 La carretera pasa el Rancho Las Parritas a la derecha y asciende sobre las Dunas del Socorro. El origen de la arena es el pequeño campo de dunas de las playas cerca de Cielito Lindo y Bahía San Quintín. Cuando las dunas migratorias alcanzan la curva en la costa sur, son sopladas tierra adentro.

21 En la cresta de la primera colina hay una vista hacia la parte trasera del campo volcánico de San Quintín.

EL EFECTO DE ORILLA DE LA CARRETERA:
A lo largo del camino, en los suelos que fueron perturbados durante la construcción de la carretera existen varias especies de plantas oportunistas. Las más obvias son los grandes Girasoles Amarillos, Jojoba, Saladillo Gris, Huizapol y varias especies de pequeñas herbáceos anuales. Estas oportunistas no se pueden ver creciendo lejos de la carretera.

En las regiones desérticas de la península la vegetación dominante consiste de especies de plantas adaptadas a veranos largos, calientes y secos. Las especies desérticas adaptadas a sequías, que requieren poca agua son conocidas como plantas xéricas. (La palabra xerox significa seco y ha sido usada comercialmente para referirse a las copias secas producidas por las máquinas Xerox, opuestas a las copias húmedas producidas por el antiguo equipo mimeográfico). En una región tan difícil como las regiones de California y del Desierto Central de la Baja California, los microclimas pasan a ser particularmente importantes. Cualquier circunstancia que proporcione hábitat menos xérico, en donde la humedad permanezca de alguna manera más tiempo que en medios más abiertos, favorece el crecimiento de la vegetación oportunista. Las orillas de las carreteras son ejemplos clásicos. Concentraciones de plantas más altas, más verdes y más mésicas florecen a las orillas del pavimento debido a que allí se encuentra la humedad necesaria para mantener a especies mésicas que no están adaptadas al desierto. Las plantas comúnmente vistas sobre las dunas de arena estabilizadas son Pastos Anuales, Huizapol, Jojoba, Hielitos y varias especies de Cactus. La vegetación de duna generalmente es menor a un metro de alto y densa.

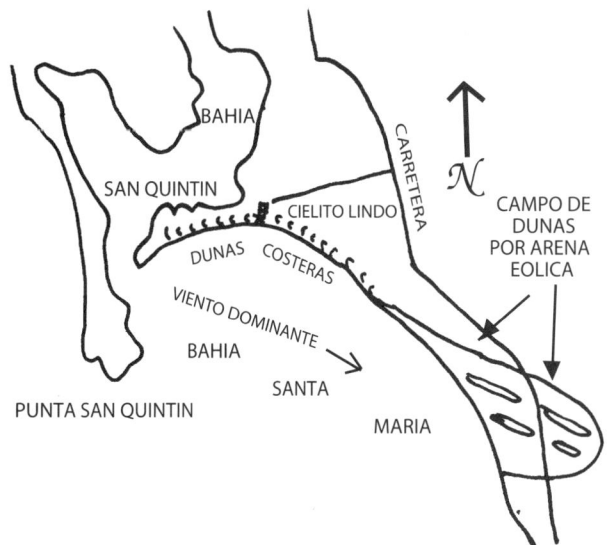

22 En los viejos tiempos, cruzar las dunas era muy tortuoso y traicionero. Arenas movedizas a través del camino lo hacen muy difícil para

un vehículo sencillo. Se trajeron cargas de guijarros a esta área como un intento de mejorar estas condiciones. Sin embargo, esto resultó como un viaje agitado y sacudido sobre el camino de guijarros. Si accidentalmente se apartaban los guijarros hacia la suave arena, significaba quedarse atascado.

La vista a través del campo de dunas muestra filas de dunas longitudinales estabilizadas con dunas inestables más cerca de la playa y el campo volcánico de San Quintín hacia atrás en la distancia.

DUNAS DE ARENA EN LA BAJA: En los desiertos de la península el viento a menudo junta a las partículas de arena en montículos llamados dunas. Se mueven lentamente en dirección del viento. En la península se encuentran dunas en donde hay granos de arena y en donde la dirección del viento es relativamente constante. Todas las dunas resultan de interrupciones locales en los patrones generales del flujo del viento. Cuando el viento predominante es obstruido por rocas y/o plantas, deja caer su carga de granos de arena. Se construye así una duna ó serie de dunas. Una vez que son formadas las dunas migran con el viento prevaleciente. La arena es transportada de barlovento a sotavento en donde se acumula al pie de las dunas y constantemente intruye en nuevo territorio. Sin embargo, no todas las dunas viajan. En donde los vientos se invierten estacionalmente ó son multidireccionales, tienden a permanecer estacionarias. La vegetación a menudo ayuda a estabilizar las dunas más pequeñas, particularmente aquellas que se han desarrollado alrededor de una planta enterrada.

A pesar de que una duna de arena parece un medio seco inhóspito, mantiene una gran cantidad de plantas como el Mezquite, Pino Salado, Uña de Gato, Saladillo, Gobernadora, Maderista, Arbusto Dorado y el Canutillo; Pastos como el Pasto de Arroz y Galleta. Cierto número de plantas alfombran las dunas durante las partes lluviosas del año. Algunas de las anuales más comúnmente vistas sobre las dunas en la península son la Alfambrilla, Flor del Atardecer y varias especies de compuestos. Estos árboles, arbustos, pastos y anuales permiten a las dunas que permanezcan en donde están estabilizando la arena con sus ramas y raíces. Aunque las dunas parezcan secas, no lo están. Casi toda la precipitación que cae sobre las dunas es absorbida y muy poca se derrama. Aunque la superficie se seca rápidamente, lo cual da la impresión de que el interior está sin humedad, el agua permanece en los niveles inferiores de las dunas mucho después de que las regiones circundantes de las dunas están secas. Esto proporciona la humedad para un crecimiento vegetal exuberante.

La vegetación de las dunas proporciona refugio, alimento y protección para numerosos animales como los Insectos, Cienpiés, Escorpiones, Aves, Lagartijas, Roedores, Conejos, Topos y Ardillas. El sistema de dunas estabilizadas de la península proporcionan un ambiente delicado que es hogar para numerosas plantas y animales. Los campesinos a menudo aran las dunas para sacarle provecho a la humedad retenida para cultivar sus sembradíos. Esto perturba y a menudo destruye un hábitat altamente productivo.

24.5 El camino de Rancho El Socorro.

25 La carretera continúa hacia el sur sobre una terraza marina del Pleistoceno cortada en la Formación Rosario del Cretácico. La costa del Cretácico está ahora a varios kilómetros tierra adentro. Será cruzada de nuevo cerca del kilómetro 80 al sur de El Rosario. Las colinas a la izquierda consisten de lodolitas de la Formación Rosario en la parte inferior y están cubiertas por la Formación Sepultura del Paleoceno.

Hay diferentes tipos de plantas creciendo aquí. El Matorral Morado es la cubierta vegetal dominante de las planicies. Existen pocos especimenes esparcidos de espina del desierto, Cactus y Hierba del Burro. El Pino Salado es la planta verde oscuro de los fondos de las planicies de inundación, los parches de hielitos de color rojo y los arbustos espinosos crecen en los suelos perturbados de las orillas del pavimento.

30　La pequeña colina a la derecha sobre el acantilado marino es una vieja duna estabilizada que fue reactivada por la acción erosiva del mar cuando la vegetación fue removida. Este proceso continúa. Otras dunas como ésta pueden ser vistas en los kilómetro 37.5 y 42. El mar está partiendo sobre la base de la duna de arena, lo cual demuestra una regresión del acantilado marino desde la formación de la duna.

36.2　La carretera cruza el Arroyo Hondo que expone la terraza Pleistocénica.

41　La Formación Cantil Costero fue nombrada así por las exposiciones de rocas marinas del Plioceno que coronan las mesas a la este de la carretera. Las distintas terrazas de ésta área fueron cortadas por el mar en cierto período de tiempo. La terraza más alta está desarrollada en la Formación Cantil Costero (Plioceno Tardío). La costa del Plioceno ocupaba casi la misma posición que la costa actual pero a 100 metros. El rompimiento de la terraza marina en la Formación Cantil Costero durante el Pleistoceno ha expuesto la antigua costa. La terraza inferior sobre la cual está construida la carretera corresponde con la etapa del nivel del mar del Sagamoniano interglaciar hace aproximadamente 125,000 años.

**LA FORMACIÓN CANTIL COSTERO
ES OBSERVABLE EN LOS CANTILES**

Los grandes bloques grises en la pendiente a la izquierda son conglomerados con una matriz de carbonato, los cuales representan una línea de costa rocosa del Plioceno fosilífera de la Formación Cantil Costero (Ledesma-

Vázquez y Johnson, 1994). En muchos lugares ligeramente arriba de la piedra caliza hay fósiles que incluyen especimenes del gran percebe Balinas tintinabulum, que puede tener 15 centímetros de alto. A lo largo de la costa hay un par de dunas estabilizadas que han sido cortadas por el mar. La duna más meridional todavía está parcialmente estabilizada.

42.8　La carretera da vuelta tierra adentro en El Consuelo y sigue el fondo de un arroyo profundo. Asciende a través de las colinas de la Formación Rosario hacia la cima de la mesa.

Aquí tiene la última vista del Océano Pacífico por cientos de kilómetros.

La vegetación se vuelve más densa. Las especies vegetales comúnmente vistas a lo largo de la carretera son Huizapol, Pitaya Agria, Agave, Garambullo, Tuna, Pitayita, Cacto Aterciopelado, Incienso, Ephedra, Cactus y ocasionalmente Cochal, Flor de Sol, Maguey, Liga, Liquen, Jumete y Cascabelito (*Astragalus* sp.) es la planta que crece abundantemente a lo largo de la orilla de la carretera.

Cascabelito: Varias especies de la Cascabelito crecen en la región fitogeográfica de península Norte. Son diferenciables por la longitud de sus partes florales y el tamaño de la vaina lanuda de la semilla. *Astragalus*, miembro de la familia de los chícharos (F. Leguminoseae), exhibe una colorida variedad de espigas de flor (morado, amarillo pálido y blanco) y existe en muchos diferentes tipos de comunidades vegetales. Sus hojas están acomodadas alternadamente a lo largo de delgados tallos (las venas de la hoja dan a la hoja una apariencia como de pluma).

Astragalus es comúnmente conocida como la "Cascabelito" porque contiene una toxina acumulativa, selenio, que es venenosa para prácticamente todo el ganado. Continuamente se comen la toxina y se vuelven locos antes de morir de envenenamiento por selenio. A pesar de que es venenosa para el ganado, los indígenas de la península masticaban sus retoños para curar la irritación en la garganta, usaban las semillas de la Cascabelito para reducir la inflamación y las raíces hervidas producían una cocción que era usada para lavar parpados granulados y aliviar los dolores de dientes. *"Astragalus"* viene del griego y significa hueso del tobillo, un nombre primitivo de las plantas leguminosas. De este modo, el nombre de las plantas pudo haberse referido a su hábito de crecimiento postrado el cual las colocaba a la altura del tobillo.

50.5   La carretera asciende una pendiente hacia la cima de una mesa a través de las exposiciones de lodolitas de la Formación Rosario.

51.5   En la punta de la Mesa las Cuevas, la vista hacia el noreste consiste en mesas que están compuestas de rocas del Paleoceno que cubren a la Formación Rosario.

53.5   La carretera desciende una pendiente hacia la Cañada el Rosario y pasa a través de las areniscas, lodolitas y conglomerados del Grupo Rosario.

Grupo Rosario: Kilmer (1963, 1965) hizo un mapa y nombró cuatro formaciones de edad Cretácico Tardío. La Formación Rosario para la parte marina superior, la Formación El Gallo para la unidad no marina que está debajo, la Punta Baja para una unidad marina inferior y la Formación de La Bocana Roja para una unidad basal no marina. Las cuatro formaciones eran parte de la única Formación Rosario original de Beal. El grosor total del Grupo Rosario cerca de El Rosario es de 2900 metros.

"La recolección de [fósiles] en la vecindad de El Rosario [ha sido] un proyecto continuo desde 1965...". Morris (1966, 1967, 1969, 1971) ha descrito fósiles de vertebrados de la Formación El Gallo y dice, "la fauna es pequeña debido a dificultades en la recolección, escasez de especímenes y el sistema ambiental sedimentario casi único". Los arcosauros dinosaurios relacionados al *Lambeosaurus* de las colinas al pie de montaña de la Montaña Rocosa Canadiense y de la Planicie de Alberta son los herbívoros más comunes. Algunos tenían 17 metros de largo y eran más acuáticos que terrestres. Un gran

dinosaurio carnívoro ha sido reconocido por sus dientes así como por material craneal. Morfológicamente estaba relacionado con el *Gorgosaurus* [El gran tiranosaurio *Albertosaurus S.F. tyrannosaurinae* es más ampliamente reconocido por su sinónimo *Gorgosaurus*].

DINOSAURIOS - "LAGARTIJAS TERRIBLES":
Los dinosaurios evolucionaron de los reptiles en el Triásico temprano hace aproximadamente 235 millones de años y repentinamente se extinguieron al final del Mesozoico durante el Maestrichtiano del Cretácico tardío hace 65 millones de años. Los dinosaurios más primitivos no eran realmente lagartijas sino que eran miembros de un grupo de tecodontos primitivos con aspecto de cocodrilo que son conocidos como arqueosaurios. Eventualmente los dinosaurios poblaron todas las grandes masas continentales de la tierra.

Los paleontólogos han delineado dos órdenes de dinosaurios; Saurischia (lagartija enorme) y el Ornithischia (ave enorme). Ha sido determinado que si fuera usada una clasificación estrictamente filogenética, sería correcto decir que las aves modernas son descendientes de los Saurischians y que son dinosaurios vivientes.

En 1822, los primeros fragmentos de fósiles reportados como tales de dinosaurio fueron encontrados en Inglaterra por la esposa de Gideon Mantell, un médico inglés y ávido colector de fósiles. Nombró *Iguanodon* al dinosaurio que su esposa encontró. Este descubrimiento primero fue descrito en una publicación de 1822 seguida después por una publicación científica del descubrimiento en 1825. El primer fósil de un dinosaurio descubierto en Norteamérica fue el diente de un hadrosaurio hallado en Montana en 1854 en la Formación del Río Judith por el paleontólogo Ferdinand Hayden. El primer esqueleto completo de un dinosaurio, que también era un hadrosaurio, fue encontrado en Haddon Field, Nueva Jersey, en 1858 por William Parker Foulke. Hasta ese tiempo la mayoría de los fósiles de dinosaurio que habían sido hallados eran fragmentos de huesos y dientes y la mayoría se encontraban en Europa.

Sin embargo, en la actualidad es el oeste de los Estados Unidos el que presenta una de las más ricas y variadas colecciones de fósiles de dinosaurios de todo el mundo. Los Estados Unidos se han vuelto el centro para el estudio de dinosaurios y hoy en día la mayor parte del trabajo de campo y de la interpretación de los huesos se lleva a cabo en Estados Unidos y Argentina.

Cerca de El Rosario, se han encontrado varios fragmentos de huesos y dientes de dinosaurios y han sido asignados a la Familia Hadrosauridae.

Los paleontólogos intentan recrear la historia de la vida en el pasado con los fósiles. Uno del más emocionante y desafiante material con el que trabajan está relacionado con las huellas fosilizadas de los dinosaurios. Los materiales fósiles colectados en la península han contribuido significativamente al incremento del conocimiento acerca de la historia de la geología, clima y biología de la península. Se necesitan estudios adicionales para ayudar a esclarecer el pasado de la península.

No colecte los materiales fósiles de la península ya que son necesarios para descubrir el pasado de la península. ¡Va en contra de las leyes federales el colectar los recursos de la península!

MAMIFEROS: A pesar de que los fósiles de mamíferos del Cretácico son excesivamente raros, algunos han sido encontrados en la península. Los especimenes consisten en dientes, pero también se han colectado varias quijadas y están relacionadas a formas halladas en depósitos del Cretácico que afloran a lo largo del lado Este de las Montañas Rocosas.

REPTILES: Ha sido descubierto un cocodrilo que tiene una estirpe cercana al linaje de los lagartos modernos.

AVES: Se ha colectado un fósil aviano muy significativo. Este espécimen representa la única ave terrestre recuperada de los estratos del Mesozoico, además del famoso *Archaeopteryx* de la Piedra Caliza Solenhofen de Alemania. Estudios preliminares indican que servirá como un eslabón filogenético entre el *Archaeopteryx* del Jurásico y las aves terrestres modernas.

56   El cañón a su izquierda contiene exposiciones de la Formación Rosario. En la bifurcación de la derecha de este cañón se han hallado fósiles de Ammonites del Mesozoico en lo alto de las pendientes y en las colinas a la derecha del cañón.

57   El Rosario es una pequeña comunidad pesquera y agropecuaria. En el pasado, antes de la terminación de la carretera pavimentada en 1974, esta pequeña comunidad campesina era considerada como el último puesto de avance de civilización antes del viaje hacia el remoto interior de la península. Era el último pueblo hasta Rosarito, que estaba a dos días de difícil viaje por el viejo camino sin pavimentar. El camino a la derecha en la esquina lleva hacia el océano. Se bifurca y cruza el arroyo hacia las ruinas de la antigua misión y termina en Punta Baja.

58   La carretera sigue el Arroyo El Rosario que está localizado sobre una reciente terraza de río hasta el Kilómetro 64. Están expuestas rocas de la Formación Rosario en las colinas de ambos lados del arroyo.

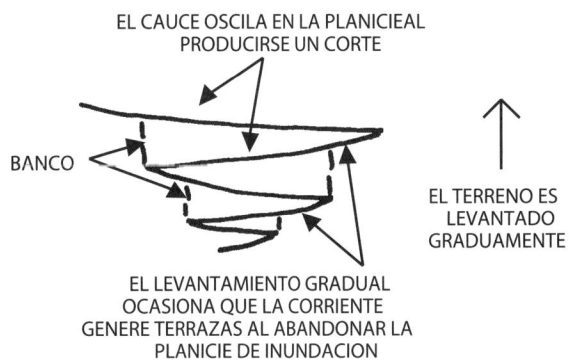

EL CAUCE OSCILA EN LA PLANICIE AL PRODUCIRSE UN CORTE

BANCO

EL TERRENO ES LEVANTADO GRADUAMENTE

EL LEVANTAMIENTO GRADUAL OCASIONA QUE LA CORRIENTE GENERE TERRAZAS AL ABANDONAR LA PLANICIE DE INUNDACION

SECCION CRUZADA DEL VALLEY DEL ROSARIO

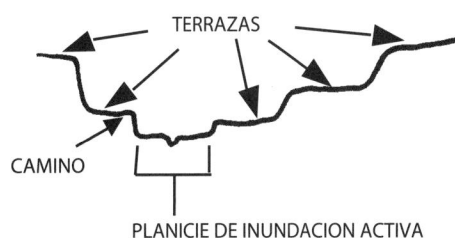

TERRAZAS

CAMINO

PLANICIE DE INUNDACION ACTIVA

Cruzando el arroyo hacia el sur existen una serie de superficies planas. Estas superficies recientes son llamadas terrazas pluviales y fueron formadas por la acción cortante del Río Rosario. La tierra en esta área está elevándose con relación al nivel del mar. Esto permite a los arroyos cortar más profundamente sus lechos, dejando atrás partes de su canal anterior. La terraza que cruza la carretera es una terraza pluvial abandonada.

Hacia el Este de El Rosario, a lo largo del lado izquierdo de la carretera, los campesinos a menudo cubren las colinas con chiles y les permiten que se sequen al sol antes de venderlos.

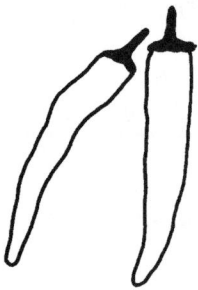

CHILES: Capsicum (chiles), miembros de la familia de la papa (Solanaceae). Existe una amplia gama de variedades. Los chiles son nativos del Nuevo Mundo, se originaron y crecieron naturalmente en el Centro de México y Sudamérica. Han sido consumidos durante los últimos 7,000 años y probablemente han sido cultivados por casi el mismo tiempo. Los chiles Capsicum son conocidos en el Nuevo Mundo por sitios de cementerios prehistóricos en Perú y fueron ampliamente cultivados en el Nuevo Mundo antes de la llegada de Colón.

El sabor y el aroma de las especias son debidos a los aceites de las esencias. Estos aceites son sustancias orgánicas de composición variada que tienden a tener moléculas relativamente pequeñas. Esto los hace volátiles (fácilmente vaporizables a bajas temperaturas). Estos aceites pertenecen a un grupo de hidrocarburos conocido como terpenos. El terpeno de chiles capsicum es un compuesto fenólico volátil llamado capsaicina ($C_{18}H_{23}NO_3$), una sustancia que tan poderosamente afecta los brotes del gusto humano que hasta una dilución de 1: 1,000,000 es detectable.

La mayor concentración de capsaicina es encontrada en la placenta del chile, el tejido que une a las semillas del chile capsicum a la pared de la fruta. Las semillas de los chiles capsicum también tienen mucha capsaicina. La pared de la fruta (ovario) tiene la más baja capsaicina. Debido a que su presencia ó ausencia se debe a la variación en un sólo gen, algunos chiles no tienen capsaicina. Mucha gente que no está acostumbrada a comer chiles picantes como los que se encuentran en la península, les quita las semillas y la placenta antes de comérselos ó de usar los chiles capsicum como especia. Esto produce un sabor más suave y moderado.

Los chiles capsicum varían en tamaño desde los chiles California hasta pequeños chiles rojos extremadamente picantes conocidos como "chiles pequeños". Los chiles pequeños (*Capsicum annuum*) son los potentes y pequeñitos chiles rojos que comúnmente se encuentran en la península. Hay cuatro especies íntimamente relacionadas, involucradas en la producción de chiles útiles económicamente alrededor del mundo, los california y los chiles pueden ser producidos por la misma especie (*Capsicum annuum* ó *Capsicum frutescens*). En adición a su uso como especias, son ricas fuentes en vitamina A.

Al sur de El Rosario la vegetación cambia dramáticamente con la aparición de los primeros Cirios endémicos (*Idra Columnaris*).

ENDEMISMO PENINSULAR: Penínsulas como la Baja California tienen plantas y animales endémicos que están confinados a la península y no son encontrados en ninguna otra parte del mundo. Debido al semi aislamiento que ha experimentado la Baja California en tiempos geológicos pasados, el endemismo es común. Como resultado, muchas arañas, plantas y reptiles son particulares a la Península de Baja California. El endemismo es especialmente evidente entre los Cactus. Más de 110 especies de cactus han sido reportadas en la península; 80 de ellas no se encuentran en ninguna otra parte del mundo. Otros endémicos notables de la península que se ven comúnmente incluyen al cactus Cardón y el Árbol Elefante. Este endemismo contribuye a la pintoresca singularidad de la vegetación de la península.

PLANTAS DESERTICAS: Después de períodos de lluvia, cuyas veces y cantidades varían de desierto a desierto, el paisaje está ligeramente cubierto por coloridos florecimientos de efímeras flores salvajes desérticas anuales. Sus ostentosas flores, variadamente coloreadas (principalmente blanco y amarillo), destacan vívidamente en contraste con los tonos de la tierra del paisaje desértico de la península. Los florecimientos de las Flores Silvestres son más comunes a principios de la primavera en la península norte y en el verano en la parte sur de la península. Las plantas no pueden resistir las sequías y pueden permanecer latentes por décadas hasta que ocurran las condiciones adecuadas para el crecimiento. Es la función de las semillas ser la fuente para la próxima generación. Estas plantas, que son tan características del desierto, evaden las condiciones desérticas más duras de la península.

65   Un puente cruza el Arroyo El Rosario. El huracán de 1967 le causó muchos daños al área de El Rosario. A principios de 1979 antes de que el puente fuera construido, la carretera pavimentada fue totalmente deslavada y algunos viajeros tuvieron que esperar hasta cuatro días para cruzar. Algunos vehículos se ladearon ó fueron remolcados a través de la planicie de inundación por un tractor de oruga

El camino de terracería hacia arriba del lado norte del Arroyo El Rosario lleva al pequeño Rancho Porvenir. La mayoría de las colinas a lo largo del Arroyo El Rosario consisten de lodolitas y areniscas de la Formación Rosario. Durante los siguientes 20 kilómetros la carretera sube a través de suaves exposiciones de la Formación Rosario.

65.3   EL CASTILLO: Una interesante formación en forma de castillo, completo con almenajes, puede ser vista a la izquierda mientras la carretera cruza el puente. El movimiento sobre una falla paralela al arroyo ha resultado

en el encauzamiento del lado del cañón con resistentes conglomerados situados en la planicie, los cuales forman el Castillo. La banda amarillo-café en lo alto de las colinas es el límite entre las rocas del Cretácico y las del Paleoceno en esta área.

EL CASTILLO

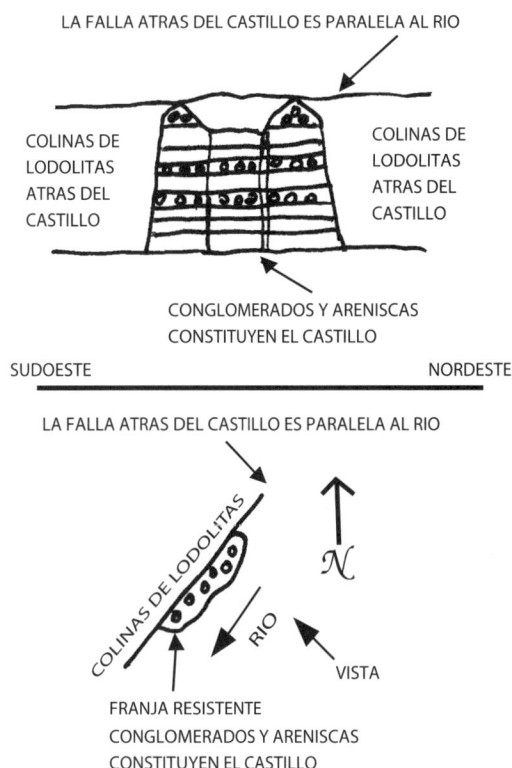

LA FALLA ATRAS DEL CASTILLO ES PARALELA AL RIO

COLINAS DE LODOLITAS ATRAS DEL CASTILLO

COLINAS DE LODOLITAS ATRAS DEL CASTILLO

CONGLOMERADOS Y ARENISCAS CONSTITUYEN EL CASTILLO

SUDOESTE   NORDESTE

LA FALLA ATRAS DEL CASTILLO ES PARALELA AL RIO

COLINAS DE LODOLITAS

RIO

N

VISTA

FRANJA RESISTENTE CONGLOMERADOS Y ARENISCAS CONSTITUYEN EL CASTILLO

70.24 Los afloramientos en el terraplén en cualquiera de los lados de este kilómetro proporcionan una buena oportunidad para detenerse a inspeccionar las excelentes exposiciones de lodolitas de la Formación Rosario.

72   Las areniscas y lodolitas de la Formación Rosario están expuestas en los afloramientos

en el terraplén a lo largo de esta pendiente. La carretera asciende un cañón y pasa las primeras ocurrencias de especimenes de Cirios (*Idra colimnaris*) a la izquierda.

73.5   Una arboleda de Cirios está creciendo sobre las colinas a la izquierda de la carretera. Los mismos Trompo, (*Aesculus parryi*) que son vistos en el camino a La Bufadora cerca de Ensenada, están creciendo sobre las laderas del norte a lo largo de este trecho de la carretera.

CIRIO EN VEREDA

LOS EXTRAÑOS CIRIOS DE LA BAJA: Los árboles Cirio de la península son considerados por algunos como endémicos de la península. Sin embargo, una pequeña colonia de Cirios también se encuentra en el continente de México al sur de La Libertad. Es una de las más distintivas e interesantes especies vegetales en la península.

Esta planta alta en forma de vela deriva su nombre "Cirio" de la palabra usada para las velas de cera. Los cirios tienen troncos altos que van disminuyendo hasta una punta a aproximadamente 20 metros por arriba del suelo en los especimenes más grandes. Sin embargo, debido a las áridas condiciones de la península, los especimenes raramente alcanzan su máxima altura. La planta

se parece a una zanahoria al revés, con ramas en forma de látigo ó de raíces que se curvan hacia arriba y hacia abajo en un estilo grotesco.

Debido a su extraña apariencia, el Cirio a menudo ha sido llamado la planta más rara de la península. Los Cirios están relacionados con el Ocotillo pero tienen flores blancas en vez de rojas. Durante las temporadas secas las pequeñas hojas del Cirio se caen y el tronco está latente y protegido para no disecarse por una gruesa epidermis cerosa. Cuando llueve, se forman hojas nuevas de los brotes laterales protegidos. El Cirio prefiere crecer sobre las laderas de cara al oeste de las faldas y sobre planicies aluviales desde el sur del río del Rosario cruzando la península a través de los campos volcánicos y hacia el Desierto de la Costa del Golfo Central.

77.1   La carretera cruza el gran arroyo. Aquí hay un pequeño desvío adonde se puede observar la vegetación que es característica de Desierto el Vizcaíno

FITOGEOGRAFICA DEL DESIERTO CENTRAL: La flora de Chaparral de la región fitogeográfica de California baja cerca del Valle de Santo Tomás. En los 160 kilómetros intermedios entre el Valle de Santo Tomás y El Rosario, existe una flora transitoria (de econotono) que consiste en una mezcla de Chaparral y especies desérticas predominantes. Extendiéndose hacia el sur de El Rosario al Este del Golfo y al sur de La Paz está la Región del Desierto Central más seca.

En contraste con los 25 a 50 centímetros de precipitación anual recibida por la región fitogeográfica de California más septentrional, casi no cae lluvia en la Región del Desierto Central por dos ó más años. Una región es considerada un desierto si recibe menos de 20 a 25 centímetros de precipitación por año. Esta región es verdaderamente un desierto y está caracterizada por tener baja humedad, altas temperaturas ambientales del aire (ampliamente fluctuantes), alta temperatura de la superficie y del suelo, bajo contenido orgánico del suelo, fuertes vientos, alto contenido de sales minerales, erosión por viento y agua, poca capacidad de drenaje y escasez de agua.

Mientras que la carretera continúa hacia el sur a través de la Región del Desierto Central de Sonora, pasa a través de tres subregiones: el Desierto de la Costa del Golfo Central, el Desierto de Vizcaíno y el Desierto de las Planicies de Magdalena.

VEGETACION DEL DESIERTO EL VIZCAINO

El Desierto El Vizcaíno cubre la vasta planicie del oeste central de Baja California y se extiende desde El Rosario hacia el sur del oasis Datilero del pueblo de San Ignacio. La flora dominante de la Región del Desierto Vizcaíno es Cirio, Cardón, Pitaya Agria, Garambullo, Pitaya Dulce, Agave, Epífitos de Gallitos, Maguey, Datilillo, Lecheguilla y Orchilla.

El **Cirio** es la planta más alta de la flora visible. Tiene la apariencia de una planta que ha sido volteada al revés. 3:73.5 para revisar los detalles acerca de esta extraña planta.

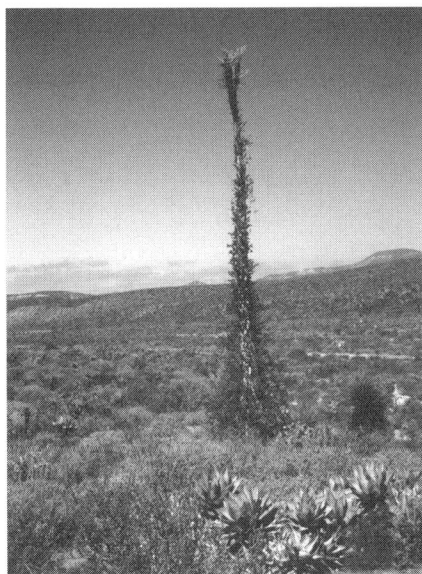

CIRIO

El **Cardón** es un cactus que se asemeja al Saguaro Cactus del Desierto de Sonora en el continente de México y en los desiertos del suroeste de E.U.A. El Cardón (*Pachycereus* sp.) es un verdadero endémico de la península. Generalmente se encuentra en laderas rocosas, en desiertos y sobre planicies de nivel desde El Rosario hasta la punta de la península y es la más ampliamente distribuida de las plantas vasculares más grandes de la península.

Debido a que el cactus carece de hojas, la fotosíntesis se lleva a cabo en las células epidérmicas modificadas (clorénquima) del tronco. El tronco es un verdadero cládodo (un tallo que actúa como una hoja). Grupos de Cardón, se denominan Cardonales.

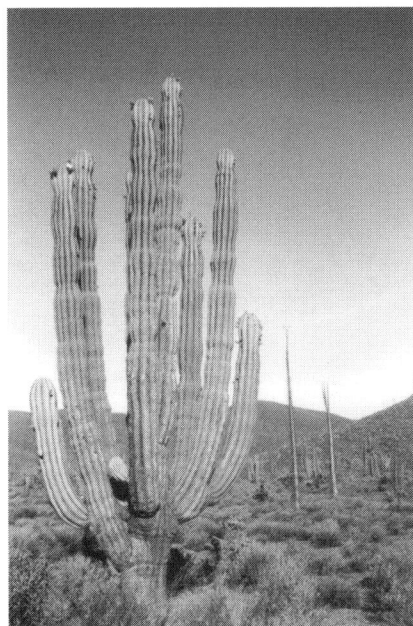

CARDÓN

Los nidos de halcones predadores y Gavilan Pescador a menudo son vistos en las ramas superiores de este cactus gigante. Los halcones, Zopilotes, y Cuervos usan el Cardón como perchas para cazar, descansar, ó dormir.

PITAYA AGRIA

La **Pitaya Agria** es un Cactus con tallo verde-gris que crece en densos matorrales desde Ensenada hasta la Región del Cabo. Las espinas son rojizo-grises con puntas más oscuras. La carnosa fruta roja es comestible.

GARAMBULLO

El **Garambullo** es un Cactus colonial que crece hasta 4 metros de alto y generalmente se ramifica cerca de la base. Las puntas de los tallos en forma de estrella están densamente cubiertas con muchas espinas grises, gruesas, como cabellos que le dan al Cactus una apariencia de hombre viejo barbón. La carnosa fruta roja es comestible pero no es tan buena como la fruta de la Pitaya Agria. Comúnmente se ve desde la carretera al sur del Río del Rosario hasta la Región del Cabo.

La **Pitaya Dulce** es un Cactus erecto con muchas ramificaciones pero sin tronco principal. Se puede confundir con el cardón; sin embargo, el Pitaya Dulce que se ramifica más cerca del suelo, carece del característico tronco principal del cardón. Parece ser un grupo de pipas de órganos. Las carnosas frutas rojas sabor sandía eran usadas en el verano avanzado y el otoño. Como en la Pitaya Agria y el Garambullo, las frutas también son una buena fuente de vitamina-C.

PITAYA DULCE

AGAVE

Los **Agaves** son miembros de la familia Amarylis. En la península las especies del género Agave son comúnmente referidas como Agave. Se requiere determinación y un conciso estudio comparativo para diferenciar a las tres especies. Las especies de Agave tienen una larga historia de utilidad en México. En la Península de Yucatán unas especies cultivadas de Agave, también conocidas como "oro verde", alguna vez fueron extensamente cultivadas por la fibra henequén. Botánicamente las fibras del Agave son esclerénquimas largas, fibras de parénquima modificadas, como las "cuerdecillas" en un tallo de apio. Hasta el final de la 2da Guerra Mundial la Península de Yucatán abasteció muchas de las fibras de henequén del mundo, las cuales eran utilizadas en la producción de cuerdas, tapetes y colgaduras de pared. Los productos fermentados de la planta todavía son usados para producir las bebidas alcohólicas del Tequila (destilado en Jalisco, México), Pulque y Mezcal (destilado en Oaxaca, México).

EPIFITOS DE GALLITOS

Epifitos de Gallitos, un miembro de la familia de la piña (F. Bromeliaceae), es una epífita herbácea que comúnmente crece sobre otras plantas pero no las daña ni deriva nutrición de ellas. En esta región es una planta epífita comensalista comúnmente vista que crece sobre Cirios, Cactus, arbustos y hasta cables del teléfono (*Ver* 16:16.5). Algunos viajeros de la península equivocadamente identifican a los Gallitos como nidos de pájaros. Los Gallitos son diseminados de planta en planta por semillas pegajosas ó los pies o picos de las aves.

Orchilla es un liquen. Los líquenes son una asociación formada por una combinación de dos plantas que crecen en un compañerismo

tal que sus tejidos separados sólo pueden ser determinados bajo un microscopio. Esta asociación consiste en células fotosintéticas microscópicas de alga verde que viven adentro de las células de un hongo no-fotosintético. La relación formada es conocida para los botánicos como una simbiosis mutualista. El hongo proporciona el agua y la protección para las células algales. A cambio utiliza los azúcares, que son producidos por el alga fotosintética, como su fuente de energía. Cuando los tiempos son difíciles, el hongo digerirá al alga. En vez de ser comida fuera de su casa, el alga ¡es comida por su casa!

En esta área de la península los líquenes crecen epifitamente sobre Cirios ó Cantos. Diferentes especies de liquen se ven como vívidos salpicones de color rojo, azul, gris-plata y hasta negro.

79   Mesa la Sepultura es la planicie más obvia que está al frente. Esta mesa es el área tipo para la Formación Sepultura, nombrada por Santillán y Barrera en 1930. La carretera continúa pasando a través de la Formación Rosario que se extiende a lo lejos tierra adentro (noreste). Helénes y Téllez (2002) describen para esta zona ensambles de fósiles invertebrados, mamíferos, reptiles y microfósiles foraminíferos planctónicos del Campaniano al Mastrichtiano como de aguas templadas, similares a los encontrados en el Atlántico Norte, las Rocallosas y el Pacífico Norte. Mientras que para el Paleoceno los ensambles fosilíferos son representativos de aguas templadas a sub-tropicales.

80.2 Esta vereda lleva al otro lado de la Mesa San Carlos hacia adentro del Arroyo San Fernando hacia Abelardo Rodríguez (31 kilómetros) y San Vicente. Termina sobre la costa en la base de la Mesa San Carlos en Puerto San Carlos (60 kilómetros). Es una ruta larga de callejón sin salida, pero la soledad, la recolección de conchas, excavación de almejas y la oportunidad de surfear pueden hacer que valga la pena el viaje.

La carretera hace una curva hacia el noreste y cae a través de exposiciones prominentes de conglomerados hacia dentro de la planicie principal de inundación de la Cañada El Aguajito cerca del antiguo Rancho de El Aguajito. En muchos lugares de esta planicie de inundación están expuestos conglomerados que contienen areniscas lenticulares de la Formación Rosario.

Mientras que la carretera desciende hacia la planicie, en el paisaje predominan los Cardones, Hierba Liebrera, Huizapol y vegetación del tipo de zona de erosión. A la izquierda, justo después de cruzar la planicie de inundación, hay otro buen lugar para ver la flora típica del Desierto de Vizcaíno representada por el Cardón, Cirio, Pitaya Agria, Ocotillo, Garambullo, Agave, Pitaya Dulce, Arbusto de Queso, Huizapol, Hierba del Pasmo, Mezquite y liquen Epífitos de Gallitos que crecen sobre los cirios. Si da un paseo a través de la vegetación, puede ser que vea y escuche al fugaz pájaro carpintero de Gila de corona roja.

Carpintero de Gila (Gila Woodpecker) (*Melanerpes uropygialis*) es una ave de talla mediana con una corona roja que a menudo se ve encaramado ó volando entre sauce y álamos americanos en hábitats riparios, en Cardonales de desierto y en Mezquites en la península. Este es el único pájaro carpintero desértico con la cabeza y cuello de color gris-café igual que el vientre plano y con parches blancos en las alas que se muestran durante el vuelo. Frecuentemente hacen nidos en los Cardones y en álamos a todo lo largo de la península. Los Gilas se alimentan primordialmente de insectos y de frutas del Toji y de los Cactus.

83   El contacto entre la Formación Rosario y la Alisitos está a dos tercios del camino hacia arriba de la pendiente más allá de la planicie.

85   En la cima de la pendiente hay una vista espectacular. Se pueden ver una serie de ápices concordantes en las cimas de la mesa hacia el noroeste por abajo del cañón hacia la playa en El Rosario. Hacia el noreste está la espina granítica de la Sierra San Pedro Mártir. El Picacho del Diablo con 10,126 pies de elevación, es el pico más alto en Baja California. A su derecha está el Pico Matomí, un núcleo volcánico de andesita porfirítica del Mioceno. La cordillera hacia el Este es la Sierra San Miguel. Hacia el sur está la Mesa la Sepultura.

86   A lo largo de esta cordillera a la derecha hay hermosas vistas de la Mesa la Sepultura. La Mesa la Sepultura y Mesa San Carlos están compuestas de rocas marinas de la Formación Rosario del Cretácico en las partes inferiores y se encuentran debajo de la Formación marina Sepultura del Paleoceno-Eoceno (Santillán & Barrera, 1930). La Formación Sepultura consiste en conglomerados bien clasificados, lodolitas y calizas, con canales de conglomerados al oeste. Téllez y López (2003) por medio de un fechado de K/Ar determinaron una edad de 60 Ma para la porción media de la unidad basal de esta la Formación Sepultura. Esta sección del Cenozoico se extiende tierra adentro por 30 kilómetros. Se vuelve más delgada y más toscamente clástica con arenisca no-marina, conglomerado y delgadas separaciones irregulares de lutitas que se acuñan contra una topografía irregular enterrada.

Debido a la falta de agua, al intemperismo y a los vientos, la vida en esta cordillera es extremadamente dura. La cubierta vegetal está representada esparcidamente por especies de Chaparral Costero como el Cirio, Cardón y el Agave, todas son verdaderas xerófitas.

Las xerófitas son plantas. En la península las xerófitas incluyen a las suculentas, tales como Cactus ó miembros de otras familias que tienen tallos y hojas carnosos que les permiten almacenar agua por largo tiempo. Frecuentemente tienen sistemas de raíces someras y son capaces de utilizar la humedad de la tierra de una lluvia ligera, de un fuerte rocío, ó de la niebla. Dichas plantas sacan provecho de la poca precipitación que cae en las cuatro áreas desérticas de la península almacenando la precipitación, el rocío y/ó la neblina en los tejidos parenquimatosos de

ROJO

su médula y corteza durante meses ó hasta años. Muchas suculentas como los Cactus presentan costillas en sus tallos que no tienen hojas, dos adaptaciones más para sobrevivir en los ambientes desérticos. El no tener hojas reduce el área de la superficie a través de la cual el agua es perdida por transpiración. Las costillas en el tallo le permiten a los tallos dilatarse como acordeón y almacenar agua cuando esté sea disponible.

88.7 Las rocas metavolcánicas de la Formación Alisitos están bien expuestas en el lado derecho de la carretera. A la derecha (este) es la cicatriz de la mina abandonada La Turquesa.

LA TURQUESA: La turquesa, un mineral de fosfato triclínico de color azul claro a azul-verde, está formada como un depósito secundario que rellena hendiduras y rompe por fuerza cortante en las rocas metavolcánicas de la Formación Alisitos. La turquesa, que es la gema que simboliza el mes de nacimiento de Diciembre, usualmente ocurre en hendiduras como masas reniformes con una superficie botroidal (la forma de un racimo de uvas) en la zona de alteración de rocas ígneas ricas en aluminio.

La mina La Turquesa se convirtió en una serie de "hoyos de topo" mientras los mineros seguían al mineral ilusorio. Minaron sólo lo que era absolutamente necesario. Muchas otras minas abandonadas están localizadas en el área.

89.8 Hay un cambio obvio en la vegetación que va de las lodolitas y conglomerados de la Formación Rosario a los suelos rojizos-cafés de la Formación Alisitos. Este cambio es debido a diferencias en las químicas del suelo, la humedad del suelo, su salinidad, y otros factores referentes al suelo.

La obvia cubierta vegetal consiste de Cholla, Cactus de Barril, Cirio y varios líquenes coloreados que parecen pintura que ha sido salpicada casualmente sobre las rocas. Cada color es una roca diferente.

En la cima de la pendiente las rocas son de un gris muy claro. Hay una vista espectacular

de la planicie costera, al sur Mesa San Carlos, la más cercana Mesa la Sepultura y hacia el oeste las colinas de la Formación Rosario extendiéndose hacia el norte. La carretera desciende la nueva pendiente de Aguajito a través de adamelita y las rocas metavolcánicas de la Formación Alisitos.

92.2 La vereda es la desviación que lleva a la mina abandonada La Turquesa. La carretera sube a través de los estratos rojizos-cafés de la Formación Alisitos que aquí esta bien expuesta.

94 Hacia el sur está la bien estratificada Formación Alisitos que penetra ligeramente hacia el sur. En esta área afloran excelentes exposiciones de la Formación Alisitos que está compuesta de riolita, ignimbrita, basalto y andesita.

El Arbusto de Hiedra (*Rhus* sp.) es la gran planta verde más oscura que crece a un lado de la carretera. Los indígenas preparaban una sabrosa bebida parecida a la limonada remojando en agua las brillantes bayas rojas de este gran arbusto. Debido a que las bayas contienen una gran cantidad de ácido málico, actúan como diurético (aumentando el flujo de orina).

CARDÓN GRANDE Y CAROL EN 1967

94.4 El patrón zigzagueante del antiguo camino puede ser visto a la derecha. Fierro Blanco en su libro *The Journey of the Flame* (El Viaje de la Flama) escribe de los últimos momentos del Señor Don Juan Obregón, La Flama, quien murió sólo en el gran Cardón, cerca de El Rosario, con su cara volteada hacia el sur. ¿Podría éste ser el "gran Cardón"?

El cirio de la derecha contiene un nido de ave que ha sido usado año tras año -- probablemente por los halcones de cola roja que son comúnmente vistos en esta área.

95.6   El antiguo camino cruzaba un valle plano sobre un conglomerado del Terciario que pudo haber sido un antiguo canal de río. Este conglomerado puede ser correlativo con el conglomerado Lusardi del Cretácico que fue formado cuando el área fue elevada por primera vez y se desgasto debido al empuje de la placa del Pacífico debajo de Baja California.

99.7   Uno de los caminos que van a Cerro Blanco pasa a la izquierda hacia abajo de este arroyo. En esta área hay varias minas abandonadas incluyendo una mina de cobre. Hay abundantes Cactus de Cola de Castor, Agave, Cactus de Barril, Pitaya Agria, Toyon, Escasos Cardones y Cirios altos que están cubiertos por el liquen Ramalina, comprenden la cubierta vegetal de esta porción del Desierto el Vizcaíno.

101.1   La carretera cruza una adamelita prominentemente empalmada (parece un dique). El antiguo camino sin pavimentar también cruzaba por ésta área escabrosa.

105   Este kilómetro marca el comienzo de un bosque muy grande de Cirios y Cardones. La vegetación del área es típica de la flora del Desierto el Vizcaíno y está dominada por las espinas del Desierto, *Mimosa* sp.(un pariente de la Uña de Gato), Mezquite, Cirio, Datilillo, Garambullo, Cactus Cola de Castor, Cholla Saltarina, Cactus de Barril, Pino Salado (en planicies de inundación), Lecheguilla, Cardón y Palo Estribo.

La carretera pasa por Rancho Arenoso, uno de los numerosos ranchos de ganado de la península de tiempos pasados. El antiguo camino llevaba justo a la puerta de la entrada de la casa del rancho en donde viajeros anteriores se paraban por refrescos fríos y a tomar un respiro del duro camino.

111   A lo largo de la carretera hay varios grandes e interesantes Cactus de Barril que son conocidos para los biólogos como las "plantas brújula" de la península debido a su tendencia a crecer hacia la intensa luz del suroeste (para reducir los dañinos efectos del sol durante las temporadas más calientes del año).

Las partes superiores del Cactus están rodeadas por espinas rojizas. A finales de la primavera presentan un anillo de hermosas flores cerosas amarillas. En una emergencia la Biznaga (*Echinocactus* sp.) cederá aproximadamente 1/2 litro de jugo alcalino de su parénquima cortical medular (tejidos de almacenamiento de agua del tallo).

BIZNAGA

PENDIENTES DE BLOQUES INCLINADOS CON CURVAS DE EROSIÓN

113   La carretera sigue escabrosamente un valle a rumbo sobre las rocas metavolcánicas de la Formación Alisitos. En las colinas más adelante y a la derecha están visibles dos interesantes curvas erosivas en los estratos de roca caliza que se inclinan. Los estratos de roca caliza no están doblados.

117   La carretera entra en un valle a rumbo de la Formación Alisitos con estratos que se inclinan hacia el Este a aproximadamente 45 grados. Están expuestas cordilleras prominentes que contienen roca caliza tanto del lado izquierdo como del derecho de la

carretera. La carretera abruptamente se pone paralela al rumbo de la Formación Alisitos por varios kilómetros. Esto semeja el área de la placa del norte de Arizona y el sur de Utah, con excepción de que la edad de las rocas y la cubierta vegetativa difieren.

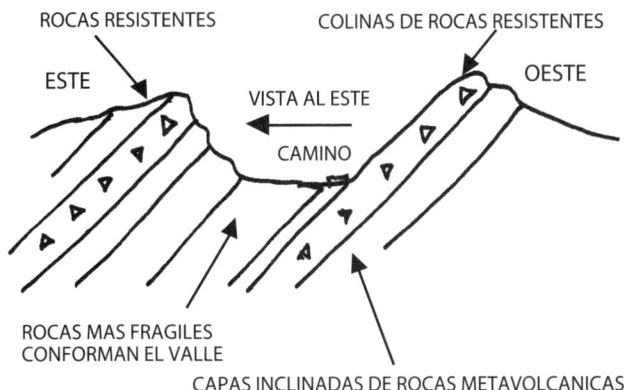

Rocas Metavolcánicas: A través de gran parte de la pendiente del Pacífico del norte de la península California están expuestas grandes áreas de rocas Metavolcánicas sin fechas fósiles ó radiométricas. Al sur de la falla de Agua Blanca, la secuencia volcánica incluye una variedad de estratos sedimentarios. En forma interestratificadas están la lodolita, limolita calcárea y caliza con arenisca volcánica, conglomerado volcánico, toba y brecha volcánica y representan una amplia variedad de ambientes depositacionales. Los depósitos van desde profundos a someros, marinos y no-marinos, desde brecha sedimentaria gruesa hasta caliza limpia y desde basalto hasta riolita. La andesita y la brecha andesítica son las rocas volcánicas predominantes. Se piensa que toda la secuencia tiene de miles a decenas de miles de metros de ancho. Varía ampliamente en sus componentes estratigráficos de área en área. Ningún par de secciones estratigráficas medidas es similar. Será requerido un trabajo adicional de estratigrafía y mapeo antes de que las subunidades puedan ser reconocidas y correlacionadas (Gastil et al., 1972).

118   Las Lecheguillas comienzan a ser más aparentes. Las Lecheguillas son arbustos de 0.6 a 3 metros de alto de la familia de las liliáceas con hojas agudamente puntiagudas, densamente agrupadas y

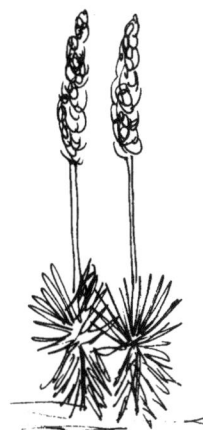

un gran tallo de floración que sostiene a las panículas de las flores blanquecinas. Las flores son polinizadas por pequeñas Mariposa *Nocturnas Pronuba*. Ni la Lecheguilla ni la Mariposa pueden propagar su especie sin la ayuda de la otra. La larva de la Mariposa se alimenta exclusivamente de las semillas de la Lecheguilla y las flores de la Lecheguilla son polinizadas por la Mariposa . Elimine uno de los mutualistas simbióticos y la otra morirá.

121.2   El señalamiento de este kilómetro marca la desviación hacia la Misión San Fernando de Velicata (5.8 kilómetros) hacia abajo del arroyo al oeste de El Progreso. Fue fundada en 1769 por el Padre Junípero Serra mientras viajaba hacia el norte a la Alta California. Es la única misión en la Baja California establecida por los Franciscanos. Se ha deteriorado en una serie de paredes bajas y montones de tierra desde su abandono en 1818.

Ha habido un nido de Aguililla ratonera en el gran Cardón justo a la derecha de la carretera por años. Una observación cuidadosa de otras grandes plantas a lo largo de la carretera podrían revelar otros sitios de anidación de algunas especies de las aves depredadoras de la península (*Ver* 4:128).

121.5   Este es el nuevo Rancho El Progreso.

123   La carretera cruza el Bosque de Mezquite exuberante.

124.1   La carretera asciende hacia la cima de una pequeña pendiente y pasa a través de las rocas metavolcánicas de la Formación Alisitos. El antiguo camino vas hacia la derecha, alrededor de la colina y hacia arriba de la planicie de inundación mientras que la carretera pavimentada va hacia la izquierda, por arriba de la elevación y corta al otro lado de la colina que evade la destrucción por inundaciones de agua que corren estacionalmente a través de la planicie de inundación.

125   La vista hacia el norte (izquierda) es el Valle El Reñoso. La vista hacia el sur es la planicie de los Llanos de San Agustín.

Una capa lacustre del Pleistoceno: La arenisca claramente coloreada de café-bronceado (color del ante), la limolita y la caliza que ocupan el fondo del Valle Santa Cecilia eran parte de una serie de capas lacustres del Pleistoceno que ocurrieron en esta parte de la península. Varios vertebrados fósiles de agua dulce, que incluyen a las tortugas de agua dulce, han sido recuperados de los sedimentos del lago. La posibilidad de encontrar más restos de vertebrados en esta área es bastante grande. Los sedimentos de este lago fósil del Pleistoceno son de grano fino y esta parte de la antigua carretera era muy polvorienta cuando estaba seca.

SEDIMENTOS LACUSTRES DEL PLEISTOCENO

127   La carretera atraviesa la superficie plana superior de los sedimentos sobre los cuales estaba el fondo actual del lago. En el lado norte de la carretera la línea de costa del lago es visible en la base de las colinas bajas en donde estaba en contacto con las rocas metavolcánicas de la Formación Alisitos. A la distancia, en el lado sur de la carretera, están las colinas bajas de fragmentos rodados que son parte de la unidad sedimentaria mayor de la parte fluvial de la Formación Sepultura del Paleoceno-Eoceno. Esta relación continúa por varios kilómetros a lo largo de la carretera.

La cubierta vegetal de los sedimentos del antiguo fondo plano del lago es primordialmente de Gobernadora (*Larrea tridentata*).

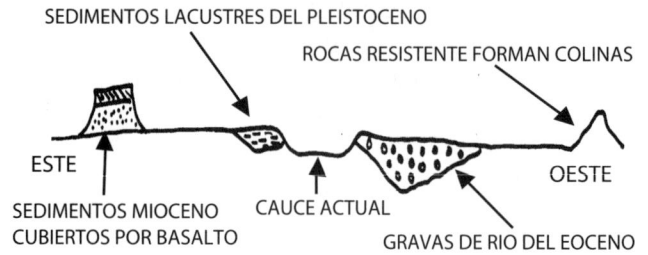

SEDIMENTOS LACUSTRES DEL PLEISTOCENO
ROCAS RESISTENTE FORMAN COLINAS
ESTE
OESTE
SEDIMENTOS MIOCENO CUBIERTOS POR BASALTO
CAUCE ACTUAL
GRAVAS DE RIO DEL EOCENO

SECCION COMPUESTA DE LLANOS DE SAN AGUSTIN

La Gobernadora es una planta desértica resinosa muy común del suroeste de Estados Unidos y de la península. A diferencia de muchas otras plantas desérticas, es verde durante todo el año. La cubierta cerosa sobre sus hojas reduce la pérdida de agua por transpiración y le permite al arbusto resistir largos períodos de extrema sequía. Las resinosas hojas de fuerte olor se semejan al aroma del producto de la destilación de la creosota, alquitrán de hulla. Note que muy pocas plantas crecen debajo de la Gobernadora. Las raíces de este arbusto producen una sustancia tóxica que inhibe el crecimiento de otras plantas. Después de lluvias fuertes ó frecuentes, cuando es filtrada de la tierra, permite el crecimiento de plantas desérticas anuales. Cuando la tierra se seca, el inhibidor se acumula y envenena a los intrusos. Este fenómeno es conocido como alopatía y ayuda a eliminar la competencia por el agua en un medio desértico seco.

GOBERNADORA

130.5   Las planicies de esta región son parte de una superficie de erosión exhumada.

GOBERNADORA

SUPERFICIE DE EROSIÓN AFLORADA

Superficie de Erosión Exhumada: Esta área está en medio de la península con una amplia área abierta que consiste de planicies bordeadas por colinas "de apariencia no muy empinada". Las colinas de los Llanos de San Agustín fueron niveladas a la base; esto es que fueron erosionadas hasta una superficie relativamente plana por corrientes de agua durante el período Terciario Temprano. Los remanentes de los depósitos de una de estas corrientes pueden ser vistos como gravas sobre el camino a Santa Catarina. Esta superficie de nivel base fue cubierta por sedimentos fluviales del Mioceno, basaltos y riolitas que se expandieron a lo largo de la península. El área comenzó a ser levantada durante los últimos 10 M.a. A medida que la cima fue levantada, fue disecada por procesos erosivos que afloraron las rocas subsuperficiales y exhumada y dejó mesas coronadas de lava diseminadas por el área como remanentes erosivos. El drenado posterior represado llenó los lugares bajos con sedimentos de capa lacustre que ahora están siendo disecados por corrientes de agua actuales.

La cubierta vegetal está muy esparcida y sólo es representada por algunos pequeños especímenes de Cirio, Cholla, Ocotillo, Agave, Gobernadora, Lecheguilla y Mezquite. En la planicie de inundación que está contra la base de las colinas metavolcánicas, la flora está dominada por grandes y brillosos herbajes de *Mimosa* sp., la cual claramente delinea el curso de la planicie de inundación que es visible desde los kilómetros 127 al 140.

131 Los edificios a un lado de la carretera son parte del nuevo Rancho Pénjamo. Muchos de los antiguos ranchos puntean el antiguo camino de la izquierda. La carretera pavimentada en este punto está aproximadamente a dos kilómetros al sur del antiguo camino. Esta sigue la superficie plana de las capas lacustres fluviales del Pleistoceno discutidas en el kilómetro 125.

132.3 La vereda de la derecha lleva al suroeste hacia Santa Catarina y Puerto Catarina sobre la costa. El camino sigue la costa por varios kilómetros hacia el sur y finalmente vuelve a unirse a la carretera cerca de El Tomatal (4: 68.5 del transecto de Bahía de L.A. a Guerrero Negro). Es una vereda bastante escabrosa, pero muy pintoresca. Sólo se recomienda para vehículos de doble tracción y un grupo de viajeros. Nosotros pasamos tres semanas y cuatro días acampando en este camino cerca del Arroyo San José. Sólo dos personas nos pasaron durante ese tiempo.

134 Este es un buen punto de ventaja para avistar los Llanos de San Agustín. Los Llanos de San Agustín están cubiertos por una capa de rocas sedimentarias fluviales que fueron extensivamente cubiertas por flujos de riolita del Mioceno. Las pequeñas mesas planas y los montes aislados que parecieran cruzar a grandes trancos la carretera son remanentes de estos flujos riolíticos, pero han sido removidos por procesos erosivos.

140 La plana mesa de color rojizo que está adelante es Mesa Redonda; está coronada por resistentes rocas volcánicas de la edad del Mioceno. La mayoría de las colinas planas en esta área son mesas que están coronadas por estas mismas resistentes rocas volcánicas. Está visible otro gran nido de ave rapaz en el gran cirio en el lado derecho del camino en la base de Mesa Redonda.

142.3 Los primeros Árboles Elefante que están visibles desde la carretera están creciendo en la ladera de la derecha (oeste). Estos árboles únicos serán discutidos en detalle en 4:9.

143 En la cresta de este paso hay buenas exposiciones de gneisses y esquistos en el afloramiento en el terraplén.

146 El papalote del rancho del viejo San Agustín es visible aproximadamente a 1 kilómetro hacia la izquierda (este). Tiene un pozo profundo con muy buena agua; en el pasado era la "mejor" agua. Este pozo fue perforado para abastecer de agua a las minas abandonadas de Onix que están localizadas en El Mármol.

147 Mientras que la carretera se encresta sobre una elevación, en la punta de la colina hay otra buena vista de la planicie de Llanos de San Agustín y de las extensivas mesas volcánicas del Mioceno coronadas planamente que están localizadas en ambos lados de la carretera.

149.1 Esta es la desviación hacia la abandonada Cantera de Onix El Mármol (15 Km.). El camino hacia la mina está bien nivelado y es pasable con la mayoría de los vehículos de pasajeros.

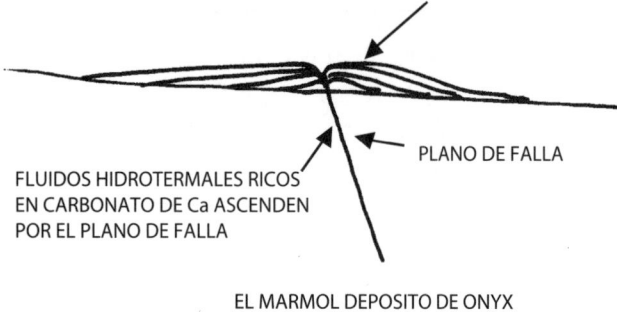

AL DEPOSITARSE LAS SOLUCIONES EN LA SUPERFICIE SE GENERAN LAS CAPAS DE ONYX

PLANO DE FALLA

FLUIDOS HIDROTERMALES RICOS EN CARBONATO DE Ca ASCENDEN POR EL PLANO DE FALLA

EL MARMOL DEPOSITO DE ONYX

EL MARMOL

EL MARMOL es la localidad de aguas termales y un depósito de Travertino (Onix) que fue minado entre 1900 y 1958 por la Compañía de Mármol y Onix del Suroeste. El Travertino usualmente es formado como un precipitado en unas aguas termales. Soluciones mineralizadas de las aguas termales de El

Volcán se elevan hacia la superficie a lo largo de una línea de falla, fluyen hacia la superficie y se evaporan mientras se enfrían. El Travertino es depositado en capas. Hay una gran cantidad de Travertino sin explotar en la mina abandonada. El antiguo escuela de onix aún está de pie y hay un interesante cementerio localizado cerca de ahí.

ESCUELA DE ÓNIX EN EL MARMOL

150 La carretera continúa por arriba de los Llanos de San Agustín. Hacia el norte a 40 kilómetros de distancia están los dos picos altos de la Sierra San Pedro Mártir: el plutón granítico de Picacho del Diablo, el pico más alto de Baja California, y Pico Matomí, un núcleo volcánico del Mioceno de pórfido andesítico a su derecha. A la derecha, a lo lejos, están las colinas irregulares de la Formación metavolcánica Alisitos.

AVES DEPREDADORAS DE LA BAJA: Más de 270 especies de aves de presa cazan durante el día alrededor del mundo. Más de 140 especies de búhos son los depredadores nocturnos del mundo. En la península hay 16 especies de depredadores de día y 4 especies de depredadores nocturnos.

Las aves depredadoras exhiben numerosas adaptaciones anatómicas y de comportamiento que les permiten llevar un tipo de vida depredador. Por ejemplo, las aves de presa generalmente tienen largas garras curvas para aferrar a sus víctimas y picos fuertemente encorvados para desgarrarlos. Son maestros remontándose y precipitándose (clavándose). El Halcón Peregrino de la península (*Falco peregrinas*) puede alcanzar más de 250 Km/h mientras se clava por su presa. En algunos halcones los ojos son más grandes y más agudos que los de los humanos; como los del hombre, son binoculares en vez de estar puestos al lado de la cabeza como en la mayoría de las aves no depredadoras. Los depredadores más comúnmente vistos a lo largo de la carretera son el Aguililla Ratonero (*Ver* 14:165), Gavilan pescador (*Ver* 12:145) y Zopilote (*Ver* 8:36). Cada uno será discutido en los señalamientos de kilómetro en los que han sido comúnmente vistos.

Gavilán ranero (Red-shouldered Hawk) (*Buteo lineatas*) es distinguido por sus hombros rojos y las bandas blancas en las alas y en la cola. En vista de abajo el parte inferior del pájaro es uniformemente rojo. Sus vuelos son rondas con varios golpes rápidos del ala y un deslizamiento. Los halcones llevados a hombros rojos habitan arbolados mezclados y se ven a menudo cerca de secuencias. B u s c a n de una percha para las serpientes, las ranas, los ratones y los pájaros jóvenes.

MESETA DE LAVA SOBRE SUPERFICIE DE EROSIÓN

153 La prominente mesa de cima plana de la derecha (oeste) es la Mesa las Palmillas; está cubierta con hermosos herbajes de árboles elefante y de cirios. Este es un buen sitio para tomar un descanso y hacer una parada para tomar fotos y ver estos dos interesantes árboles.

157.5 Mientras que la carretera pasa a través de este afloramiento en el terraplén, puede ser

vista una capa de caliche bien desarrollada. Los padres de las misiones usaban las capas de caliche por la cal para hacer mezcla para las misiones.

158.5 Algunos de los primeros afloramientos de cantos rodados, graníticos, de la región de Las Vírgenes comenzaron debajo de las mesas coronadas por rocas volcánicas, visibles a la derecha de la carretera. Esta región, conocida como Las Vírgenes, está llena de grandes formaciones de roca granítica, espectacularmente pintorescas y de varias variedades de Cactus y otra vegetación desértica. Esta región también es conocida como Los Campos ó Jardines de Cantos Rodados de Cataviña.

159 Note el gran número de Cactus de Barril (Planta Brújula de la península) que están todos inclinados hacia el suroeste en un esfuerzo por reducir el dañino efecto de una exposición prolongada a los quemantes rayos de los soles del suroeste durante los meses más calientes del verano.

160 En este señalamiento de kilómetro hay rocas graníticas de una apariencia nudosa que están expuestas debajo de las rocas volcánicas. Las graníticas nudosas son parte de la Cordillera Peninsular del Batolito.

162 La vista se abre hacia el sur para revelar numerosas mesas coronadas de lava con conos cineríticos en la cima y la pintoresca área de afloramientos de cantos rodados de Las Vírgenes.

El intemperismo esferoidal puede ser explicado fácilmente. Esta área recibe muy poca lluvia; el intemperismo procede lentamente sobre la superficie de las rocas. Debido a que hay tres superficies en las esquinas y dos en las orillas, las rocas tienden a intemperizarse como esferas. La poca agua que corre se lleva a las partículas más finas lo cual da lugar a los cantos rodados.

167.5 Esta vereda va a La Bocana y al Rancho San José (95 kilómetro). Siga el Arroyo La Bocana hacia el suroeste para tener algunas vistas del arte rocoso Indígena de pintura prehistórica (pictografía).

Una pequeña exhibición en el Parador da información acerca de la "Zona Arqueológica" en esta región. El arte rocoso también puede ser visto en el Arroyo El Palmarito (kilómetro 170).

Adopte el lema de los naturalistas en todos lados:"sólo tome fotos y ni siquiera deje huellas" para que otros puedan continuar disfrutando de la evidencia de los habitantes del pasado.

También hay una excelente vista del terreno de tonalita granítica de cantos rodados con colinas planas coronadas de basalto de la región de Las Vírgenes. Los picos altos de la derecha (oeste) son parte de la Formación Alisitos.

La vegetación es típica de la flora del Desierto de Vizcaíno y consiste primordialmente en el Cirio, Cardón, Árboles Elefante, Garambullo, Cholla, Gobernadora, Biznaga, Jojoba, Agave, Pitaya Agria, Pitaya Dulce, Datilillos y Huizapol. La planta naranjada, de aspecto peludo que crece parasitando del Árbol Elefante, es conocida como Pelo de Bruja. La Corona de Cristo y Mezquite están restringidas a las planicies de inundación; parecen como bocanadas de humo de una fogata de campamento. Las Coronas de Cristo son plantas comunes de zonas de erosión.

CORDON – CIRIO – MEZQUITE

Hay evidencia de los mamíferos que se alimentan en los Cactos en esta área. Esta alimentación en el Cacto puede deber obtener

el agua metabólica así como el alimento. La mayoría de los Cardones llevan las cicatrices de roedores en su parte baja. Los esqueletos de las biznagas son ahuecados comúnmente hacia fuera por los roedores y las liebres pequeñas. Se ha concluido que la mitad de los Chollas son alimentos para las liebres. El Garambullo es alimento para varios animales.

CHOLLA

La vegetación es más densa en el área del Cataviña. Los cantos rodados vertieron la lluvia para proporcionar más agua para las plantas que arraigaron cerca del canto rodado, así aumentando la precipitación neta.

LOS ARROYOS son zanjas profundas cortadas por corrientes intermitentes e inundaciones espontáneas. Los arroyos de la península, que normalmente están secos, son llenados con agua después de que ha llovido por algunos pocos días. Durante estos tiempos hay inundaciones esporádicas que llenan los arroyos de pared a pared con aguas cargadas de arena moviéndose violentamente. Las planicies de inundación pueden correr por uno ó varios días dependiendo de la cantidad y duración de las lluvias precedentes. Solamente unos pocos días después de las inundaciones, los arroyos estarán de nuevo tan secos como si nunca hubieran llevado una sola gota de agua.

171

A lo largo de esta sección de la carretera se encuentran algunas formaciones de roca y flora particularmente pintorescas. Una buena zona para acampar está disponible en cualquier lugar al lado de la carretera en esta área, especialmente a un lado de la parte del camino antiguo que se dirige cerca de la derecha (oeste) de la carretera.

Esta área es considerada como la más escénica en la península debido a su basta belleza en cantos rodados, la severidad del Desierto El Vizcaíno y su vegetación.

175 La carretera comienza un descenso hacia adentro del Arroyo Cataviña (Arroyo El Palmarito). Hacia la izquierda (este), las rocas volcánicas que yacen extendidamente coronan la superficie de erosión de las rocas graníticas. El edificio blanco en la distancia hacia el sureste cruzando el Arroyo La Bocana es el Parador La Pinta de Cataviña. Tómese algún tiempo en esta área para explorar y tomar fotografías. En esta área el amanecer, el crepúsculo y las tardes son particularmente agradables en las horas fotográficas del día.

PITAYITA

ROCA ELEFANTE MARINO Y GOBERNADORA

176 A lo largo del lado izquierdo de la carretera y a una corta distancia hacia arriba del Arroyo Cataviña está un gran sitio exuberante de Palmeras nativas; incluyen especimenes de Palmeras Abanico (*Washingtonian falifera* y *Washingtonian robusta*) y Palmera Abanico Azul (*Erythea brandegeel*). La presencia de Palmeras en el desierto siempre indica la presencia de manantiales perennes.

La evidencia arqueológica indica que un gran número de indígenas prehistóricos alguna vez ocuparon el área e hicieron uso de los manantiales perennes localizados en esta región. En áreas de cantos rodados al oeste y norte del Parador Cataviña, pueden ser vistos fragmentos de roca y puntas de flecha esparcidas en la superficie del suelo por varios kilómetros. Pregunte en el Hotel La Pinta ó en el rancho Santa Inés para saber cómo llegar a las pinturas rupestres (pictografías) localizadas al suroeste en el Arroyo La Bocana. Estas pictografías son conocidas localmente como "Cueva de las Pinturas Rupestres Gigantes" (*Ver* 3:167.5).

GRANITO INTEMPERIZADO Y PALMAS AZULES

LA HISTORIA DEL HOMBRE EN LA BAJA: La historia primitiva del hombre en la península no es bien conocida. Los autores de esta guía ha explorado, pero no perturbado, muchos sitios arqueológicos en los últimos 25 años, pero se han publicado muy pocos trabajos científicos sobre la península. Se han hecho algunos trabajos en las Islas del Golfo, pero las islas todavía están en gran parte arqueológicamente como "terra incognita". Extensas excavaciones y mapeo de las zonas habitadas por humanos en la península, faltan por hacerse para relatar la historia de quienes vivieron en la Baja. La mayoría de las investigaciones de la ocupación del territorio por humanos que han sido realizadas, son reportes de sitio o estudios de colecciones de artefactos. Los orígenes exactos de los indígenas prehistóricos del Continente Norteamericano, permanecen desconocidos.

Una de las teorías más populares del origen de los indígenas Americanos, dice que hace un milenio un hombre llegó de Asia cruzando por el estrecho de Bering, dirigido a Alaska por medio de las Islas Diómedas o las islas Aleutanias. Se considera que estas razas variadas de indígenas, llegaron en diversos tiempos y en diferentes flujos migratorios. Lo que si se sabe es que el hombre ha habitado la península durante mucho tiempo, evidenciado por las numerosas cuevas pintadas, petroglifos, fragmentos de cerámica, puntas de lanzas, escarbadores, manos y metates, huesos tallados, círculos de piedra, montículos de piedras como señalizadores, cuchillos líticos, concheros, fragmentos de sandalias de Lecheguilla, cestos, efigies ceremoniales, plumas de ave y estructuras vivientes.

Usando el fechado estratigráfico y Carbono-14, algunos científicos calculan que la aparición del hombre en las Américas ocurrió entre 10,000 y 35,000 A.C. La evidencia indica que el hombre estaba en México hace aproximadamente 11,000 años. Se ha estimado que el hombre apareció por primera vez en la península y en algunas islas del Golfo hace 8,000 años. Los únicos indígenas que actualmente viven en la península como grupo están localizados en Santa Catarina, al Este de Ensenada.

PALMERAS NATIVAS DE LA BAJA: Las Palmeras eran muy importantes para los indígenas nativos de la península. Se comían tanto la delgada porción carnosa así como la semilla

El follaje de las Palmeras permitía hacer numerosos productos útiles como calzado parecido a sandalias, cestos, efigies ceremoniales de los muertos y materiales para casas y techos. Existen evidencias de que los indígenas quemaban los árboles periódicamente para matar insectos y ácaros y para mejorar la producción de esa temporada ó de la próxima cosecha. Las bayas de la palmera también son consumidas por aves y otros animales. Los orioles usan las fibras de la hoja como material para sus nidos.

Otras plantas dominantes del área son los Cabellos de Bruja en Árboles Elefante, Biznaga, Cardones y Cirios.

176.5 La carretera pasa a través de una depresión y el río Cataviña fluye hacia la derecha (suroeste) en el Arroyo La Bocana. Hacia el oeste de una gran masa granítica corriente abajo, se ven algunos cantos rodados pulidos por el agua a 6 metros por arriba del arroyo. En algún tiempo hubo por lo menos 6 metros de profundidad en este arroyo, ya que sólo así se podrían haber pulido las cimas de estos enormes cantos rodados. Este tramo de la carretera pasa directamente por encima del lugar de la famosa parada de gasolina del viejo Rancho Cataviña y sigue el mismo camino que el viejo. La gasolina era sacada con sifón a latas de 5 galones para medirla y después se filtraba por un sombrero de fieltro ó de gamuza para vertirlo al tanque de la gasolina.

GASOLINERA EN 1967

Es posible viajar hasta la Misión Santa María a 23 kilómetros de distancia con un vehículo de doble tracción. Fue fundada en 1767 por el Sacerdote Jesuita Padre Victoriano Arnés, solamente un año antes de la expulsión de los Jesuitas de Baja California. La misión no está muy deteriorada y se tiene programado restaurarla en el futuro. Si no tiene un vehículo de doble tracción, vale la pena pasar un tiempo en Santa Inés y encontrar a alguien que lo lleve a la Misión de Santa María para explorar el inhóspito terreno de esta área.

179 Este es el parque de campamento El Parador y el hotel La Pinta de Cataviña.

179.4 Poco después de haber dejado El Parador, la carretera cruza el Arroyo Santa Inés con su corriente perenne de manantial y otra Arboleda de Palmeras Nativas de Abanico y Palmeras Azules. Hay una vista agradable arroyo arriba de las rocas y de otro oasis de Palmeras Nativas.

180.8 La desviación pavimentada a la izquierda lleva por dos kilómetros al Rancho Santa Inés. Al sur del Arroyo Santa Inés la carretera deja atrás las pintorescas rocas graníticas de la región de Las Vírgenes y sigue el camino viejo. Las colinas aún están cubiertas por extensos flujos de lava obscura.

182 Aquí hay una vista de la discordancia con basalto cubriendo a la tonalita hacia la izquierda.

184 Esta pendiente asciende a través de sedimentos fluviales del Mioceno los cuales cruzan la carretera en una banda amplia (como un canal de río antiguo). Los sedimentos fluviales están cubiertos por basaltos similares a los hallados en los Llanos de San Agustín.

Mientras la carretera pasa a través del valle entre colinas volcánicas, se podrá dar una idea de qué tan escabroso solía ser el camino viejo, ubicado en la planicie de inundación aproximadamente a 100 metros hacia el oeste, a lo largo de este trecho de terreno volcánico.

También crecen abundantemente Árboles Elefante, Agave, Cardón, Cirio, Ocotillo y Mimosa (Los Árboles Verdes, brillosos con espinas) en esta área.

187 Hacia el sur sobre la mesa coronada de lava, se puede ver una pequeña colina cónica. Son los remanentes de un pequeño cono cinerítico basáltico erosionado.

188 Esta sección de la carretera pasa a través de rocas graníticas cubiertas por rocas volcánicas. Otras colinas de forma cónica están a la vista al frente sobre el horizonte, las cuales también representan conos cineríticos.

189 Una serie de diques blancos cortan a través de las rocas graníticas y metamórficas entre este punto y el kilómetro 196.

191 Hay un buen número de palmeras azules y abanico a la derecha en el cercano Arroyo Jaraguay. La vegetación de esta área es más densa que en otras partes del Desierto El Vizcaíno debido a más y mejor tierra húmeda. La vegetación dominante es típica de la flora del Desierto El Vizcaíno, representada por los brillantes Árboles Verdes de Mimosa, Pino Salado, Cardón alto, Cirio y un gruesa maleza de Garambullo, Pitaya Agria, Pitaya Dulce, Incienso, Gobernadora, Ocotillo, Saladillo, Cholla Saltarina, Palo Estribo esparcidos.

191.7 El Rancho San Martín está ubicado en esta marca de kilometraje. La "espiga de oro" fue plantada aquí y conmemora la terminación de la Carretera Transpeninsular en 1973.

196.5 Esta desviación lleva al suroeste (a la derecha) al Rancho Jaraguay y al camino viejo. Justo antes del rancho, a la izquierda están las ruinas de varios edificios de adobe destruidos por intemperismo. En los viejos tiempos era un establecimiento de baños en donde los viajeros de la península podían refrescarse. Esto era extraño porque no había muchos lugares en donde los viajeros de antaño pudieran tan siquiera encontrar agua para beber. Hay varios afloramientos de gneiss y diques de tonalita con andesita al lado de la carretera en esta marca de kilometraje. Esta región es producto de las impresionantes mezclas de rocas metamórficas con graníticas, diques, afloramientos de cantos rodados y hermosas mesas coronadas por basaltos como Mesa Jaraguay, Mesa El Gato y Mesa Prieta.

198 La carretera sube una pendiente pronunciada y cruza por arriba de la vereda del camino viejo. Imagínese hacer el mismo ascenso sobre un camino de terracería. El Cactus de Barril es especialmente obvio sobre las laderas del lado izquierdo de la carretera.

199.5 Mientras la carretera continúa hacia la cima de la pendiente de Jaraguay (elevación de 823 metros), hay una buena vista hacia el norte. Este punto proporciona una vista panorámica por arriba del altiplano y de la discontinuidad entre las rocas graníticas y los basaltos y de la superficie de erosión que se halla debajo de los estratos volcánicos. Algunos Cirios están creciendo en el lado sur de la pendiente y se pueden ver más Cirios de mayor tamaño en el lado norte (más húmedo).

LADERAS NORTE Y SUR: Las variaciones locales de humedad y temperatura ejercen un control considerable sobre la cubierta natural de la ladera. En regiones no tropicales, la cara de la ladera (aspecto) es de gran importancia. Debido a que la península está al norte del Ecuador, las laderas que encaran hacia el sur reciben de forma más directa la luz del sol y son más calientes y secas. Como resultado de la humedad disminuida y las temperaturas más altas, la cubierta de la laderas es esparcida, baja y compuesta de especies de color grisáceo que están adaptadas a vivir en ambientes xéricos (secos). Las laderas que encaran al norte reciben la luz del sol un poco más indirectamente y son más húmedas y frescas que las laderas que encaran al sur. Mantienen vegetación más densa, más exuberante y más alta, necesitada de humedad incluyendo a los árboles característicos de medios mésicos (húmedos). El viento es más lento, las temperaturas en el suelo y la evaporación son menores por la densa vegetación. Los suelos están menos intemperizados y son ricos en humus.

200.5 En este kilómetro y a la izquierda se observa la Laguna Seca, que normalmente no tiene agua. El camino viejo solía dirigirse hacia la izquierda y cruzar parte del fondo del lago. En la actualidad la carretera pasa por alrededor del lado oeste del lago sobre el terreno alto cerca de la base de las colinas.

203.5 Mientras la carretera llega a la cima (elevación 671 metros) hacia el sur se observan varios picos volcánicos de los campos volcánicos de San José. El paisaje de fragmentos rocosos en esta región está cubierto con detritus volcánico.

204.9 La carretera llega a una cima y revela la primera vista del Cerro Pedregoso.

210 La carretera pasa cerca del Cerro Pedregoso. Esta colina granítica ha sido cubierta por detritus volcánico y de otro tipo, de manera que sólo su punta resalta como un iceberg sobre la planicie volcánica (andesitas basálticas y basaltos del Plioceno-Holoceno). Las rocas graníticas han sido intemperizadas esferoidalmente, lo cual dejó grandes cantos rodados de granito que parecen haber sido apilados sobre la colina circundante.

PEDREGOSO

Un dique de andesita oscura corta a la mitad el Cerro Pedregoso. El Cerro Pedregoso es un rasgo muy prominente sobre el estéril paisaje de fragmentos rocosos, servía de guía para los primeros viajeros de la península, ya que podían ver a muchos kilómetros a la redonda mientras se acercaban lentamente al cerro sobre la terracería.

220 Este afloramiento expone a varios diques andesíticos en la tonalita.

221 Los conos cineríticos piroclásticos de color rojo y negro y el basalto expuestos en el afloramiento sobre éste terraplén indican que muy cerca se encuentra un antiguo centro de erupción.

222 Se puede observar un prominente dique de cuarzo blanco aproximadamente a 100 metros a la izquierda de la carretera. EL camino viejo pasaba justo al lado de ese dique.

225 La colina de enfrente está cortada diagonalmente por una serie de diques graníticos de color gris-blanco.

226.7 Uno de los diques mencionados en el Km. 225 forma la cordillera de la izquierda. El dique tiene aproximadamente 7 metros de groso y es de color muy claro.

DIQUES GRANÍTICOS

227 La carretera comienza un descenso justo al norte de la Laguna Chapala mientras que la playa de la Laguna Chapala salta a la vista.

A lo largo de esta sección de la carretera están expuestos afloramientos de rocas volcánicas y rocas graníticas cubiertas.

228 Las montañas hacia el sureste son parte de la Sierra La Asamblea. El valle frente a ellas es el Valle Calamajue.

230 Varios diques graníticos blancos, diagonales y prominentes cortan las colinas al frente de la carretera.

232 En ésta señal de kilometraje hay una excelente vista de la Laguna Chapala. A la izquierda, a lo lejos está la parte principal de la playa.

El camino viejo se acercaba diagonalmente hasta el otro lado del lago hacia un pequeño grupo de edificios (que no existen ahora) y de árboles. Los árboles que se están muriendo, los cuales apenas se ven en el lado opuesto del lago, son lo único que queda del antiguo Rancho Chapala.

POLVO: Esta era una de las partes más polvorientas del camino viejo. El tráfico pesado a través del lago sobre el camino viejo pulverizaba los sedimentos de la capa lacustre convirtiéndolos en polvo asfixiante. En la punta sur del lago seco era posible alcanzar velocidades de aproximadamente 100 Km/h debido a lo plano que es. Ahora, la carretera sigue la orilla del lado oeste del lago y pasa entre el lago superior e inferior en el Nuevo Rancho Chapala.

TERRACERÍAS EN LAGUNA CHAPALA

En Laguna Chapala se puede ver un cambio muy obvio en la vegetación. El Cirio casi desaparece; los Cardones se vuelven muy pequeños y sólo son vistos contra los pies de montaña de la Sierra de Calamajue. La vegetación adyacente a la carretera está dominada primordialmente por las halófitas, Huizpol y Gobernadora. Entre las halófitas se hallan el ocasional Datilillo, Cholla, Pitaya Agria, Malvia y Ciribe.

233.5 El polvoriento camino sin pavimentar, rudamente gradado, de la izquierda lleva al noreste de Bahía de San Luis Gonzága, Puertecitos y San Felipe. Se están haciendo preparaciones para pavimentar la sección del camino entre Laguna Chapala y Puertecitos. Este camino ha sido recientemente pavimentado desde Puertecitos a San Felipe, pero desafortunadamente también esta muy intemperizado.

234.8 Esta es la localidad del nuevo Rancho de Laguna Chapala.

¿INCLINACION DE LA PENINSULA? Las antiguas costas de Laguna Chapala están inclinadas en relación a las costas actuales del lago. Esto indica que ésta área se ha inclinado desde el Pleistoceno.

236 Las dunas de arena en el lado sur del lago indican la dirección dominante del viento, el cual sopla la arena y el limo del lago y forma las dunas. Las dunas a menudo se hallan en donde hay abundancia de arena, como en un lago seco ó en una playa. La cima de las dunas le proporcionará una excelente vista de la Laguna Chapala.

LAGUNA CHAPALA SECA

238 Las colinas de adelante de esta señal de kilometraje están compuestas de tonalita, cortadas por diques basálticos y de roca andesítica oscura, que forman los colinas a la derecha.

239.7 En este afloramiento sobre el terraplén están expuestos algunos excelentes ejemplos de diques negros que cortan las rocas graníticas.

La vegetación más alta a lo largo de ambos lados de la carretera está compuesta por *Mimosa* sp. y el Tabaco Amarillo.

El árbol Tabaco Amarillo es el nombre común de la hierba alta (1-3 metros) que crece en los suelos perturbados a lo largo del camino en la península. Esta planta es fácilmente reconocida por sus flores amarillas tubulares y por sus desagradables hojas venenosas, narcóticas, fuertemente perfumadas.

243.2 En este punto la carretera pasa por Cuesta El Portezuelo. A la izquierda se encuentra una capilla pequeña sobre el camino viejo. Esta es la vertiente peninsular principal en donde la carretera pasa a corta distancia de una cordillera entre la vertiente de la Costa del Pacífico y la del Golfo. Las altamente mineralizadas rocas graníticas y metamórficas mezcladas de la Sierra La Asamblea forman las montañas del Este. La parte alta de color gris-claro de la Sierra es un plutón granítico que está rodeado de rocas metamórficas. Hay varios diques ligeramente coloreados que cortan las rocas metamórficas más oscuras.

SIERRA LA ASAMBLEA

246 La vegetación de esta área es similar al de los jardines de cantos rodados graníticos que rodean a Cataviña (3:158.5) y está dominada por especimenes de Cardón y Cirio, Árboles Elefante, Garambullo, Cholla, Cholla Saltarina, Agave, Lecheguilla, Pitaya Agria, Palo Adán y Ocotillo.

252.5 A la izquierda de la carretera hay una vista de Cerrito Blanco. Es una colina granítica baja de color gris claro, que está sumamente fracturada. El fracturamiento hace que la colina parezca estar compuesta de rocas sedimentarias estratificadas.

254   Rocas metamórficas y graníticas mezcladas forman las colinas al este de la carretera.

255   El material liso de color claro que está a lo largo de ambos lados de la carretera durante los siguientes kilómetros es parte de los sedimentos de capa lacustre del Pleistoceno tardío.

256   El Cerrito Blanco es la colina blanca de la izquierda. Esta colina fracturada de granodiorita, se posa sobre una planicie aluvial cubierta por areniscas blancas de estratificación cruzada del Paleoceno.

     Hacia el norte se observa un altiplano volcánico y el empinado pico del cono cinerítico del Cerro el Volcancito.

261   La carretera llega a la cima de una división muy baja y desciende por el drenaje de la pendiente del Pacífico.

CIRIO – OCOTILLO – GOBERNADORA

262   El camino viejo se desvía hacia Bahía de San Luis Gonzága, Puertecitos y San Felipe. Este camino puede ser utilizado como un atajo difícil para conectarse al más nuevo camino explanado de terracería que viene de Laguna Chapala en el Km 233.5. Este camino pasa por la Misión Calamajue y el Cerro el Volcancito a través del Valle Calamajue entre Sierra la Josefina y Sierra

Calamajue y se conecta con el camino hacia Bahía de San Luis Gonzaga (*Ver* 11:21.3).

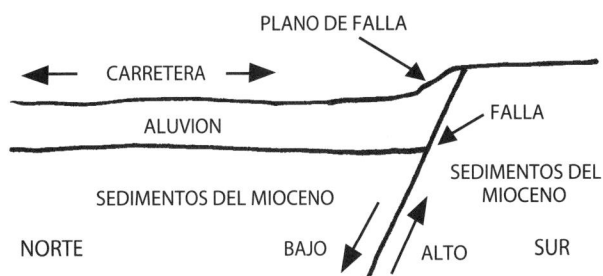

Se pueden observar varios nidos de aves rapaces sobre los Cirios a ambos lados de la carretera.

265.1   Esta pequeña pendiente representa el prominente escarpe de una falla que corta diagonalmente a la carretera. La falla levanta sedimentos fluviales del Mioceno en el lado sur contra los sedimentos lacustres y aluviales del Cuaternario en el lado norte.

     Esta es la punta norte del estable bloque San Borja (Gastil el al., 1972). Consiste en una superficie de basamento del pre-Mioceno inclinada hacia el oeste, que está discontinuamente cubierta por estratos volcánicos y estratos sedimentarios del Cenozoico. Al sur de aquí las mesas circundantes se extienden desde el escarpe principal del Golfo hasta la planicie costera del Pacífico.

268   La carretera comienza un descenso gradual hacia el sistema de drenaje del Arroyo El Crucero y lo sigue por varios kilómetros hacia el sur. Este drenaje está desarrollado sobre y dentro de sedimentos marinos y no-marinos del Paleoceno que han sido erosionados por dicho drenaje.

     Justo al norte de Punta Prieta las especies dominantes alternan entre Cirio y Datilillo y el Cardón parecido al Saguaro. La escasa y baja planta gris de aspecto moribundo es la Huizapol (*Franseria dumosa*) Agave, Garambullo, Cholla Saltarina y Acacia. Esta comunidad de Datilillo-Cardón/Datilillo-Cirio continúa por muchos kilómetros.

283   En la unión de la carretera 1 Sur y la carretera a Bahía de Los Ángeles, las señales de kilometraje a un lado del camino cambian a 0 (*Ver* Transecto 16).

TRANSECTO 4 – INTERSECCIÓN DE BAHÍA DE LOS ÁNGELES A GUERRERO NEGRO
[129 Kilómetros = 80 Millas]

Bahía de L. A. a Rosarito - *La carretera continúa hacia el sur sobre los sedimentos fluviales del Mioceno con mesas basálticas a la izquierda y altas colinas escarpadas de granito y rocas metamórficas a la derecha. Después desciende sobre el canal principal aluvial del Arroyo León, pasando Punta Prieta, con sedimentos fluviales del Paleoceno a ambos lados del arroyo y colinas graníticas y metamórficas a lo lejos.*

En La Bachada la carretera asciende por una pendiente hacia las mesas de fragmentos rodados del Paleoceno con aisladas colinas empinadas de roca metavolcánica y altas mesas volcánicas a la distancia. Después de pasar un escarpe en la colina metavolcánica, ubicada a la izquierda, a la derecha se ven las dos mesetas occidentales de forma cónica compuestas de sedimentos fluviales del Paleoceno se pueden ver a la derecha. La carretera después entra en un área de colinas de rocas graníticas mezcladas y desciende hacia Rosarito.

Rosarito a Guerrero Negro - *La carretera sigue el banco del sur del arroyo con rocas metamórficas a la izquierda, después pasa a través de un cañón en las empinadas colinas de gabro antes de dar vuelta hacia el sur para ascender de nuevo sobre y a través de colinas de fragmentos rodados en las ondulantes mesas disecadas de sedimentos marinos del Paleoceno. La carretera desciende sobre un desfiladero empinado y angosto en el gabro y después alternadamente asciende y desciende sobre las mesas marinas del Paleoceno y desciende hacia los valles aluviales con las mesas del Paleoceno coronadas de basalto hacia el Este.*

La carretera después desciende sobre los abanicos aluviales del Llano del Berrendo. Durante el largo cruce de esta planicie, las colinas bajas de roca sedimentaria a la izquierda se vuelven más distantes. A la derecha se pasa cercanamente a un cono basáltico bajo y el distante cono basáltico de Punta Santo Domingo se vislumbra siempre más cerca. El campo de dunas costero y ocasionalmente el Océano Pacífico están casi constantemente a la vista a la derecha. Después de pasar Jesús María la carretera comienza a cruzar la superficie de piedra caliza de la laguna del Pleistoceno. El siempre presente campo de dunas se entremete en la carretera cuando se aproxima el Monumento del Águila a la línea de estado.

0	La carretera de la izquierda (Este) lleva a Bahía de Los Ángeles (*Ver* Transecto 16)
4	La mesa plana de la izquierda son sedimentos fluviales del Mioceno coronados por basalto.
6.5	Los Cardones que se observan a lo largo de esta sección de la carretera tienen reputación de estar entre los más altos de la península -- aún más altos que algunos especimenes en el gran Cardonal localizado en la punta de Bahía Concepción en la costa sur de la península.

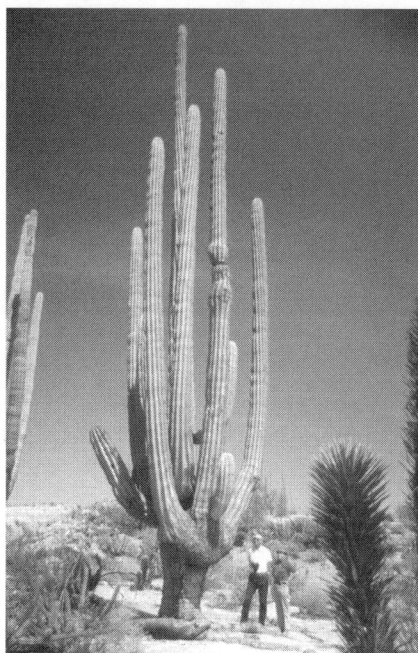

CARDON GIGANTE

9	Los árboles dominantes a lo largo de la carretera son dos géneros no relacionados de árbol Elefante, *Pachycormus y Bursera*.

EL NOMBRE DE ARBOL ELEFANTE es aplicado, desafortunadamente, a varios árboles del desierto que no tienen relación entre sí en la península. Los dos tipos de Árboles Elefante en esta región no están relacionadas en absoluto. *Pachycormus discolor* es un miembro de la familia de la nuez (Anacardiaceae), mientras que *Bursera microphylla* pertenece a otra familia (Burseraceae). Estos dos árboles elefante son fácilmente diferenciables debido al distintivo aroma

de incienso que es desprendido por las hojas molidas de *Bursera*.

ÁRBOL ELEFANTE

Bursera microphylla se distribuye hacia desde el Desierto de Anza-Borrego en E.U. a través de la península hasta la región del Cabo. Una segunda especie, *Bursera hindsiana*, tiene casi la misma distribución. El aceite de la fruta de *Bursera* ha sido usado como tinte y para curtir cueros. Se podrá ver una cuarta especie de Árbol Elefante, *Bursera odorata* (fagoides).

13.2 Esta desviación lleva a Punta Prieta (llamada así por los basaltos oscuros que se ven en esta región). La carretera principal sigue el Arroyo León que está desarrollado a un lado de una falla que es responsable del curso del arroyo de norte a sur. La Formación Sepultura del Paleoceno está expuesta a ambos lados del arroyo durante los siguientes 10 Km.

14 La pista de aterrizaje en Punta Prieta está localizada a la izquierda de la carretera. Cuando la carretera da vuelta hacia el sur, las colinas de la derecha están compuestas de rocas metavolcánicas de la Formación Alisitos. Los sedimentos del Paleoceno se traslapan con la irregular topografía de las colinas del Cretácico. La colina del Este está compuesta de tonalita.

16.5 La vegetación más densa en esta región continúa siendo representativa de la flora del Desierto El Vizcaíno. Desde este punto y hacia el sur, un parecido al Ocotillo, Palo Adán, reemplazará al Ocotillo.

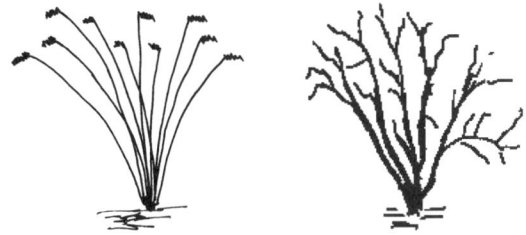

¿OCOTILLO O PALO ADAN? Estas dos plantas junto con el Cirio pertenecen a la familia del Ocotillo, un grupo de arbustos espinosos con largas ramas espinosas erectas como látigos. A primera vista parece ser que el Ocotillo (*Fouquieria splendens*) y el Palo Adán (*Fouquieria diguetii*) son la misma planta. Las características que ayudan a separar a estos dos parientes cercanos son la morfología general del tronco, ramas y flores (apariencia externa), distribución geográfica y preferencia de hábitat. El cuadro de abajo le ayudará a distinguir entre estos dos parientes parecidos.

	Palo Adán	Ocotillo
Tronco	corto y grueso	ausente
Diámetro de la rama	Ancho; ramas fuerade un tronco corto	Delgado, fino, como látigo, se extiende hacia arriba, parece abanico desde el suelo
Flores	Panicles más Pequeños	Panicles más grandes
Distribución geográfica	Abundante desde la parte central de la península hasta el sur del Cabo	Abundante desde la Alta Calif., hasta justo al norte de Guerrero Negro, raro al sur del Cabo
Preferencia de hábitat*	Suelos graníticos y de arcillade planicies aluviales	Laderas del desierto y planicies

OCOTILLO

PALO ADÁN

24.5   La carretera da vuelta y cruza el Arroyo León cuya zona de erosión está dominada por mezquite y datilillos.

25.5   Este es el Rancho La Bachada cuyo pozo alguna vez fue una de las mejores fuentes de agua en esta parte de la península.

26   La carretera inicia un empinado ascenso a través de conglomerados del Paleoceno en el borde situado más al norte del embahiamiento Paleoceno.

29   En la punta de la pendiente, hacia el sur se observa una vista espectacular de la costa del Pacífico y de la Formación Sepultura del Paleoceno, la cual forma todas las mesas de cima plana a la izquierda. Los abruptos picos de la derecha y el afilado pico que se ve directamente hacia adelante están compuestos de rocas metasedimentarias de la Formación Alisitos.

        Esta área alguna vez fue un embahiamiento marino del Paleoceno. Tanto en los sedimentos no-marinos de agua somera como los marinos de este, han producido fósiles de semillas, invertebrados marinos, un diente del proto-caballo *Hyracatherium* y varios vertebrados fósiles no-marinos (hallados por el Colegio Occidental).

EL AMBIENTE DEL PALEOCENO: Fife (1968) reconstruyó el probable ambiente del Paleoceno y planteó. "La costa norte de Punta Santa Rosalía... era rocosa tal como es ahora. La localización de depósitos fosilíferos indican que fueron depositadas almejas grifoides de concha pesada con conglomerados cerca de la costa; mientras que turritelas y equinoideos fueron preservados con sedimento clástico más fino en los embahiamientos someros...", "Al sur de Punta Santa Rosalía existieron por lo menos tres embahiamientos más grandes...", "El embahiamiento del sur está bien expuesto y contiene faunas de agua salobre a somera. Estas eran áreas de fondos de lodo a arena. La posición de los moluscos fósiles, corales, ostrácodos y foraminíferos sugiere que existieron condiciones alternantes de agua somera marina y agua salobre o estuarina. Las semillas de la Familia Chenopodieaceae y los restos del proto-caballo *Hyracatherium* son encontrados en estratos entrecruzados con típicos estratos estuarinos. Los ostrácodos y las carofitas indican un ambiente lacustre en los estratos continentales al este del Rancho La Bachada".

EL ORIGEN DEL CABALLO Y SU LUGAR ACTUAL EN LA BAJA CALIFORNIA: Es difícil de creer, pero los caballos evolucionaron en Norte América. Los caballos domésticos modernos (*Equus caballus*) pertenecen a un pequeño orden de mamíferos conocido como el Perissodactyla o ungulados de dedo único, los cuales aparecieron por primera vez en el Paleoceno tardío (hace 58 millones de años) en Norte América. El más primitivo de los ancestros parecidos al caballo *Hyracatherium* aparecieron en el Eoceno hace cerca de 54 millones de años. *Hyracatherium* era un pequeño mamífero del tamaño de un perro que pastaba en arbustos bajos de los suelos del bosque. Ya había perdido dos dedos traseros en su pie trasero y uno en su pie delantero, pero los pies todavía estaban cubiertos con cojincillos suaves. El diente de este ancestro del caballo es el que fue recolectado de la Formación Sepultura del Paleoceno.

Cuando los pastos aparecieron por primera vez en el Mioceno temprano, aparecieron los equinos hypsodontos y para el Mioceno tardío los equinos habían alcanzado su pico de diversidad. La necesidad de huir de los predadores y de viajar grandes distancias en busca de alimento y agua indujo varios cambios en la forma del cuerpo del equino incluyendo un tamaño del cuerpo aumentado. Ya en el Pleistoceno temprano, hace dos millones de años, los equinos de un dedo (*Pliohippus*) habían producido en abundancia el género *Equus* el cual se extendió rápidamente por todo el mundo. El centro de la evolución de los equinos fue Norte América. Los verdaderos equinos no migraron al Viejo Mundo de Norte América hasta el Pleistoceno temprano hace cerca de dos millones de años. Los equinos del Viejo Mundo evolucionaron del equino *Hipparion*, inmigrante de Norte América de tres dedos y hacia el final del Pleistoceno los equinos modernos se habían vuelto ampliamente distribuidos en todos los continentes excepto en Australia. Por alguna razón desconocida todos los ungulados de Norte América, excepto el antílope de cuerno curvo, se extinguieron hace cerca de 10,000 años. En el Viejo Mundo el caballo modernos, *Equus caballus*, fue domesticado primero en Asia hace cerca de 5,000 años.

El caballo doméstico fue reintroducido en Norte América (continente de México) por los Conquistadores Españoles de México a principios del siglo XVI.

32.5 Esta sierra está compuesta por roca metavolcánica plegada y volcada de la Formación Alisitos que está expuesta en los afloramientos en el terraplén a la izquierda por los siguientes 4 kilómetros.

39 El pequeño oasis de palmeras de la derecha es conocido como Agua de Refugio. Las aguas del pequeño arroyo se originan de los manantiales localizados a la izquierda de la carretera.

39.5 La carretera cruza una pequeña planicie densamente cubierta de vegetación que tiene un arroyo perenne que se origina en las colinas metavolcánicas de la izquierda.

44 Las mesetas occidentales, a la derecha, se asemejan a dos pequeñas mesetas de

forma mamilar en la Formación Sepultura del Paleoceno. Este es el sitio de numerosos descubrimientos de fósiles terrestres vertebrados por una expedición del Colegio Occidental a mediados de los sesentas.

SALIENTE OCCIDENTAL

FORMACION SEPULTURA DEL PALEOCENO:
"El afloramiento más extenso de rocas marinas fosilíferas del Paleoceno ocurre en la parte sur del área, en la vecindad de rancho San Xavier y al norte del mismo. En esta región, están interestratificados por lo menos 30 metros de arenisca de color amarillo oscuro a café-rojizo con areniscas conglomeradas, lentes concrecionales, limolita y lodolita. Varios horizontes, que forman estratos resistentes, contienen a *Turritella pachecoensis* casi exclusivamente. La localidad B5D-30 produjo a *Cerithidea* sp., *Ostrea* sp., *Venericardia* sp., *Glycymeris* sp. y a *Turritella pachecoensis* más varios especimenes de ostra grifoide y corales quitinosos no identificados, ostrácodos y foraminíferos. Este ensamblaje representa una facies sublitoral. Más adelante en el norte, como a 10 kilómetros hacia arriba del arroyo desde El Muertito, el ensamblaje fósil sugiere un ambiente lagunar o litoral. En este sitio los restos de un pequeño proto-caballo, *Hyracatherium* sp. nov., estaban interestratificados con semillas de la familia Chenopodiaceae, *Cerithidea* sp., *Calyptraea* sp. nov. y *Ostrea* sp...". "Como a 10 kilómetros al norte de la localidad mencionada, en las mesetas Occidentales, Morris (1966) reportó el descubrimiento de ungulados de los Ordenes Tillodontia, Perissodactyla y Pantodonta. Fueron encontrados pantodontes de la

45 La vegetación de esta región continúa siendo dominada por especies características de la flora del área del Desierto El Vizcaíno y el Cirio es la planta alta predominante. Las plantas asociadas a este Cirio son el Biznaga, Árboles Elefante, Agave, Pitaya Agria y ocasionales Cardones, Palo Adán y Cholla Saltarina. El líquen Epífito Gallito, *Ramalina reticulata*, puede ser visto creciendo sobre el Cirio y Árboles Elefante.

46 La carretera asciende a través de estratos conglomerados y comienza un descenso a través de estratos rojos marinos de la Formación Sepultura del Paleoceno.

47 La alta mesa de la izquierda de la carretera es la sección lagunar de la Formación Sepultura del Paleoceno que está cubierta por basaltos.

49 Se puede hallar al liquen de Gallitos (*Tillandsia recurva*) creciendo epífitamente sobre el Cirio y los Árboles Elefante.

EPIFITAS Y PARASITAS: Desde el sur de El Rosario a lo largo de la costa del Pacífico hasta la Región del Cabo se encuentran a árboles, arbustos y Cactus tales como el Palo Adán, Cirio, Ciruelo, Lomboy, Escoba Amarga, Cardón y Pitaya Dulce abundantemente cubiertos por el epífito líquen de Gallitos, un miembro de la familia de la Piña. La epífita no es dañina para la planta hospedante, debido a que vive en una relación comensalista en la cual depende sólo de la planta hospedante para apoyo. Sin embargo, una mirada cercana a los mismos árboles, arbustos y Cactus enlistados arriba revelará varios parásitos que viven en una simbiosis destructiva con ellos. Los dos organismos parásitos más comunes de esta área son el siempreverde Toji (*Phoradendron californicum*) y el Cabellos de Bruja (*Cuscata veatchii*).

Los Cabellos de Bruja es una planta floreciente que carece de clorofila, adhiere sus tallos, que asemejan cabellos amarillos o anaranjados, a su hospedante por medio de un tallo modificado llamado una haustoria. Usando el tallo haustorial, ésta parásita roba el azúcar producido fotosintéticamente por su hospedante.

El segundo parásito, el siempre verde toji, se cuelga de los afelpados ramales colgantes de muchas plantas en la península. Toji también utiliza tallos haustoriales para drenar azúcar de su hospedante. La humedad que sustenta tanto a las epífitas como a las parásitas de este desierto viene de la neblina del océano que se acumula en la noche y yace durante las primeras horas de la mañana en brumosas capas entre las colinas hasta que el sol la "deseca". A lo largo de la costa del Pacífico desde el Cabo hacia el norte de San Francisquito, las áreas similares a ésta son conocidas como desiertos de neblina costera. La neblina es menos común en el golfo, más seco.

La parte principal del pequeño pueblo de El Rosarito está localizada a la izquierda.

Un camino muy difícil que va desde el centro del pueblo lleva al este por aproximadamente 32 kilómetros a través de una vegetación muy densa hacia la Misión San Borja. La misión fue terminada en 1762 con dinero facilitado por María, la Gran Duquesa Española de Borja. Fue abandonada en 1818, pero ha sido restaurada. Es un bello lugar para visitar con un vehículo 4x4.

MISIÓN SAN BORJA

La planicie que se extiende paralela a la carretera tiene vegetación de pastos verde, (*Juncos* sp.) y Palmeras nativas.

55 Son abundantes el Datilillo, Cardón, Cirio y Árboles Elefante; sin embargo, la mayoría de estos especímenes de Cirio son más bien cortos si son comparados con algunos de los "gigantes" de los habitat más húmedos hacia el norte. Después de cruzar el arroyo las colinas bajas a la derecha de la carretera son gabro. Las colinas directamente hacia adelante y un poco a la izquierda son pizarras prebatolíticas.

56.8 La carretera da vuelta hacia el sur fuera del arroyo. Está expuesto un parche de granodiorita a la derecha en la punta más baja del Arroyo El Rosario.

59 A lo largo de este tramo hay capas delgadas de la Formación Sepultura expuestas en ambos lados de la carretera, mientras que las colinas en el Este son de esquisto y gabro.

60 Esta es la primera vista del océano desde El Consuelo (9 kilómetros al norte de El Rosario).

62.7 Esta desviación lleva hacia Playa Alta Mira sobre la costa del Pacífico.

64 Hacia el Este, en los arroyos, se observan unas buenas exposiciones de los rojos estratos marinos de la Formación Sepultura.

66 La carretera desciende una pendiente hacia un plutón de gabro expuesto en el angosto cuello de un cañón y después asciende a través de los estratos rojizos de la Formación Sepultura del Paleoceno.

Los Cirios de más al sur están creciendo junto con Árboles Elefante, Cochal, Pitaya Agria, Palo Adán y Gobernadora.

68.5 La carretera desciende hacia el amplio arroyo. La prominente colina roja de cima plana que está directamente a la izquierda es una vena de gabro-serpentina. Después de ascender hacia fuera del arroyo, la carretera pasa a través de más afloramientos de la Formación Sepultura.

El camino explanado de la derecha lleva por 5 kilómetros hacia la Playa de El Tomatal y al desembarcadero de Miller. El onix de las minas abandonadas en Marmolito alguna vez fue embarcado de las playas de agua blanca de El Tomatal.

70 Durante los siguientes 60 kilómetros, la carretera viaja hacia el sur a lo largo de la planicie al norte de Guerrero Negro con vistas panorámicas de mesas con cimas planas hacia el Este y el Océano Pacífico hacia el oeste. Las prominentes mesas a la izquierda son basaltos situados encima de sedimentos lagunares y lacustres a estratos marinos de agua somera de la Formación Sepultura del Paleoceno. En la distancia a la derecha, una colina volcánica forma la punta norte de la Laguna Manuela.

La carretera continúa atravesando una planicie relativamente suave que se ondula suavemente por varios kilómetros y ocasionalmente desciende a través de numerosos arroyos pequeños. Después cruza la extensión de 150 kilómetros de los Llanos del Berrendo la cual a menudo es referida como la Planicie del Berrendo debido a, las algunas veces abundantes manadas de Berrendos. En la actualidad quedan como 15 Berrendos.

80 La colina oscura de la derecha es un cono basáltico muy pequeño (*Ver* 4:98). El sitio de Guerrero Negro sale a la vista lejos en la distancia.

Los campos de dunas a la derecha van paralelos a la costa del Pacífico y se extienden desde la orilla del Estero Laguna Manuela hasta la punta norte de la Laguna Ojo de Liebre.

La construcción de dunas de arena a lo largo de este trecho ha resultado del transporte de arena hacia el sur a lo largo de la costa por corrientes litorales. Las corrientes han causado una barra de arena al sur de Punta Manuela. Los fuertes vientos en esta área levantan la arena y la llevan hacia dentro de la laguna y tierra adentro lejos de la costa. Esto construye una extensa serie de dunas costeras migratorias tanto en la barra como sobre el lado hacia la tierra de la laguna. Mientras que las dunas progresan tierra adentro, se mueven más lejos de la fuente de arena costera y pronto son estabilizadas por plantas que utilizan la humedad atrapada en la arena. La vegetación de estas dunas migratorias está bastante dispersada y consiste en unas especies tolerantes de la sal (halófitas) tales como alfambrillo. Las cimas de los suelos menos salinos y bien drenados de las dunas mantienen especimenes desde los más verdes hasta los errantes de Mezquite, Atriplex y Flor de Sol. Son hallados sobre las pocas dunas estabilizadas del área.

En esta región la mayor parte de los Llanos del Berrendo está sostenida por piedras calizas del Pleistoceno depositadas cuando ésta parte de la península estaba cubierta po un tibio mar somero. La piedra caliza es muy alcalina y les hace más difícil a las plantas establecerse por sí mismas. Como resultado, los Llanos del Berrendo tienen vegetación de la comunidad de plantas de Datilillo con Choya Saltarina.

82.5 La carretera pasa entre rancho San Ángel y una pequeña colina de basalto a la derecha. Los arroyos a la carretera son avivados temporalmente por abundantes Agaves (Maguey), Escoba Amarga, Pino Salado y Biznaga que florecen.

CERCOS VIVIENTES: Los postes de cerco a lo largo de esta sección de la carretera son hechos de las ramas y troncos cortados de varias especies de cactus, primordialmente aquellos del género *Pachycereus* - el Cardón, el Cactus Galopante ó Pitaya Agria (*Machaerocereus*) y un miembro de la familia del Lirio, el Datilillo (*Yucca valida*).

Después de que las plantas fueron cortadas y puestas en el suelo como postes de cerco, volvieron a sacar raíces y continuaron creciendo. Es posible reproducir asexualmente a varias especies de plantas poniendo cortes de sus tallos ó ramas en tierra húmeda. Los pedazos desarrollan raíces espontáneas y se convierten en una nueva planta.

Numerosas plantas del desierto en la península se reproducen de esta manera. Por ejemplo, varias especies del Cholla tienen almohadillas

que fácilmente se desprenden de la planta principal, desarrollan raíces espontáneas y se convierten en plantas nuevas. Se dice que estas plantas se han propagado por reproducción asexual vegetativa. Especies que se reproducen de esta manera incluyen al Cardón, Lecheguilla y Datilillo. El fenómeno de la reproducción vegetativa permite a las plantas del desierto evitar los costosos procesos de consumo de agua y energía para la reproducción sexual y permite el esparcimiento de especies vegetales aún cuando está muy seco para la producción de semillas y el establecimiento de nuevas plantas por germinación de semillas.

DATILLO

83 Una mirada a la izquierda muestra un cono cinerítico rojizo sobre la cima de la prominente mesa oscura.

98 A la derecha el cono basáltico de Punta Santo Domingo forma un pico oscuro por la punta norte de la Laguna Manuela. Tiene forma de escudo que lo abarca todo, con un prominente y empinado cono cinerítico oscuro en el centro. Las suaves laderas son flujos de lava, mientras que la empinada ladera central es un cono cinerítico.

99 Las canteras de metal en el lado izquierdo de la carretera exponen la roca caliza marina del

Pleistoceno depositada que cubre grandes partes de la Península de Vizcaíno al sur de la Planicie de Llanos de Magdalena.

115 Casi nada crece más de 0.3 metros de alto desde aquí a Guerrero Negro. La planta gris penachuda, amontonada en las laderas, que cubre los Llanos de Berrendo es una Frankenia de Palmer (Frankenia palmeri).

La FRANKENIA DE PALMER es un arbusto leñoso rígido que crece en zonas arenosas, marismas, playas y planicies alcalinas por toda la península. Las flores blancas que florecen en noviembre avivan toda la región alrededor de Guerrero Negro.

Una caminata por este suelo cubierto de Frankenia de Palmer revela líquenes foliosos epífitos y extensas esteras de algas que casi cubren todo el suelo desnudo entre las hierbas. Las esteras de algas como éstas son fijadoras de nitrógeno las cuales añaden valiosos compuestos del nitrógeno a los suelos desérticos pobres en nutrientes.

FRANKENIA DE PALMER

Cerca de las partes salientes de la carretera o sobre las dunas de arena, crece una hierba mala más alta, introducida, Australiana, con hojas de color gris-verde, comúnmente conocida como Saladillo Australiano (Atriplex).

118 Mientras que la carretera continúa para el sur hacia Guerrero Negro, el Monumento Águila de metal de 40 metros de alto domina la mitad de la carretera. Este monumento fue construido en el paralelo 28 para conmemorar la finalización de la Carretera 1 la cual une a los estados de Baja California y Baja California Sur.

120 La carretera se aproxima y después cruza un campo de dunas semi-estabilizadas.

123 El Estero Laguna Manuela estará a la vista a la derecha de la carretera durante el siguiente medio kilómetro.

128 = 220.5 Este es el monumento águila de la Línea de Estado, el paralelo 28 y el Hotel La Pinta de Guerrero Negro. Las marcas de kilometraje ahora descenderán hasta los cero puntos. El paralelo 28 marca el límite de la Zona de Tiempo del Pacífico (al norte) y la Zona de Tiempo de la Montaña (al sur).

MONUMENTO DEL ÁGUILA

Gavilán Pescador (Ospreys) (Pandion haliaetus) se reproducen tanto en la costa de la Baja como en la costa oeste del continente de México (Sinaloa y Sonora). Son fácilmente reconocidas por sus partes inferiores blancas y por sus marcas negras en las puntas durante el vuelo. Desde sus grandes nidos los Gavilán pescadores vuelan hacia el Pacífico y circulan por arriba mientras que observan por si hay el destello de un pez cerca de la superficie o revolotean con la cola extendida y las patas suspendidas. Desde una altura que puede alcanzar los 30 metros, el Gavilán desciende en desplome, se sumerge en el

agua y rápidamente emerge con sus garras enterradas en la espalda de un pez.

NIDO DE GAVILÁN PESCADOR

GAVILÁN PESCADOR EN VUELO

216.5 Aquí la carretera se bifurca. La bifurcación de la izquierda lleva a San Ignacio; la bifurcación de la derecha lleva por 2 kilómetros hacia el pueblo de Guerrero.

LA REGION PRODUCTORA DE SAL MAS GRANDE DEL MUNDO: Más de 5,000 personas viven en el pueblo de Guerrero Negro. El nombre del pueblo se refiere a un barco ballenero naufragado en la laguna en 1858. Según la Exportadora de sal, la compañía de sal que es dueña del pueblo, la economía de Guerrero Negro está sustentada por la operación de producción de sal más grande del mundo.

La sal es producida comercialmente de la salmuera, estratos de sal, cuencas de sal y de domos de sal alrededor del mundo. Al sur de la carretera, sobre las vastas planicies de marea de la Laguna Ojo de Liebre, se encuentran las cuencas de sal hechas por el hombre que cubren más de 500 kilómetros cuadrados. La compañía Exportadora de Sal S.A. ha represado algunas de las partes más someras de las planicies de marea de la Laguna Ojo de Liebre. Esto forma grandes pozas de evaporación (cuencas de sal) que tienen aproximadamente 100 metros^2 y 1 metro de profundidad cuando son inundadas con agua de mar. Mientras que el intenso sol del Desierto El Vizcaíno evapora el agua de mar, los sulfatos y carbonatos se precipitan lo cual deja una solución salina de salmuera que se hace precipitar para obtener la sal de mesa NaCl. Cuando la salmuera se ha evaporado totalmente, el precipitado blanco y duro es recolectado, cargado en grandes camiones de volteo de triple trailer (45 metros de largo) y transportado a los muelles de carga al suroeste del pueblo. En los muelles de carga la sal es cargada en barcazas y transportada a la Isla Cedros en donde es transbordada hacia los Estados Unidos, Japón, Canadá y México. Ha sido estimado que son embarcadas más de 5,000,000 toneladas de sal hacia todo el mundo.

SALINA DE GUERRERO NEGRO DESDE EL AIRE

CÓMO ES QUE LA SAL LLEGO A SIGNIFICAR SALARIO: La palabra "sal" viene del latín. Durante los tiempos del Imperio Romano, los soldados eran pagados en parte con la moneda del imperio y en parte con sal. Si un soldado fallaba en llevar completamente a cabo sus labores, se le cortaría o retendría su ración de sal porque no "valía lo que su sal".

TRANSECTO 5 – GUERRERO NEGRO A SANTA ROSALÍA
[217 Kilómetros = 141 Millas]

Guerrero Negro a Camino de Abreojos - *La carretera cruza la Planicie Vizcaíno, pasando paralela al geoclinal del Cretácico, a los campos de dunas pasados y a los campos cultivados mientras se acerca a las mesas volcánicas inclinadas del Mioceno. Las colinas sedimentarias y metamórficas del Cretácico forman el horizonte en la distancia hacia el oeste. Mientras que la carretera se acerca al camino de Abreojos se pueden ver a la derecha una serie de empastes volcánicos de faldas empinadas.*

Camino de Abreojos a Tres Vírgenes - *La carretera da vuelta al Este para cruzar la península sobre las superficies inclinadas de los flujos volcánicos pasando cerca de numerosos centros volcánicos y campos de dunas. Al Este de San Ignacio se aproxima a un estratovolcán.*

Tres Vírgenes a Santa Rosalía - *La carretera desciende una serie de pendientes falladas a través de rocas volcánicas y después por rocas marinas del Plioceno hacia el área minera de cobre de Santa Rosalía.*

217   Para ir a Santa Rosalía tome la bifurcación de la izquierda en el triángulo. Si ha entrado en el pueblo y se dirige hacia el Este de Guerrero Negro tome la bifurcación de la derecha en el triángulo.

DUNA ESTABILIZADA

215   Por varios kilómetros la carretera pasará por campos de dunas estabilizadas que consisten de arena transportada hacia el noreste desde la Laguna Ojo de Liebre.

La vegetación que crece en la cima de las dunas consiste principalmente de plantas de Mezquite (*Prosopis* sp.) y Saladillo (*Atriplex* sp.).

El MEZQUITE es un gran árbol pigmeo que se halla debajo de los 1,500 metros en planicies y sobre dunas de arena estabilizadas por toda la península. Las hojas compuestas pinadamente parecen como hojas de helecho. Las pequeñas flores amarillas crecen en espigas delgadas, las ramas tienen pares de espinas nodales y las semillas son cargadas en resistentes vainas que son comidas, cuando están maduras, por conejos, codorniz, venado, roedores nativos, ganado y por los indígenas. Debido a que el Mezquite es uno de los pocos árboles que crecen en el desierto alrededor de Guerrero Negro, su sombra es bienvenida por una amplia variedad de especies de vida terrestre y por aves que frecuentemente anidan en sus ramas.

208.1   La gran señal de "Parque Natural de la Ballena Gris", en el lado derecho de la carretera, marca la desviación hacia la Laguna Ojo de Liebre y al punto de avistamiento de ballenas grises, a 27 kilómetros por un camino de terracería (el que está perpendicular a la carretera de la península). Las condiciones de este camino varian con el clima. (Infórmese en el pueblo).

¡ALLA SOPLAN! La más conocida de las grandes ballenas y la que es vista más a menudo a lo largo de la Costa del Pacífico de la Alta y la Baja California es la Ballena Gris de California (*Eschrichtius robustus*). Las ballenas grises se alimentan en el verano (de mediados de mayo a mediados de octubre) en el Mar de Bering del oeste rico en plancton cerca de la Isla Saint Lawrence y al norte en los Mares de Chukchi y Beaufort. En el invierno (mediados de octubre a principios de diciembre) migran hacia el sur a lo largo de las aguas costeras más someras del Pacífico de Norte América hacia las diversas bahías y lagunas de Baja California, especialmente la Laguna Ojo de Liebre en donde se aparean y dan a luz a sus ballenatos (principios de diciembre a febrero). En la primavera (marzo y Abril) viajan hacia el norte junto a la costa y llegan a las aguas árticas a mediados de mayo. Debido a que viajan bastante cerca de la costa es relativamente fácil ver su migración desde puntos altos de la tierra ó desde botes a unos cientos de metros fuera de la costa ó hasta en la playa. Se estima que las ballenas recorren cerca de 10,200 kilómetros en cada vuelta cada año, viajando de 60 a 80 millas náuticas (115 a 153 Km.) por día, a una velocidad de 4 a 4.8 nudos por hora durante 15 a 20 horas al día. Mientras viajan, sacan sus cabezas fuera del agua para mirar a su alrededor y orientarse. Se cree que encuentran su camino en el largo viaje por memoria y visión.

EL CICLO REPRODUCTIVO DE UNA BALLENA GRIS HEMBRA DE CALIFORNIA	
junio a octubre	24 horas de luz del día permite una alimentación contínua de verano en los mares de Bering, Chukchi y Beaufort
noviembre-diciembre	Migración al sur, concepciones en la ruta mediados de octubre a principios de diciembre
enero - febrero	Invernando en las lagunas de la Baja
marzo - abril- mayo	Migración al norte - marzo a mediados de mayo
junio a octubre	Alimentación de verano en los mares del norte de mediados de mayo a mediados de octubre
noviembre-diciembre	Migración hacia el sur
enero-febrero	Nacimiento de los ballenatos y amamantar (7 meses)
marzo-abril-mayo	Migración hacia el norte, continua la lactancia
junio a octubre	Alimentación de verano en los mares del norte La lactancia termina en agosto

La ballena gris era más numerosa que hoy en día. En el siglo XIX Charles M. Scammon, un escritor y famoso capitán ballenero, estimó que la población de la ballena gris era de aproximadamente 30,000. Sin embargo, Scammon y otros balleneros mataban a cientos de ballenas para obtener su preciado aceite. Ya en 1937, el recuento de las ballenas indicó que la población había disminuido a tan sólo 100 individuos. En 1938 se realizó un tratado para darles protección internacional. Recientemente, el conteo de las ballenas migratorias desde la costa y las cuentas hechas desde el aire en las lagunas de la Baja California han revelado que la población de las ballenas ha aumentado a 15,000 – 17,000 individuos y sigue incrementándose anualmente. Las ballenas grises son misticetos (*ballenas barbadas*) que se alimentan principalmente de pequeños crustáceos (especialmente un organismo similar al camarón llamado krill) (*ver 6:197*) y plancton que es filtrado del agua por placas colectoras de pelos encontrados en sus bocas, conocidos como barbas. Los organismos capturados son recogidos de la barba por la lengua de la ballena. La mayoría de la alimentación ocurre durante los meses de verano en el ártico (mediados de mayo a mediados de octubre) pero también se alimentan durante la migración y en el tiempo en el que se encuentran en las lagunas de la península. Se piensa que las ballenas barbadas evolucionaron en las templadas aguas del suroeste del Pacífico durante el Oligoceno. En el Cenozoico tardío se desplazaron hacia el resto del Pacífico que incluía a los mares del norte que ahora se hallan habitadas por la ballena gris.

206.5 A principios de 1979, PEMEX hizo una perforación para buscar petróleo aproximadamente 1 kilómetro al Este de la carretera.

Petróleo y gas: La estructura geoclinal de la región del Vizcaíno es casi idéntica al gran valle de la Alta California. Los geoclinales de éste tamaño tan grande producen mucho del petróleo y gas natural del mundo. El mapeo de las planicies de Vizcaíno y Magdalena ha indicado la presencia de rocas y ambientes sedimentarios favorables para la formación de petróleo y gas natural. Ya que se delimiten las trampas en donde se acumula el petróleo, ésta región puede convertirse en un gran productor de petróleo.

202 Esta cantera está siendo excavada en las calizas del Pleistoceno que recubren a ésta área.

194 En ésta región del desierto El Vizcaíno, el suelo ha quedado tan seco y salino que las dunas casi no tienen vegetación. Las pocas plantas presentes a lo largo de la carretera son primordialmente xerofitas: Huizapol

189.5 Esta entrada a la carretera México 18 conduce a El Arco, un antiguo pueblo minero de oro. El viejo camino se dirigía tierra adentro en Rosarito, al norte de Guerrero Negro y rodeaba los montes hasta El Arco. Luego viraba al sur para acercarse a Sierra San Francisco en donde se une a la carretera principal cerca de la intersección de Abreojos. Los viajeros de antaño usaban el camino viejo para evitar las secciones arenosas cerca de Guerrero Negro.

Los depósitos de cobre porfídico generalmente son extraídos a gran escala, en canteras y en tajos abiertos. En estos momentos la mina más grande de cobre/molibdeno, el cual produce el 90% del cobre utilizado mundialmente, está en Climax, Colorado. El Arco promete ser uno de los más grandes depósitos de cobre en todo el mundo. Estiman que hay 600 millones de toneladas de minerales de cobre al 0.7%.

187 Las altamente erosionadas mesas volcánicas de la Sierra San Francisco están al frente. A la derecha de éstas están las tapas de los domos volcánicos de la Sierra Santa Clara. Hacia atrás y a la derecha se hallan las rocas ígneas y metamórficas de la Sierra El Placer. A la izquierda se pueden ver los montes metavolcánicos cerca de El Arco, los cuales son parte del extremo sur del batolito peninsular. Estas mesas, domos y sierras pueden no ser visibles en días neblinosos.

Al cruzar el desierto de Vizcaíno, se pueden apreciar los cambios en la vegetación. Sin embargo, la mayoría de las especies están dondequiera, solamente cambian en su relativa abundancia. Datillillo, Cardón, Palo Adán, Gobernador, y Pitaya Agria, todos se exhiben por una razón u otra, convirtiéndose en la especie local dominante.

162 La cholla Saltarina domina la vegetación en ésta área. Las áreas ó lugares perturbados que han sido modificados por el hombre ó animales domésticos, casi siempre resultan invadidos por las plantas oportunistas, como las Cholla que son muy comunes a los lados de la carretera en ésta sección, incluyendo a varias otras especies oportunistas como el Tabaco Amarillo, Cholla y varias especies de Pastos.

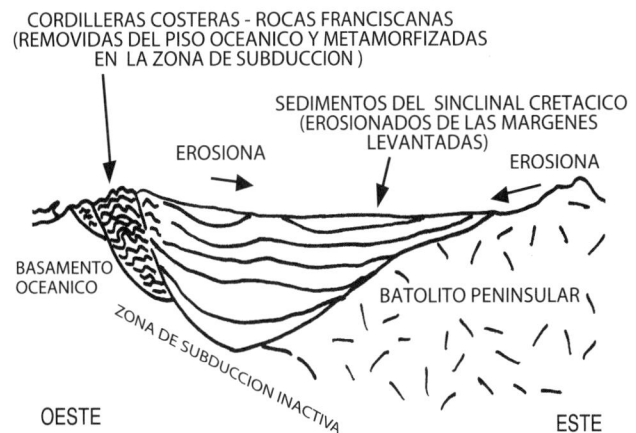

Una importante falla transpeninsular corre casi paralela a la carretera en ésta área y proporciona una barrera para el agua subterránea que es extraída para irrigar los campos de cultivo. Esta falla se puede ver fácilmente en la información geofísica sísmica y magnética que ha sido colectada en esta región de la península. Al Este está el extremo sur del basamento de la sierra peninsular; casi está totalmente cubierto por las rocas volcánicas del Terciario de la sierra San Francisco. Hay muy poco basamento de la sierra peninsular a lo largo de la costa del golfo al sur de ésta área. La carretera fue construida casi paralela al eje del sinclinal del Cretácico, localizado algunos kilómetros hacia el oeste, con más de 10000 metros de rocas sedimentarias que datan desde el Jurásico hasta el Paleoceno. Este geoclinal corta a través de la península y se dirige al sureste hacia Loreto. Toda la porción sur de la península se halla por encima del sinclinal del Cretáceo, con roca volcánica y sedimentaria del Terciario por encima de ella. La sierra San Andrés (similar a la sierra costera de la Alta California) con los ensamblajes Franciscanos y extensos afloramientos de rocas sedimentarias a la derecha a lo lejos.

154.5 El ejido Francisco J. Mújica. La meseta de la Sierra San Francisco visto a la izquierda es una serie de flujos de lava que han sido plegados en un amplio e inclinado arco al oeste. Algunos de los picos se elevan por encima del arco principal.

152 Antes del kilómetro 151, Gobernadora, Palo Verde, Cardon, Garambullo, Pitaya Dulce y Pitaya Agria se vuelven otra vez más abundantes. Después del Km. 151 el Palo Adán y el Datilillo, junto con muchas otras especies de cactus, se convierten en las plantas dominantes.

144 En ésta intersección se hallan la cooperativa agrícola gubernamental y la estación experimental del Ejido Vizcaíno.

132 Esta salida se dirige a Ramal Emilio Zapata, otra cooperativa agrícola del gobierno.

124.3 A la derecha (suroeste) se puede ver la estación de microondas de Los Ángeles a la derecha de una colina volcánica.

¿DÓNDE ESTAN LOS ANIMALES? Además de las aves, ha visto a algún otro animal por la carretera? La respuesta más probable a esta pregunta es "No". Sin embargo, a pesar de las condiciones áridas de los desiertos (calor intenso durante el día, frío de noche, escasez de agua, vegetación y cubierta) muchos tipos de animales viven exitosamente en éste desierto. La mayoría de los animales más grandes son tímidos y muchos son nocturnos y pasan desapercibidos por los viajeros diurnos. Aquellos que se hallan fuera durante el día tienden a ser de tamaños pequeños y de colores claros con el propósito de camuflagearse y protegerse contra el calor

y la deshidratación (pérdida de agua). Los mamíferos pequeños son principalmente fosoriales (adaptados a excavar y vivir en madrigueras). La temperatura más baja y humedad más alta de las madrigueras ayuda a reducir la pérdida de agua por evaporación. Los grandes ungulados (animales con pezuñas) como el antílope no puede escaparse del calor del desierto viviendo en madrigueras. El brillante color pálido de su pelaje refleja la luz solar directa y el pelo en sí es un excelente aislante térmico que ayuda a mantener al calor afuera. Adicionalmente, el calor es eliminado por convección y conducción por la parte de abajo del antílope, en donde el pelaje es más escaso. Los ungulados conservan agua eliminando heces y orinas en concentraciones altas.

LAGARTIJA MOTEADA

Si quiere ver animales en el desierto, el mejor tiempo para ello es durante la noche. Sin embargo, si camina dentro del desierto durante el día, puede ver a muchas aves y otros habitantes del desierto como las hormigas peludas de colores vivos (que en realidad son avispas sin alas), lagartijas, hormigas rojas y negras y serpientes. Por lo menos verá signos de la presencia de éstos animales como los arrastres de las colas y las madrigueras de los roedores; las marcas de aves, roedores, insectos, lagartijas, liebres, coyote y heces de numerosos animales. Hay muchas guías de campo para la identificación de las marcas y heces de los animales que habitan Norteamérica y la península. Así, salga a caminar, estire las piernas, descanse su mente, use sus poderes de observación y verá que, a pesar de su apariencia desolada, el desierto El Vizcaíno está rebosando de vida, especialmente aves. Las aves que esperaría ver en el desierto El Vizcaíno se mencionan brevemente a continuación:

118 El camino de ésta ladera se dirige hacia la Sierra San Francisco.

Pájaros	Locación
Pelícano blanco	Volando sobre agua
Saltapared	Entre el cactus
Pelícano moreno	Volando sobre agua
Codorniz californiana	Buscando comida sobre el suelo
Cuitlacoche californiano	Buscando comida sobre el suelo
Cuitlacoche ceniciento	Buscando comida sobre el suelo
Correcamino californiano	Cruzando la carretera
Carpintero chilillo	Clavándose por el aire
Cuitlacoche del desierto	En vegetación escasa, volando cuando es necesario
Aguililla parda	Surcando el cielo
Chiero de lunar	Posándose bajo en el desierto, en arbustos o chaparral
Zopilote de Cabeza Roja	Surcando el cielo o alimentándose de carroña
Triguera de occidente	Cables y postes de cercos

La Sierra San Francisco del noreste es un ambiente montañoso que se formó por la erosión de una serie de rocas volcánicas. Estas difíciles montañas emergen de las circundantes planicies desérticas hasta alturas de más de 1500 metros y se estira hacia el norte por unos 50 kilómetros. La Sierra San Francisco era antes una sencilla superficie basáltica de forma aproximadamente circular. Ahora está plegada para formar un arco con inclinación al oeste que está coronada por el pico Santa Mónica (2144 metros). Durante los últimos millones de años, la erosión ha producido el áspero paisaje que se ve hoy en día. Algunos exploradores han comparado valles de la Sierra San Francisco a la topografía del Gran Cañón en Arizona. Viendo hacia el oeste desde éstas alturas, hay impresionantes vistas de la laguna de Ojo de Liebre y la Planicie Vizcaíno, mientras que los picos del volcán Las Tres Vírgenes dominan el horizonte del Este. Algunas de las mejores

cuevas con pinturas rupestres de la península se hallan escondidos en los cañones de éstas montañas y en la Sierra San Pedro al sureste. Hay paseos sobre mulas para ir a estas cuevas desde San Ignacio.

PICTOGRAMAS

PETROGRABADOS

PREHISTÓRICAS PINTURAS RUPESTRES: Las montañas del centro y sur de la península, desde la Sierra San Borja hacia el sur adentrándose a la Sierra San Francisco, San Pedro y la Giganta, tienen muchas cuevas aisladas con pinturas hechas por desconocidos individuos prehistóricos. Estas cuevas, localizadas en algunos de los más remotos e inhóspitos terrenos montañosos de la península, los cuales contienen pinturas de personas, plantas, símbolos desconocidos y animales. Las figuras son más grandes y más numerosas que las de los famosos paneles de Lascaux y Altamira. Misionarios Jesuitas fueron probablemente los primeros "hombres blancos" que vieran las cuevas pintadas de la península. Leon Diguet, un naturalista francés, fue el primero en publicar un escrito sobre las cuevas después de que las visitó en 1894. Las cuevas fueron olvidadas hasta que el autor Erle Stanley Gardner las visitó en 1962, por medio de un helicóptero. Desde ese tiempo, muchos han visitado las cuevas.

Hay un excelente libro con bellas fotografías que se llama "The Cave Paintings of Baja California", el cual fue preparado por Harry Crosby.

117 Las únicas plantas que parecen crecer aquí son el Datilillo, Cactus, Cholla Saltarina y Cardón. En un examen más detenido se pueden apreciar Acacias, Malva, Incienso y Alfombrilla.

112 Las dos aisladas mesas de cima plana que se ven enfrente están compuestos de sedimentos del Mioceno cubiertos por basaltos oscuros. Son remanentes erosionales de las extensas mesas volcánicas de la Sierra San Francisco.

108 La carretera deja la vieja superficie de la laguna y comienza a subir la leve pendiente de los abanicos aluviales que están cortados localmente por pequeños deslaves.

106 Es común ver Cuervos en ésta área.

102 Algunos de los Árboles Elefante, Palo Adán y Datilillo que crecen aquí mantienen al inofensivo liquen epífito Gallitos *Tillandsia*.

98.5 La caliza del Pleistoceno, que cubre partes de la sección media de la planicie del desierto El Vizcaíno, está expuesta a lo largo de la carretera. Esta caliza fue depositada en un cálido mar somero que cubrió ésta área hace algunos millones de años.

Las lagunas de San Ignacio y Ojo de Liebre son pequeños remanentes de ésta bahía que probablemente aisló la Sierra San Andrés y Santa Clara como islas.

98 A la salida a Punta Abreojos los sedimentos marinos grises del Mioceno de la Formación San Ignacio están expuestos debajo del basalto sobre el monte de la derecha. Un poco después de la salida a Punta Abreojos hay más cortes de los sedimentos miocénicos. A la derecha Los montes de Santa Clara son tapones de andesita del Mioceno de 10-15 millones de años de edad, los cuales se han introducido y encapsulado como un domo en los sedimentos del Cretáceo y Paleoceno. Su relación Temporal y su geología son idénticas al área de "Marysville Buttes" del Valle de Sacramento en California.

El aislamiento del Vizcaíno: El camino de la derecha conduce aproximadamente 90 kilómetros hacia el oeste a una sección aislada de la costa del Pacífico y la pequeña empacadora y el asentamiento pesquero de Abreojos. Es un buen camino gradado que la mayoría de los vehículos de doble tracción pueden librar. El área alrededor de Punta Abreojos es uno de los sitios preferidos para surfear en la península. El rompimiento de las olas en la punta permite que algunos de los surfos realicen corridas de hasta un kilómetro de largo.

TAPONES DE SANTA CLARA

97 Al sureste de ésta punta la vegetación está densamente poblada con Datilillo, Cardón, Cholla Saltarina, Pitaya Dulce, Palo Blanco, Árboles Elefante, Lomboy, Matacora, Palo Verde, Acacia y epífitos de Gallitos.

91 Hay un gran vado y una curva en la carretera. Las mesas planas de enfrente a la derecha está las mesas de Sierra San Pedro. La Laguna

de San Ignacio con dos salitrales a ambos lados está a la vista a la derecha.

88   Este camino se dirige a la torre de microondas Abulón. La vista desde ésta torre es impresionante. En un día claro se puede ver al sur la Sierra San Pedro y las mesas de Cuarenta. La laguna de San Ignacio, los tapones de Sierra Santa Clara y las mesas de Santa Clara y Vizcaíno están al oeste. Al noreste está la masa montañosa de Sierra San Francisco.

La cantera al pie de la carretera hacia la torre de microondas está en la Formación de San Ignacio y ha provisto espectaculares fósiles de Turritela agatizados (agata: una variedad de cuarzo blanco cristalino translúcido) los cuales están justo debajo de una capa de ceniza volcánica de color claro.

Turritelas agatizadas: Hace aproximadamente 11 millones de años ésta área estaba cubierta por un mar somero y numerosos moluscos incluyendo Turritella ocoyana los cuales abundaron en ese mar. Una erupción volcánica dispersó ceniza en toda ésta área, resultando en una extinción masiva de los moluscos. A través de los años el agua subterránea se filtró por la calcita desde las conchas fósiles y lo reemplazó con sílice de la ceniza volcánica y produjo las *Turritelas agatizadas*.

86   La carretera sube y eventualmente rodea al sur de las colinas de la Sierra de San Francisco. El camino sigue lo que podría ser considerado como una pendiente que fue desarrollada sobre una superficie resistente a la abrasión con montes basálticos a lo largo de ambos lados de la carretera.

84   Al suroeste hay una buena vista de la Laguna de San Ignacio. En un día claro se puede observar el desierto de El Vizcaíno, los picos y las mesas de la Sierra Santa Clara.

82   La carretera baja a un arroyo cortado en la superficie de lava.

81   El pequeño monte cónico café-rojizo de la izquierda (noreste) es un tapón volcánico.

78.5   Varios conos volcánicos oscuros se ven sobre el paisaje. La muy grande y oscura montaña cónica a lo lejos es el Volcán las Tres Vírgenes.

78.25   Esta es la salida a la pequeña aeropista pavimentada que sirve a San Ignacio.

76   Durante varios kilómetros la carretera pasa por la orilla de muchas mesas basálticas oscuras con vistas de los oasis con palmeras de dátiles en San Ignacio y San Lino. Estas mesas están cubiertas en la punta de basaltos oscuros y se hallan sobre la blanco-verdosas Formación San Ignacio.

Mina (1957) definió la Formación de San Ignacio por las areniscas de color gris claro, areniscas rocosas y otras formas cerca del pueblo de San Ignacio. La Formación San Ignacio es una facies marina de la Formación Comondú que se halla sobre y se entremezcla con la Formación Isidro. La Formación de San Ignacio es de edad Mioceno medio en el área de San Ignacio; una capa volcánica fue fechada por Potasio/Argón (K/Ar) a una edad de 11 millones de años y algunos estratos contienen más de las Turritelas agatizadas (*Turritella ocoyana* y *Turritella inezana*). Más al sur parte de la unidad ha sido fechada por Potasio/Argón a la edad de 22 millones de años.

74.5   Hay excelentes exposiciones de la Formación de San Ignacio aquí. El hermoso edificio en medio del oasis de palmeras es la iglesia de la misión.

RÍO SAN IGNACIO

73.5   Este camino conduce por 3 kilómetros hasta San Ignacio. En el arroyo arriba del pueblo surge agua subterránea; aquí florece un oasis con un río y palmeras de dátiles europeas. Vale la pena la entrada al pueblo para ver el cuadro que ha sido sombreado por grandes Higueras de Laurel India y la impresionante misión de piedra de San Ignacio Kadakaman, construida por los dominicanos en 1728. El hotel La Pinta de San Ignacio está ubicada a mitad del camino hacia el pueblo.

LAS HUERTAS DE SAN IGNACIO: El nombre de huertas implica un jardín que se puede aplicar al oasis desértico que rodea las dos pequeñas comunidades de San Ignacio y San Lino. Se ha reportado que aquí crecen más de 80,000 Palmeras Datileras. Las Palmeras de Dátiles (*Phoenix dactylifera*) fueron introducidas a México para ser cultivadas por los padres jesuitas y subsecuentemente han sido cultivadas en San Ignacio (desde 1728), Mulegé, Loreto y San José del Cabo. También se cultivan Naranjas, Higos, Uvas, Limas y flores en este jardín.

MISIÓN SAN IGNACIO

73 La edad de 11 millones de años de la Formación San Ignacio fue obtenida en éste corte.

71 Las areniscas tobáceas de la Formación Comondú forman los afloramientos cafés a lo largo de las orillas del arroyo.

69 El basalto en ésta localidad fue fechada a una edad de 9.7 millones de años. La carretera empieza el ascenso de una ladera rodeada por un Cardonal denso. El grupo de plantas predominantes en ésta área son Cardones, Cholla, Árbol Elefante, Palo Verde, y Pitaya Agria. Esta área ha sido fuertemente sobre pastoreada por animales domésticos que le permiten al Cactus que domine la vegetación. Se puede ver el viejo camino en el fondo del cañón a la izquierda. Esto era una corta y difícil ladera para los viejos exploradores de la península.

67 Esta es la primera buena vista del estrato volcán, el volcán las Tres Vírgenes.

Los volcanes son clasificados en base al tipo de cono que producen y el tipo de cono depende de la composición y viscosidad de las lavas. Las lavas basálticas con un bajo contenido de sílice (50%) fluyen más fácilmente, mientras que las lavas riolíticas que tienen un contenido más alto de sílice (70%) se resisten a fluir ya que son más viscosos, también contienen más gas más y por lo tanto son más explosivos. A medida que los gases son liberados de las lavas, el basalto se hace más fluido y forma escudos cónicos y terrazas de lava.

Los volcanes más conocidos en el mundo son estrato volcanes; algunos ejemplos son el Vesubio y Krakatoa. Son generalmente de 3 - 4 Km. de alto, tienden a dominar el paisaje y son los tipos de volcanes más destructivos. La siguiente tabla relaciona los tipos de conos con su actividad, tipos de rocas formadas y material eyectado.

Tipo	Roca	Cono	Material
Explosivo	Basalto Riolita	Cónico	Ceniza, poco flujo de lava
Intermedio	Andesita	Estrato	Rocas y lava
Callado	Basalto	Escudo	Lava, poca ceniza
Fisura	Basalto	Terraza	Lava poco viscosa

65 El pequeño monte café de enfrente con varios picos afilados es Cerro Colorado, un centro basáltico eruptivo suprayacente.

62   De aquí al kilómetro 61 los depósitos de dunas fósiles que exhiben estratificación cruzada están expuestos en éste corte.

59.5   Este largo trecho recto de la carretera presenta vistas de las mesas y planicies volcánicas de la parte media de la península. La meseta de la Sierra San Pedro está a la derecha y las relativamente inexploradas rocas volcánicas de la Sierra San Francisco están a la izquierda. La grande y oscura montaña de enfrente que domina el horizonte es el volcán las Tres Vírgenes.

VOLCÁN LAS TRES VÍRGENES: Se piensa que este volcán compuesto hizo una erupción en la primera mitad del siglo XVIII. Hay una descripción de uno de los primeros misioneros españoles sobre una erupción en ésta área en 1746, la cual puede ser la descripción de la más reciente erupción del volcán Las Tres Vírgenes.

¿Es un volcán activo el volcán las Tres Vírgenes? La actividad de los volcanes no es aparente en nuestros lapsos de vida.

Un volcán activo tiene un registro histórico de su actividad tal como el monte Santa Helena en el estado de Washington. La falta de volcanes activos en la península puede ser debido al aislamiento y la corta historia escrita de la península, ó debido a que la acción de deslizamiento de las placas en la península no tiende a producir mucha actividad volcánica.

Un volcán dormido no tiene un registro de histórico actividad. Si tiene una forma relativamente conservada y muestra signos de actividad reciente. La mayoría de los volcanes son considerados como dormidos. Las Tres Vírgenes parece ser un volcán dormido.

Un volcán inactivo no muestra signos de actividad y tiene un cono muy erosionado.

Los magmas son rocas derretidas ó líquidas que se originan en la base de la corteza terrestre y en la parte superior del manto. La mayoría de los volcanes activos de hoy en día están en la zona de subducción alrededor del anillo de Fuego del Pacífico y en el cinturón de los Alpes-Himalaya. La fricción generada en las zonas de subducción provoca el derretimiento. Otro cinturón de volcanes activos se halla en las cordilleras oceánicas en donde la liberación de la presión provoca el derretimiento. La fuente del calor latente es el decaimiento de elementos radioactivos. El volcán las Tres Vírgenes se relaciona a la formación del Golfo de California a lo largo de la elevación del Pacífico Este.

51   Hay una abundante provisión de arena suelta en éste valle. El fuerte viento en ésta área y el suministro de arena se han combinado para formar dunas que cubren las caras de muchos de los montes

44   Algunos de los más altos y más bellos Árboles Elefante (*Pachycormus discolor* y *Bursera microphylla*) de la península crecen sobre los flujos de lava al sureste. La vegetación que crece sobre el llano entre y alrededor de los flujos de lava consiste de Incienso, Malvia, Palo Verde, Gobernadora, Matacora, Pitaya Dulce, Cardón, Ciribe, Cholla Espinosa, Garambullo, Cholla Saltarina, Palo Blanco, Palo Adán y Lomboy.

40.6   Justo antes del primer flujo de lava está uno de los pocos lugares en la península en donde los dos tipos de Árboles Elefante, *Pachycormus discolor* y *Bursera microphylla*, ocurren juntos y cerca de la carretera. Una caminata sobre los flujos lo conduce a un paisaje áspero y austero en donde los puntos para fotografiar a éstos árboles son numerosos. Este también es un buen lugar para ver de cerca a las plantas dominantes del área de los Llanos de Magdalena.

Arboles Elefante - Son representados por las especies no relacionadas de los dos géneros de *Pachycormus* y *Bursera*. Crecen frondosamente como árboles que abastecen agua en las células corticales de sus troncos elefantinos. Los *Bursera* son fácilmente distinguidos de los *Pachycormus* por el olor a incienso de sus hojas y frutas.

FLORECIENTE ÁRBOL ELEFANTE

LOMBOY

Lomboy - Es miembro de una familia de plantas comúnmente vistos sobre las planicies, bajadas y mesas de esta región. Esta planta produce una sávila agria y permanece sin hojas durante la mayor parte del año. Esta es una adaptación que reduce la pérdida de agua por transpiración en el extremadamente árido ambiente del desierto de los Llanos de Magdalena. Las hojas aparecen después de cada esporádica lluvia y se vuelven de un distintivo color rojo antes de caerse al irse secando los suelos.

Palo Verde - Es un árbol de tronco verde que produce vainas similares a las de las legumbres. Sin embargo, el Palo Verde es un miembro de la familia de la Senna, no de la familia de las legumbres. Como el Lomboy, éste árbol por lo regular no tienen hojas. El tronco verde es un cládodo, un tallo que funciona como una hoja y que realiza las funciones de fotosíntesis en ausencia de hojas.

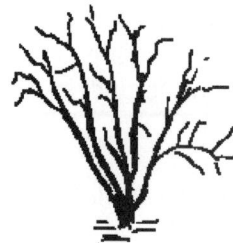

Palo Adán - Es un pariente del Ocotillo. Sin embargo, el Palo Adán tiene ramas más gruesas, un tronco, flores más pequeñas y normalmente crece desde el Paralelo 28 al sur de la región del Cabo en los suelos de arcillas y granito de las planicies aluviales. El Ocotillo generalmente no se halla por debajo del paralelo 28 y es reemplazado por su pariente gemelo, el Palo Adán.

Gobernadora - Es un arbusto resinoso muy común de los desiertos del suroeste de los USA y la península. A diferencia de tantas otras plantas desérticas, es verde durante todo el año. La capa de cera sobre sus hojas reduce la pérdida de agua por transpiración que permite al arbusto resistir largos períodos de sequía extrema. El fuerte olor de las hojas resinosas se parece al olor del alquitrán destilado. Se podrá dar cuenta que muy pocas plantas crecen debajo del Gobernadora. Las raíces de éste arbusto produce una sustancia tóxica que inhibe el crecimiento de otras plantas excepto después de fuertes ó frecuentes lluvias cuando es lavado de los suelos, permitiendo el crecimiento de anuales desérticos. A medida que el suelo se seca, el inhibidor se acumula y envenena a los demás. Este fenómeno es conocido como alelopatía y ayuda a eliminar a la competencia por el agua en un ambiente desértico árido. La gobernadora fue considerado como una hierba curalotodo por los indios de la península y los españoles usaban un extracto de éste arbusto para tratar ganado y caballos enfermos. En tiempos más recientes un extracto de hojas ha sido utilizado para atrasar ó impedir que se enrancien las mantequillas, los aceites y las grasas. El extracto de las hojas de Gobernadora casi no se usa, porque el extracto ahora se produce sintéticamente.

Otras plantas asociadas con las plantas ya descritas son Cholla Saltarina, Gobernadora, Cardón y oportunistas de las orillas de las carreteras como el Incienso y Tabaco Amarillo.

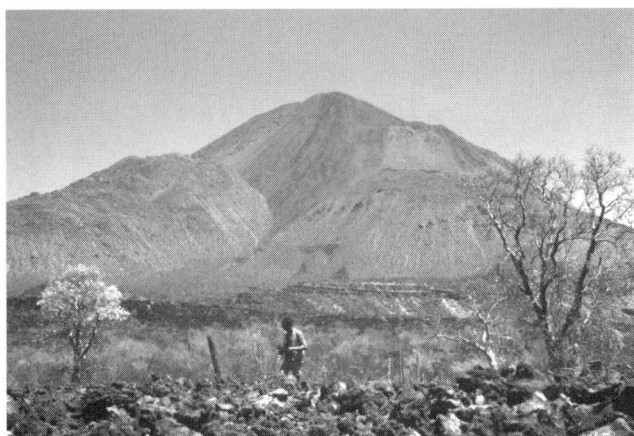

LAS TRES VÍRGENES

40   La carretera pasa cerca del lado oeste del volcán las Tres Vírgenes y sus múltiples flujos de lava. El suelo por varios Km. a la redonda está cubierta de pumicita de origen desconocido ya que no está relacionada con las actividades del volcán las Tres Vírgenes.

39.2 Los edificios de la derecha son el rancho El Mezquital.

38.7 La carretera corre paralela a la orilla de un flujo de lava de bloque basáltico del volcán las Tres Vírgenes. Las profundas fracturas en el flujo fueron causados por la presión del interior derretido que empujó sobre la corteza sólida, semejante al resquebrajado de un pan. Hay muchos Árboles Elefante creciendo sobre este flujo de lava.

38   La carretera empieza a subir a través de un pequeño cañón en la pendiente oeste de la cima de la sierra y la ladera de las Vírgenes.

35.1 Esta es la cima de la cuesta de las Vírgenes en donde la carretera empieza un largo descenso al drenado de la costa del golfo al sureste del volcán las Tres Vírgenes.

LADERA DE LAS TRES VÍRGENES

Había un altar en la cima de la ladera y otra al pie de la misma al lado del camino viejo. Los viajeros se detendrían en la cima para rezar para llegar hasta abajo y de nuevo en el altar de abajo para dar gracias de que habían llegado. Las muy difíciles curvas del camino viejo se ven sobre el escarpe más allá de la cima de la ladera.

En este punto la carretera comienza a bajar al drenaje Este de la Sierra San Pedro y entra al área del desierto costero del golfo central, de la región central del desierto de Sonora. El área del desierto costero del golfo central se extiende al sur desde Bahía de Los Ángeles a lo largo de la costa Este del golfo hasta el sur de La Paz; incluye a la mayoría de las islas del golfo sur. Las plantas predominantes del desierto costero del golfo central son los Cirios, Palo Fierro, Palo Adán, Gobernadora, Incienso y tres especies de Árboles Elefante (*Pachycormus discolor*, *Bursera microphylla* y *Bursera hindisiana*).

33.8 Hay una falla en este corte.

32.3 La carretera cruza un escarpe de falla erosionada que forma la base de la ladera. Esta falla tiene un componente de movimiento lateral importante. Esta falla y una al norte de las Tres Vírgenes pueden estar causando una pequeña área de fracturas que es responsable de las Tres Vírgenes y dos otros volcanes sobre el área. El monte de la izquierda, Punta Arena, es un centro volcánico eruptivo que ha plegado al estrato de la mesa El Yaqui en un monte a lo largo de una parte de la zona de fallas del golfo.

LAS TRES VÍRGENES POR EL LADO ESTE

32   El camino de la derecha se dirige a un gran proyecto geotérmico (Proyecto Geotérmico Las Tres Vírgenes) ubicado a algunos kilómetros hacia el norte. Este proyecto se encuentra bajo el control de la Comisión Federal de Electricidad y produce electricidad aprovechándose del calor geotermal para calentar agua y transformarla en vapor para que a su vez éste mueva un generador de turbina de vapor que genera electricidad para algunas partes de la península. Estiman que llegará a producir hasta 15 mega watts.

31   Los edificios a la izquierda pertenecen al Rancho Las Vírgenes.

30   La carretera sigue una relativamente angosta superficie plana que se desarrolló sobre las horizontales rocas sedimentarias fluviales y volcánicas de la Formación Comondú.

18.5   Esta es la primera vista del Mar de Cortés (en un día claro). El cono volcánico que se ve fuera de la costa es la isla del golfo, Isla Tortugas.

17.5   La carretera empieza un descenso en espiral, de la infame Cuesta del Infierno en la Barranca Palmas a través de sedimentos amarillos marinos del Plioceno. Es fácil imaginarse ésta bajada en la carretera vieja de tierra y es fácil entender porque es tan infame para aquellos que hacían ese descenso antes de que se ensanchara, nivelara y pavimentara la carretera. Esta sección de la carretera esta muy inclinada y angosta y no tiene salida ni paradas.

SEDIMENTOS DEL PLIOCENO

LAS TRES FORMACIONES DEL PLIOCENO DE SANTA ROSALÍA: Los sedimentos del Plioceno del área de Santa Rosalía fueron depositados cerca de una línea de costa en un ambiente marino somero interrumpido por la depositación de conglomerados y material rocoso derivado de las erupciones volcánicas explosivas. Es parte marino y parte continental y contiene extensos depósitos de yeso.

Durante el Plioceno la falla a lo largo del golfo era activa y periódicamente levantaba el área al oeste de Santa Rosalía. Este levantamiento resultó en la erosión que inició la depositación de conglomerados las areniscas y lutitas marinas de granos más finos. Las soluciones mineralizantes que surgían a lo largo de las fallas fluían a través de los más porosos y permeables conglomerados y mineralizaban a las arcillas para dar los depósitos de cobre de la Formación Boleo.

Los estratos del Plioceno del área de Santa Rosalía han sido divididos en tres formaciones separados por discordancías y caracterizados por faunas que se cree que eran de edad Plioceno temprana, media y tardía (Wilson, 1948); La Formación Boleo del Plioceno inferior es una sucesión de rocas y conglomerados que contienen depósitos de cobre y manganeso. La Formación Gloria del Plioceno medio, después renombrado a Formación Tirabuzón (Carreño, 1985), es una secuencia de areniscas, lutitas y conglomerados marinos fosilíferos. Se puede ver entre los kilómetros 4 - 8 en la carretera México 1 al norte de Santa Rosalía. La Formación Infierno del Plioceno tardío es una sucesión de areniscas y conglomerados marinos fosilíferos.

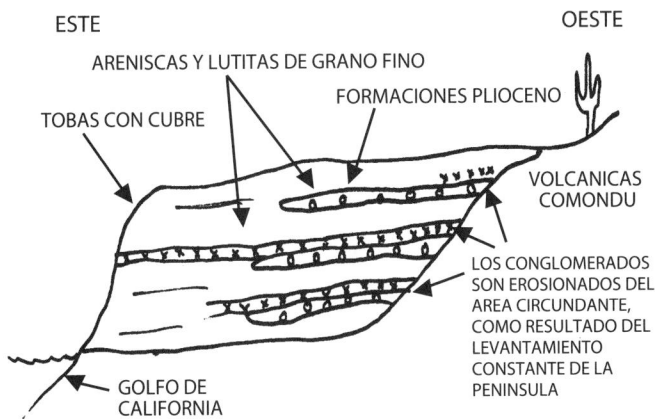

ESTE   OESTE

ARENISCAS Y LUTITAS DE GRANO FINO

FORMACIONES PLIOCENO

TOBAS CON CUBRE

VOLCANICAS COMONDU

LOS CONGLOMERADOS SON EROSIONADOS DEL AREA CIRCUNDANTE, COMO RESULTADO DEL LEVANTAMIENTO CONSTANTE DE LA PENINSULA

GOLFO DE CALIFORNIA

Boleos en el desierto: Jose Villavivencio decidió en 1868 encontrar una ruta a través de las desoladas mesas hasta la aldea de Santa María. En el camino su caballo desgarró una bola de color verde y azul brillante, que resultó ser una roca mineralizada de carbonatos de cobre, conocida como un boleo. Este descubrimiento condujo a la formación del distrito de cobre de Santa Rosalía bajo la operación de la compañía francesa Boleo. Fue clasificado como el segundo más grande distrito extractor de cobre de México con más de 500 kilómetros de túneles subterráneos. Se reportó que a Villavivencio se le pagaron 16 pesos por su descubrimiento de boleo.

En 1885 la compañía Boleo obtuvo del gobierno todos los derechos sobre el distrito de 200 kilómetros cuadrados del Boleo. Procesaba los cuerpos minerales y contruyó el pueblo de Santa Rosalía, campamentos

mineros satélites, el puerto y una fundición que utilizaba hornos de eyección. El cobre era mandado por barco a través del golfo hasta Guaymas, luego por tren hasta New Orleans y finalmente como lastre en barcos a vapor hasta Francia.

En 1922 los hornos de eyección fueron reemplazados por una combinación de convertidor-reverberador más eficiente. Esto producía un producto de cobre que era mandado a Tacoma (Washington), por barcos a vapor que regresaban a Santa Rosalía con combustible, coke de petróleo, maderas y vigas estructurales para las minas. El área declinó después de 1930 cuando se acabó el cobre de alta calidad. Sin embargo, la Segunda Guerra Mundial y un poco de asistencia gubernamental mantuvo a la compañía Boleo en operación hasta que finalmente quebró en 1950.

Depósitos minerales atípicos: Los depósitos del distrito de boleo son delgados cuerpos tabulares ligeramente inclinados de material arcilloso relativamente impermeable que se encuentra sobre conglomerados de arenisca. El principal material de ganga es una arcilla de montmorillonita ó bentonita, lo cual no es típico de los depósitos de cobre. Soluciones hidrotermales de baja temperatura parecen haber ascendido a través de las fracturas y las fallas en las rocas volcánicas. Fueron bloqueadas por el material impermeable y permearon las rocas por difusión. Esto dejó a los minerales del cobre finamente dispersados en la matriz de arcilla.

La minería subterránea desarrollada por la compañía boleo consistió en hacer tiros para intersectar las capas desde los arroyos profundos. Para extraer los minerales de las delgadas capas se usaron derivas irregulares y apoyos de cuarto y pilares y más adelante métodos más sistemáticos involucrando cintas transportadoras en las entradas y entradas de doble tracción movidas por mulas. Los suaves depósitos sedimentarios no requerían explosivos, pero si mucha madera para vigas y soportes. Se utilizó una vía principal en una mina y una red de líneas de rieles angostos con pequeñas locomotoras Baldwin para conectar las minas con la fundición.

MINA DE COBRE ACTIVA

15.9   Se observan numerosas fallas en las exposiciones de los sedimentos fosilíferos amarillo-café del Plioceno.

PALO BLANCO

13.5   La carretera cruza un arroyo grande en donde se ven por primera vez árboles Palo Blanco a los lados de la misma. También se pueden ver Árboles Elefante, Cardón, Gobernadora y abundante Palo Verde.

13   Nada crece en la topografía de estos suelos. Debido al alto porcentaje de yeso y arcillas en el suelo, ha ésta región se le considera como un desierto fisiológico salino.

11.75   Este corte expone enormes capas bien depositadas de yeso del Plioceno.

7.3   La carretera desciende al sur a lo largo de la costa del golfo hacia Santa Rosalía (también llamada Cachania). A la izquierda se revela un camino que se dirige al norte a una pista aérea y una playa para acampar conocida como Playa Santa María. La base metálica reflejante de ésta sección de la carretera es del material de la fundición de las operaciones mineras. La playa en el lado Este de la carretera está compuesta de pequeños guijarros y fragmentos de rocas.

CRISTALES DE YESO

4   Entre aquí y el kilómetro 3.5 se pueden observar algunas capas amarillas del Plioceno de la Formación Tirabuzón, en los acantilados y cortes cerca de la carretera.

3   Los oscuros montes de la derecha entre aquí y el pueblo son parte del material perdido por el distrito de cobre del Boleo. El material muy negro es parte del material de fundición del distrito de manganeso de lucifer.

0   Para entrar a Santa Rosalía de vuelta a la derecha. Directamente al frente hay un monumento de máquina de vapor el cual es un recordatorio de que este pueblo creció para darle habitación a una población de aproximadamente 12,000 personas en susdías de prosperidad. La compañía francesa Boleo comenzó sus operaciones en la década

(SI) – Cantil costero y extensas playas de arena en Tijuana

(MI) – Vista hacia Ensenada desde El Mirador

(II) – Valle Santo Tomás y amapola armarilla

(SD) – Atardecer en la playa de San Quintín

(MSD) – Volcán Media Luna en San Quintín

(MID) – El Castillo al sur de El Rosario

(ID) – Valle Santo Tomás y zona de Falla de Agua Blanca

(SI) – El patrón de El Mármol

(SC) – Un Cirio y un jeep cerca de Cataviña

(SD) – Árbol elefante en basalto en Tres Vírgenes

(MI) – Cementerio en el Mármol

(MD) – Escuela de Onix en El Mármol

(II) – División peninsular al sur de Laguna Chapala

(ID) – Sierra La Asamblea

(SI) – Mapeo en el Arroyo de San José en 1968

(MI) – Misión San Borja

(II) – Área de la Misión de San Borja

(SD) – Árbol elefante floreciendo

(MSD) – Marisma en Guerrero Negro

(MID) – Almejas en marisma

(ID) – Área habitacional en la Misión San Borja vista
       desde el techo de la Misión

(SI) – Evaporación de sal en estanque de Guerrero Negro

(MSI) – Isla de Cedros, a donde la Sal de Guerrero Negro es transportada por barcazas y barcos.

(MII) – Minas de Cobre en Santa Rosalía

(II) – Dentro de la Iglesia Eifel en Santa Rosalía

(SD) – Eurapsids en la playa de Santa Rosalía

(MD) – Eurapsids y John en la playa de Santa Rosalía

(ID) – Secado de higos Mulegé

(SI) – Manglares y palmeras de dátil a lo largo de la rivera en Mulegé

(MI) – Barcos de pesca en Mulegé

(II) – Río de Mulegé

(SD) – Cardonal y sedimentos marinos en el extremo sur de Bahía Concepción

(MSD) – Sierra de la Giganta y cuenca marina en Loreto

(MID) – Cuenca del Plioceno al norte de Loreto

(ID) – Pequeña laguna y manglares en Santispac, en Bahía Concepción

(SI) – Vegetación Desértica en la Isla Coronado

(MSI) – Amanecer en Loreto

(MII) – Pescadores por la mañana en Nopoló

(II) – Juncalito con la Isla Monserrat a la distancia

(SD) – Amanecer en Puerto Escondido

(MD) – Pelícanos en el embarcadero de Puerto Escondido

(ID) – Focas en la playa de Cabo San Lázaro en la Isla Magdalena

(SI) – Pescado en La Paz

(MI) – Sombrilla en la Bahía Balandras

(II) – Deslave en la región del Cabo

(SD) – Fuente de sodas Calamajué

(MSD) – Depósitos en Calamajué

(MID) – Árboles muertos a lo largo de la costa de la
Laguna Salada con la Sierra de Juárez a la distancia.

(ID) – Camas del Plioceno al norte de la Bahía San
Luis Gonzága

(SI) – Fuerte pendiente en el viejo camino a Valle de Trinidad en el, con la Sierra San Pedro Mártir y Picacho del Diablo en la distancia.

(MSI) – Viendo al norte la superficie erosionada de El Rodeo

(MII) – Área de la Laguna Hanson y un pino Jeffrey en la Sierra Juárez

(II) – Minado de schelita en la Mina La Olivia en la Sierra Juárez

(SD) – Nieve a 1800 metros de altura en la Sierra Juárez

(MD) – Canto rodado resultante del intemperismo y la erosión afectando a las rocas

(ID) – Contacto entre gabro a la izquierda y granodiorita a la derecha

LOCOMOTORA BALDWIN

UNA EIFFEL QUE NO SE HALLA EN PARÍS:
La iglesia de lámina de metal de Santa Rosalía diseñada por A. Gustav Eiffel, el arquitecto de la torre Eiffel en París, fue traída a Santa Rosalía desde Francia por equivocación. La prefabricada iglesia de metal originalmente fue destinada para la feria mundial de 1898 en París, Francia. Admírela por dentro para que pueda observar el genio estructural de Eiffel.

de 1880 y terminó a mediados de la década de 1950 cuando la cantidad y la calidad del mineral disminuyeron. Vale la pena ver la rústica arquitectura francesa y la iglesia de metal de Eiffel.

MAQUINARIA FERROVIARIA

IGLESIA POR EIFFEL, UNA EIFFEL QUE NO SE ENCUENTRA EN PARÍS

BORREGO CIMARRÓN EN MESA SAN CRISTÓBAL

TRANSECTO 6 - SANTA ROSALÍA A LORETO
[196 Kilómetros = 122 Millas]

Santa Rosalía a Mulegé - *La carretera transpeninsular viaja sobre abanicos aluviales a lo largo de las angostas y falladas planicies costeras del golfo, rodeadas de mesas volcánicas del Mioceno. Cerca de Mulegé sube a través de los montes volcánicos del Mioceno para descender a Mulegé y sus terrazas del Pleistoceno.*

Mulegé a Loreto - *La carretera transpeninsular continúa hacia el sur a lo largo de una importante zona de fallas sobre la misma planicie costera a Bahía Concepción con las mesas volcánicas del Mioceno a la derecha. El lado opuesto de la bahía consiste de rocas volcánicas falladas del Mioceno. Al sur de Bahía Concepción la carretera sube a través de un paso en las rocas volcánicas y sigue un importante graben aluvial por la zona de fallas del golfo con las mismas mesas volcánicas al oeste y rocas volcánicas falladas al este. Cerca de Loreto pasa a través de una serie de sedimentos marinos fallados del Plioceno.*

197.0   La terminal del barco transportador en Santa Rosalía tiene horarios regulares de servicio a Guaymas.

En varias ocasiones los autores de ésta guía a visto innumerables cantidades de cangrejos pelágicos rojos sobre la playa en una capa de casi medio metro de grosor.

KRILL EN LA PLAYA Y PUERTO

Krill: Científicamente, los biólogos ponen a éstos bellos y pequeños crustáceos en la orden Euphausiacea. Los eufáusidos son organismos similares a pequeños camarones pelágicos marinos que difieren de los decápodos en que tienen apéndices torácicos birrámeos y en otras características; la mayoría son bioluminiscentes y todos tienen pleópodos bien desarrollados para nadar. Los eufáusidos, importante fuente de alimentos para Ballenas, Pingüinos y varias otras especies de peces, generalmente viven a profundidad, pero muchos hacen migraciones verticales diurnas y suben hasta la superficie en las noches. Localmente, se pueden hallar cardúmenes nadando cerca de las costas (como en el caso de Bahía Monterrey) y ocasionalmente son llevadas a la playa especies de *Thysanoessa* y *Euphausia*. (*ver* sección de color)

Fueron observados por los primeros viajeros de la península. El dominicano Louis de Sales escribió a finales de la década de 1760 que "mientras la embarcación Venus seguía la costa para entrar al Golfo de Cortés, los vigías avistaron manchas rojas de sangre de Ballenas. La presencia de las destazadoras balleneras a la vista podría justificar ésta suposición la cual sin embargo, pronto fue contradicha por la realidad porque pronto, a medida que avanzábamos, cruzamos sobre éstos parches y reconocimos que su color rojo era causado por una multitud de pequeños crustáceos de color rojo claro. Estos crustáceos eran como camarones grandes, pero tenían lo que a los camarones les faltaba, tenazas como las de las langostas". Al golfo de California también se le conoce como el "Mar Bermejo".

Durante los siguientes dos kilómetros la carretera pasa a través de numerosas exposiciones de las formaciones Tirabuzón y Boleo, ambos del Plioceno y ocasionales muestras de la Formación Comondú.

193.8   Las capas de directamente enfrente son de yeso litificado y areniscas de la Formación marina Boleo del Plioceno.

192   La carretera cruza el arroyo de Santa Águeda y la falla de Santa Águeda y pasa por algunas exposiciones de las Formaciones Boleo e Infierno. La carretera sube una cuesta a través de areniscas de la Formación Infierno del Plioceno. El marco frontal de la abandonada

mina de cobre de San Luciano puede ser visto abajo en el cañón a la derecha. Las ruinas del pueblo de San Luciano (calles, cimientos, etc.) todavía son visibles en las suaves laderas detrás del equipo minero. Los montes alrededor de la región minera de Santa Rosalía están repletas de minas, hoyos de exploración y las ruinas de estructuras y equipo de minería.

188.5   Esta carretera se dirige a Santa Águeda que proporciona agua para Santa Rosalía.

188   Durante los siguientes kilómetros hay buenas vistas de la isla San Marcos.

La Isla San Marcos las laderas blanquecinas cerca del extremo sur de la isla son parte de un depósito de yeso de la Formación Marquer del Plioceno. El yeso es extraído para aditivos de cemento a través de los esfuerzos conjuntos de una corporación y la compañía Kaiser Gypsum. En la punta del extremo sur de la isla está la aldea de San Marcos, en donde viven mineros y pescadores. Uno de las mejores vistas de la isla San Marcos es en el kilómetro 176.

184   Hay una buena vista de Santa Águeda y la lagunilla sombreada por palmeras de San Lucas.

PLAYAS Y BARRAS: La mayoría de las características a lo largo de la costa de la península son producto de la erosión ó la depositación. Las características depositacionales a lo largo de la costa del golfo en ésta área están constituidas de materiales erosionados e intemperizados de la costa, transportados por arroyos de los escarpes del Este de la Sierra la Giganta, ó material erosionado por las olas. En Santa Águeda arena y lodo han sido transportados al sur por las olas. Este aspecto depositacional forma las barras de lodo y arena de Santa Águeda el cual es una extensión de la playa en forma de dedo. Otros materiales han sido movidos por las corrientes y depositados para formar la playa arenosa/lodosa de la Lagunilla de San Lucas.

179.8   Este camino va a través de las rocas volcánicas de la Formación Comondú a la torre de microondas de San Lucas. Hay muchos especimenes pintorescos de árboles elefante cerca de la punta. Hay una vista tremenda del volcán Tres Vírgenes y el área de Santa Rosalía al noroeste y Bahía Concepción en el sureste. El camino ésta pavimentado hasta la punta con pedregal.

174   Este sitio proporciona otra buena vista de la Isla San Marcos.

169   Este camino conduce a la vieja aldea colonial de San José de Magdalena. La aldea, ubicada en un oasis de Palmeras, se originó como la estación jesuita de Misión Santa Rosalía de Mulegé. Ahora es una pequeña comunidad agrícola que cultiva vegetales de mesa, Cítricos y Dátiles. El camino a la aldea es difícil pero escénico. Padre Ugarte construyó un navío de 500 toneladas de la madera cortada en ésta área para explorar el golfo.

FLORA DEL DESIERTO DEL GOLFO Y OASIS DE PALMERAS

163   La vista al suroeste es del escarpe del golfo, que no esta muy inclinada en esta área. Entre Santa Rosalía y Mulegé la zona de fallas del golfo es una amplia serie de fallas que forman las colinas al oeste de la carretera.

159   La flora a lo largo de ésta sección de la carretera es característico del Desierto Costero del Golfo Central y está dominado por Cardón, Palo Blanco, floral del desierto y varias especies de Cactus y de Flor Amarilla. La Malvia crece oportunísticamente a lo largo de la orilla del pavimento ó en los suelos perturbados que rodean a la carretera.

156   El excelente camino de terracería de la izquierda conduce a un hotel ubicado a 20 kilómetros de

la carretera en Punta Chivato. Hay numerosas exposiciones de capas fosilíferas marinas del Plioceno en los acantilados marinos en Punta Chivato, Ledesma-Vázquez y Johnson (2002) han descrito en detalle las unidades sedimentarias marinas expuestas en Punta Chivato como plataformas carbonatadas, que se formaron circundando a una punta rocosa que actuó como el núcleo de una isla durante el Plioceno, en cuyos flancos por depositación se acumularon durante miles de años sedimentos de origen biogénico, tales como fragmentos de moluscos y en especial restos de lagas calcáreas coralinas. La visita a este sitio vale la pena y mas aún si se acompaña del magnifico volumen para todo tipo de lectores conocedores y no conocedores de Johnson (2002) *"Discovering the geology of Baja California"*.

145   La carretera sigue una planicie aluvial antes de subir una ladera en el kilómetro 143 a través de las rocas volcánicas de la Formación Comondú. La planicie aluvial desagua hacia el suroeste por una abertura entre los montes para unirse al río Santa Rosalía en Mulegé.

139.5   Al frente y a la izquierda de la carretera hay un tapón multicolor hipoabisal, que es uno de varios tapones intrusivos de 20 millones de años de edad que están expuestos en ésta área.

138.3   Esta es la primera vista de la aldea de Mulegé, ubicada en un oasis de palmeras en el desierto. La carretera empieza a descender a través de estratos volcánicos.

Mulegé es un refrescantemente bello sitio a lo largo de los bancos de arena del Río Santa Rosalía de Mulegé (localmente conocido como el "Río Mulegé"). Mulegé está localizado en el fondo de un valle cuyos lados se asemejan a un extremadamente seco jardín desértico de Cactus. Como San Ignacio, Mulegé comenzó como una misión jesuita y fue llamada Santa Rosalía de Mulegé en 1705. Después se recortó el nombre a Mulegé, ya que el pueblo minero francés del norte tomó el nombre de Santa Rosalía por su mayor tamaño y notoriedad. Debido a la presencia del río, otro fértil oasis transplantado de Palmeras de Dátiles, Cítricos, Olivos, viñedos y Naranjas europeas se ha

desarrollado aquí. Ligeramente río arriba desde Mulegé (tierra adentro), las aguas del Río Santa Rosalía han sido represadas y parcialmente desviadas para irrigar Palmeras, Mangos, Papayas, Plátanos y Cítricos.

135   Se han localizado brechas andesíticas púrpuras en la punta norte del puente Mulegé. El camino a la izquierda se dirige a Mulegé a lo largo del lado norte del río Santa Rosalía. Mulegé tiene una historia variada e interesante.

Un llamado a las Armas! Una de las muchas batallas de la guerra fue peleada en Mulegé en 1846. Atraviese el pueblo y baje por el lado norte del estuario hasta El Sombrerito. Suba a la masa intrusiva de 20 millones de años de edad de El Sombrerito e imagínese que está al mando de las fuerzas estadounidenses que acaban de desembarcar del navío USS Dale. Los mexicanos tienen posesión del monte al norte, después de la barra de arena. Sin decir de más, los norteamericanos pronto retrocedieron de su indefendible posición y Mulegé fue 'salvado'.

SEDIMENTOS FOSILÍFEROS DE TERRAZA EN MULEGÉ

Sobre el puente hay una vista del río Santa Rosalía de Mulegé, el estuario y la ahora clausurada prisión federal sobre el monte del norte (grande estructura blanca semejante a una misión). En el pasado los prisioneros salian durante el día para que trabajaran. Al final del día, sonaría la campana de la prisión y los prisioneros regresarían a sus celdas. Pocos intentaron huir ya que su recaptura significaría un viaje a la isla de Tres Marías y su prisión a prueba de fugas. El monte cónico detrás de la prisión es el mismo tapón volcánico intrusivo del Mioceno, que puede ser visto a medida que la carretera entra por el lado norte del poblado.

133.6 Los cortes de aquí contienen estratos alterados del Plioceno, cortados por diques basálticos. La mayoría de las capas de areniscas amarillas y otras sedimentarias en estas parte de la península son probablemente del Plioceno.

EL SOMBRERITO

133.5 El faro de la izquierda es donde se peleó la batalla por Mulegé.

130.9 Justo antes de la entrada al hotel de La Serenidad, el corte expone rocas sedimentarias de color amarillo-café con edad del Plioceno que contienen fósiles de ostión. Sobre ellos hay depósitos fosilíferos del Pleistoceno de la terraza de Mulegé. La terraza de Mulegé es una terraza marina de 10 metros, con edad del Pleistoceno la cual está extensamente expuesta dentro y cerca del pueblo de Mulegé.

Una línea de costa estable: En ésta área la línea de la costa ha permanecido relativamente estable desde el Plioceno. Hay rocas del Plioceno cerca de la orilla expuestas en varios lugares por el estuario de Mulegé y áreas costeras cercanas. Estas rocas del Plioceno se hallan por debajo de la terraza de Mulegé del Pleistoceno con su diversa fauna costera. La presente línea de costa está sólo unos cuantos metros más abajo y cerca.

La terraza de Mulegé a sido fechada a una edad de entre 125,000-145,000 años

y probablemente representa el alto nivel Sangamoniano 5e del nivel del mar. La fauna contenida en los depósitos de las terrazas indica una variedad de ambientes incluyendo: costa rocosa abierta, costa arenosa protegida y estuarino. Ashby *et al.*, 1987a,b; Ashby & Minch, 1987)

126 A la izquierda hay una buena vista de Punta Gallito con su terraza marina del Pleistoceno y campo de dunas. El extremo norte de Punta Concepción entra a la vista en éste punto.

BAHÍA CONCEPCIÓN: Casi cercado por la tierra y 40 kilometers de largo, es una de las más bellas bahías en la costa del golfo al norte de La Paz. Las aguas color turquesa y ultramarina lavan las ásperas costas con el mismo tono azul blanquecino de los mares tropicales que en el resto del mundo. El color de las aguas, producido por limos coloidales derivado de esqueletos y caparazones de una miríada de animales marinos, es el mismo que el color producido por las suspensiones coloidales de los arroyos glaciales y manantiales de travertinos, tal como en Havasupal en Arizona. Se hallan kilométros de playas arenosas biológicas en lagunillas como Santispac, Coyote y El Requesón. Muchas de las lagunillas están rodeadas de pequeños Manglares Pantanosos. Montañas cubiertas con vegetación desértica casi rodean Bahía Concepción y la hacen una tierra de contrastes extremos entre montañas, desiertos, playas y aguas tropicales azules. En el extremo sur de la bahía, está uno de los Cardonales más grandes y densos de la península.

124.5 Una cubierta volcánica está visible en éste corte. El camino a la torre de Microondas Tiburones va alrededor de un antiguo cono volcánico. Desde la punta del cono volcánico hay una vista del cercano Punto Gallito, con el oasis de Palmeras de Mulegé al norte. El alineamiento de tres montes cercanos, Punto Gallito y dos montes sin nombre al sur, corresponde al trazo de una falla conocida y rastreada. Más al sur, la longitud de Bahía Concepción y toda la península Concepción, incluyendo la zona de fallas del golfo, están a la vista. Durante los siguientes kilómetros hay muchas excelentes vistas escénicas de Bahía Concepción y Península Concepción. Sobre los montes están expuestas marcas de volcanes durante los siguientes kilómetros. Este material volcánico es frecuentemente utilizado localmente para pavimentar la carretera.

123　A medida que la carretera se aproxima a Bahía Concepción la escasa vegetación es de Palo Verde, Cardón, Garambullo, Mezquite y Gobernadora.

116.2　A medida que la carretera llega a la cima de un pasaje, el área de estacionamiento de la izquierda proporciona una excelente vista de Bahía Santispac, una de las más bellas pequeñas bahías de esta costa. La mancha de color verde-cremoso claro en medio de la bahía es a causa de aguas someras que apenas recubren un banco de arena. Las arenas blancas de ésta área no son arena lítica sino materiales derivados de los abundantes fragmentos calcáreos de conchas marinas.

¿Donde están las playas arenosas? Las rocas graníticas son de grano duro y a medida que se intemperizan dan los granos de arena que componen a las playas arenosas. Como hay muy pocas rocas graníticas ó sedimentos derivados de granitos en Baja California Sur. Hay pocas playas arenosas por el lado del golfo entre Santa Rosalía y La Paz.

Los sedimentos volcánicos derivados de la Formación Comondú que son prevalentes en la parte sur de la península son de grano fino. Cuando son intemperizados dan granos más finos, como de los lodos y limos. En áreas de sedimentos volcánicos no hay verdaderas playas de arena. Hawaii es otro buen ejemplo de éste fenómeno. La mayoría de las playas arenosas de la península están compuestas de fragmentos de conchas y material coralino intemperizados, en vez de arena granítica. Este tipo de playa es conocida como playa biológica.

Playa Biológica. Una playa es cualquier costa de pendiente suave que es lavada por olas ó mareas, especialmente las partes que

generalmente están cubiertas de arenas ó guijarros. A lo largo de la costa del golfo de la península éstas costas por lo regular no se hallan cubiertas por la arena que normalmente cubre las costas del lado del Pacífico. Los cuarzos y feldespatos forman la mayor porción de la mayoría de las arenas. Sin embargo, las playas arenosas de la península no están compuestas de partículas litificadas; están compuestas de conchas de moluscos y esqueletos coralinos intemperizados. Las "arenosas" playas de la península fueron originadas biológicamente derivadas partículas de carbonato de calcio y fosfato de calcio que han sido intemperizadas al mismo tamaño de las partículas detríticas de los cuarzos arenosos. Ya que la "arena" de estas playas fue derivada de las conchas de corales y moluscos que alguna vez estuvieron vivos, se dice que son "arenas biológicas". Un examen de la "arena" de las playas con una lupa fácilmente revelará su naturaleza.

114.6　Justo antes de la salida a Bahía Santispac, hay una falla expuesta en un corte. Esta falla es aproximadamente paralela al eje de la bahía y ha estado involucrada en la formación de la bahía, siendo esta parte del sistema de fallas más viejas para el origen de la bahía(Ledesma-Vázquez y Johnson, 2002).

BAHÍA SANTISPAC Y PANTANO DE MANGLE

114.3　Este camino se dirige a Bahía Santispac. Esta es una de las playas más escénicas de la península con su arena blanca y aguas azules. El pequeño manglar pantanoso rojo de la izquierda, es el que se encuentra más al norte y que está visible directamente a lo largo de la carretera. La entrada alrededor del pantano antes tenía muchas almejas. Puede ser agradable el avistamiento de aves en éste Pantano; Pelícanos, Cormoranes y Fragatas son algunas de las aves más comúnmente vistas aquí.

La vegetación que está "creciendo" en las laderas en el lado de tierra dentro de la carretera, parece ser escaso y estar muerta porque se asemeja al color de los suelos metavolcánicos. Sin embargo, más de cerca se puede ver que están creciendo muy bien. Consiste principalmente de Cardón y Palo Verde.

La carretera pasa numerosas marismas de mangle rojo que se han desarrollado en los arroyos mareales y estuarios que se encuentran a cada rato sobre la costa del golfo desde Mulegé hasta la punta de la península. La planta predominante del pantano es el Mangle Rojo , un arbusto siempreviva que forma densas poblaciones en, ó cerca de, aguas saladas ó en suelos alcalinos. Tierra y materiales acarreados por las mareas y salidas de los arroyos de los adyacentes ambientes costeros son transportados por entremedio de las raíces aéreas del Mangle Rojo y son atrapados.

Durante muchos años este proceso lentamente extiende la línea de costa de la península hacia el este, al golfo. Cuando son fertilizadas, las flores blancas ó cremas del Mangle Rojo producen un pequeño fruto café que madura y germina para ser una planta pequeña antes de caerse de su padre. La plantilla tiene raíz única y cuando se suelta del manglar, cae como una flecha al lodo y se planta sola. Las varias otras plantas que comúnmente se hallan dentro, ó cerca, de éstos pantanos son el Mangle Negro, Mangle Blanco, Alfambrillo y muchas especies de Palmeras nativas.

112 Posada (hotel) Concepción en Bahía Tordillo. Tiene una tienda de abarrotes, renta de equipo de buceo y una pequeña pista aérea.

109.2 La playa de abajo y la playa de El Coyote son ambos playas biológicas. La carretera continúa pasando por un buen número de éstas playas, a las cuales se les conoce como playas públicas, en donde quien sea puede acampar. Puede que se solicite una pequeña cuota por carro por noche como una ayuda para el mantenimiento del lugar.

107 Los acantilados de la lagunilla exhibe el fenómeno de intemperismo llamado corte por olas (Ver 8: Pichelingue:14). Una vista al agua revelaran aguas cristalinas y limpias con muchos tonos cambiantes durante un día soleado.

Maneje dentro del Golfo! Justo al sur de El Coyote puede bajar a una playa pequeña que antes estaba ubicada al lado de la carretera vieja. Antes cuando viajeros manejaban por ésta parte de la península encontraban que la carretera vieja tomaba la ruta de menos resistencia que orillaba la línea de costa en la mayoría de los lugares y subiendo a los montes sólo cuando era absolutamente necesario. Abajo, en este punto, la carretera nueva y el viejo camino son forzados a rodear un empinado acantilado costero. Había un buen número de grandes rocas en la orilla externa de la carretera como a 4 metros de la base del acantilado. En las mareas bajas la carretera, que pasaba entremedio de las enormes rocas y el acantilado, estaba inundada y los vehículos tenían que manejar a través de 15 a 25 cm. de agua. En las mareas altas todo el camino y hasta las rocas grandes estaban cubiertas por el agua de mar. Si querías pasar, tenías que esperar hasta la siguiente marea baja.

CARRETERA PRINCIPAL EN EL GOLFO

PLAYA EN BAHÍA CONCEPCIÓN

106.5 La carretera vira hacia tierra adentro en este punto para evitar una sección difícil de la línea de costa.

105 Este bello valle que se halla sobre una falla proporciona bellas exposiciones de basalto café oscuro y brechas andesíticas. Uno realmente puede comenzar a agradarle los cambios extremosos del clima de la península. Los húmedos suelos café oscuro de las laderas del norte por el lado derecho de este valle mantienen más vegetación, predominantemente Palo Verde, Cardón, mientras que los más secos suelos rojizos de las colinas del sur (lado izquierdo) de ésta región están más escasamente cubiertos con las especies desérticas de Mesquite y Acacia. Unos cuantos kilómetros más abajo sobre la carretera, un Cardonal de altas columnas del Cactus Cardonal domina el paisaje.

102 La carretera pasa a través de un denso bosque de Cardonales durante los siguientes kilómetros. Asociados a los Cardones están el Palo Verde y varias otras especies de Cactus.

100 Los cortes durante los siguientes kilómetros muestran la naturaleza variada de las rocas volcanoclásticas de la Formación Comondú.

99 Las andesitas forman numerosas pendientes de talud en los montes de enfrente. Estas laderas forman rocas que caen de algunos a la vez debido a la gravedad y forman una pendiente de escombros que se acumulan a través de un largo período de tiempo.

93.2 Vista del tómbolo de El Requesón, isla El Requesón y un Pantano de Manglar Rojo. Es

común ver aves a la orilla de esta marisma. Hay buena cantidad de almejas en el tómbolo (barra de arena) disfrute libre en la isla. Vale la pena una visita.

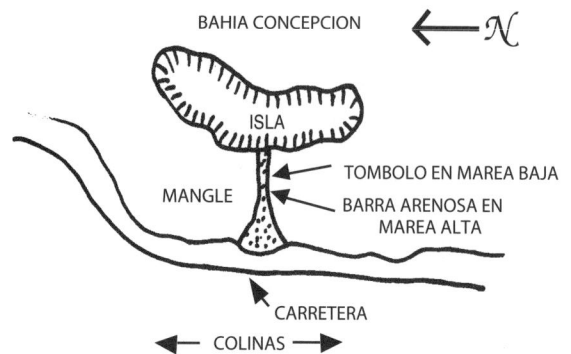

Un tómbolo es una barra de arena que ha sido depositada por corrientes y acción de las olas entre tierra firme y una isla, ó entre dos islas y que conecta a las dos formaciones. En El Requesón una barra de arena une la península con isla El Requesón.

TÓMBOLO EN EL REQUESÓN

90 La vista al frente es de Playa Armenta, la última de las playas de arena biológica que han estado presentes en la costa desde dejó Mulegé.

89.7 A la izquierda se ve un segmento de la carretera vieja inmediatamente debajo de la carretera nueva. Este es otro recordatorio de los retos que presentaba antes el viajar por la carretera vieja.

89 La vista a la izquierda es de Bahía Concepción. Hay numerosos y largos abanicos aluviales inclinados en el lado opuesto de la bahía en la península Concepción. Los grandes abanicos aluviales al Este fueron formados por arroyos que desgastaron el material de los montes de la península Concepción. No hay abanicos largos en éste lado de la bahía. Esta combinación de numerosos abanicos largos en un lado y algunos abanicos cortos en el otro lado es buena evidencia para apoyar la idea del movimiento de recesión en la zona de fallas del golfo, la cual corre paralela al lado oeste de Bahía Concepción. El movimiento causó la caída del lado oeste, mientras que la costa Este fue levantada (Ledesma-Vázquez y Johnson, 2002).

83 Las cenizas en este corte son parte del cono volcánico del Mioceno que es uno de varios que están expuestos a lo largo de la carretera durante los anteriores 5 kilómetros. Estos conos probablemente están distribuidos a lo largo de una de las ramas de la zona de fallas del golfo.

CARDONAL Y CAPAS DEL PLIOCENO

76.6 Se pueden ver numerosos Cardones muy grandes creciendo en un denso conjunto llamado Cardonal, en las laderas bien drenadas de tierra adentro. Una rápida ojeada a la izquierda muestra que rápidamente se hacen más pequeños y escasos hacia la costa de la bahía; esto es debido a los suelos más salinos y alto estancamiento del agua. Los Cardones crecen mejor en laderas bien drenadas. Asociados a los Cardonales hay densos conjuntos Copal, y Cholla Saltarina.

73.5 Las horizontales rocas rosadas a la izquierda a lo lejos a través del claro en los montes son estratos marinos del Plioceno y consistan de calizas, pedernal y capas rojas (Johnson, Ledesma-

Vázquez & Minch, 1997). Las rocas mantienen la posición horizontal tal y como fueron formadas hace millones de años y no son terrazas marinas.

73 A medida que la carretera sube por la cuesta, la bella vista hacia atrás es la última de Bahía Concepción y Península Concepción. Su belleza será recordada durante el largo trayecto a través del desierto a medida que la carretera avanza hacia el sur y a la región del Cabo.

71 La carretera baja a través de cortes que exponen megabrechas andesíticas del grupo Comondú.

68.1 Un grande y oscuro dique basáltico corta la megabrecha de color rosa claro.

La vista se abre al sur hacia el graben de Loreto. El valle aluvial que sigue la carretera es un graben unido por el oeste (derecha) al escarpe del Este en la Sierra La Giganta y un frente rocoso compuesto de rocas volcánicas a la izquierda. La carretera continuará siguiendo el eje de éste graben hasta llegar a Loreto.

SIERRA LA GIGANTA

62.4 La carretera pasa a través del pequeño oasis de Palmeras de Dátiles de El Rosarito, el tercer Rosarito de la carretera. Hacia la derecha se encuentra el camino de terracería para San Sebastián y San Nicolás, hermosos lugares.

59.9 El erosionado camino de la derecha conduce a los pueblos de San Isidro, La Purísima y Comondú.

56.8 La colina a 0.5 kilómetros a la derecha está cortada por dos prominentes, casi

55.1 El rancho de la izquierda es Ascensión. Otro camino a la derecha se dirige al lado del Pacífico de la península por vía de Canipole (8 kilómetros), Comondú (76 kilómetros) y La Purísima (74 kilómetros). Esto es lo más al sur que mucha gente llegaba antes de que se pavimentara el camino, porque la carretera vieja que continuaba hacia Loreto era un camino sin salida y sólo era usada por las personas que iban al pueblo.

54 El prominente monte blanco que se halla aproximadamente a un kilómetro al Oeste de la carretera es un tapón hipoabisal intrusivo que se encuentra por la zona de fallas del golfo.

53.5 El Bombeador, otro pequeño oasis de palmeras, es un pequeño rancho a costados de la carretera, típico de ésta región.

36 Hay numerosos ranchos en la planicie aluvial costera. Reconocimientos y fotografías aéreas muestran que la mayoría de estos ranchos están ubicados cerca de fallas que están claramente marcadas por líneas de vegetación que adoran al agua. Las fallas en ésta región crean una zona de rocas "pulverizadas" que permiten que el agua llegue cerca de la superficie hasta laguneras estancadas. La lagunera en el kilómetro 36.3 es una lagunera estancada ubicada sobre una falla y es fácilmente reconocida por la línea de alta y densa vegetación mésica frondosa. Entre los kilómetros 36 y 32, los montes de la izquierda contienen numerosas trazas de fallas lineales que se orientan de norte a sur. Hay varios escarpes de fallados, pequeños frentes y graben aparentes. Estas fallas son parte de la zona de fallas del golfo que pasa por la bahía de Loreto y Bahía Concepción.

35 Directamente al oeste, el pico alto de la sierra es el Cerro La Giganta, con una elevación de 1796 metros.

Una tierra mística conocida como Calafia: A medida que los españoles exploraban esta tierra, se traían consigo leyendas de un lugar místico llamado Calafia, una isla en alguna parte al Oeste de España. Por medio de sus exploraciones de los océanos, los españoles buscaban la tierra de Calafia que supuestamente estaba habitada por grandes mujeres Amazonas. Se dice que tenían mucho oro y piedras preciosas y por lo tanto, la verdadera motivación de las búsquedas de los españoles! Cuando los españoles viajaron desde el continente a través del Mar de Cortés a Baja California, pensaron que habían hallado la isla de Calafia. No fue hasta mucho después que se comprobó que era una península. Es muy posible que California halla sido nombrada así por la mística isla de Calafia, no por la palabra californax (que significa "horno caliente").

En el abanico de abajo el escarpe de una falla que desvía al abanico. La falla corre paralela a la carretera como hasta la mitad del abanico con aproximadamente 10 metros de desviación y está marcada por una línea baja de colinas que corren a través del abanico. Más a la izquierda hay una serie de pequeños y angostos montes. Estos son granodioritas, fechadas a una edad de 145 y 87 millones de años.

CERRO LA GIGANTA Y UN ESCARPE DE FALLA

30.5 Esta salida se dirige a la pequeña comunidad de Palmeras de Dátiles de San Juan Bautista. Al sureste está Boca San Bruno. Los jesuitas trataron de establecer dos estaciones de visita para la Misión de Loreto en ésta área: Misión Guadalupe de San Bruno, 1683 y Misión San Juan Bautista Londó, 1687. Ambos intentos fallaron.

29.5 La carretera sube a través de la primera de las capas marinas del Mioceno-Plioceno de areniscas y conglomerados de la zona denominada geológicamente como Embahiamiento Loreto (Mclean, 1988).

UNA DEPRESIÓN TECTÓNICA MARINA: Movimientos importantes de la zona de fallas del golfo parecen haber iniciado la formación del Embahiamiento Loreto en el Plioceno-Mioceno; Es una gruesa secuencia de conglomerados, areniscas, lodolitas y calizas con arrecifes de pecten y ostiones, andesita y basalto. Las capas de tobas y un lahar indican actividad volcánica durante el rellenado de la depresión. Por lo menos una importante discontinuidad angular y la alteración de capas de conglomerados sugieren deformaciones intermitentes. Basaltos de 6.7 millones de años se introducen y cubre parte de la sección que pudiera ser más antigua que el resto de la depresión. Se han obtenido otras edades de 1.9, 2.1 y 3.3 millones de años de tobas interpuestos en la secuencia marina (Hugh Mclean, 1987, 1988, 1989). El sinclinal de la bahía de Loreto está plegado en una estructura anticlinal de norte-sur, con numerosas fallas de norte-sur y noroeste-sureste que pueden tener entre 1000 y 2000 metros de desplazamiento acumulado. Los conglomerados contienen pequeñas cantidades de clastos graníticos y metavolcánicos de los afloramientos al oeste de aquí.

La Bahía de Loreto es una de las cuencas tectónicas en la parte sur de la península. Las horizontales rocas miocénicas de color café oscuro que cubren la punta de las mesas al oeste tienen tan sólo 10 millones de años de edad. Esta bahía fue formada después de que el fallamiento deformara y levantara las mesas. Un dique, fechado a 6.7 millones de años de edad, corta los sedimentos. En éste tiempo la parte norte del Golfo de California ya se había formado y las secciones de más al sur del golfo que se estaban formando fueron movidas al sur. La Bahía de Loreto fue deformada hacia abajo y recibió sedimentos del territorio circundante. Los conglomerados indican levantamiento intermitente de las mismas áreas y torrentes más poderosos. Las capas amarillas indican desgaste de las zonas de origen con ríos menos poderosos y el material más áspero no es transportado tan lejos dentro de la depresión. El área era fallada continuamente. Varias capas de rocas están expuestas en ésta sección que indica volcanismo continuo. Estas rocas tienen alto contenido de fósiles.

28.9 Evaluación de la estratigrafía parece indicar que los estratos en éste corte exponen diques de andesita que se introducen en las capas del Plioceno. Los prominentes diques de en medio indican una edad de 6.7 millones de años Potasio/Argón). Sin embargo, las rocas de un arroyo cercano dieron una edad de 1.9 millones de años, también por el método de Potasio/Argón.

27.3 A medida que la carretera cruza un gran arroyo, un lahar de andesita autobrechado está expuesto a ambos lados de la carretera.

26.5 Toba se utiliza como material para la construcción desde un alto contenido de arenisca blanca de tobaceo en un monte que se halla de la carretera.

26 Una gruesa y compacta capa de conchas de ostión. Continúa durante un kilómetro hacia el sur por la carretera, este deposito actuó como un arrecife durante la vida de los ostiones.

25.3 El arrecife de conchas de ostión y areniscas blancas corren paralelo a la carretera durante una corta distancia antes de cruzar debajo de la carretera hacia la derecha para interrumpir las capas sedimentarias amarillas que se muestran aquí. La superficie del monte de la derecha está cubierta por ostiones del género *Ostrea*. Se determinó una edad de 2.1 millones de años en las rocas por el fechado de Potasio/Argón.

22.9   Un pequeño rancho está ubicado al lado de la carretera. Las capas amarillas están bien expuestas en los montes cerca de éste rancho. Representan un tiempo de baja sedimentación. Los foraminíferos bentónicos de estas capas indican que fueron depositados a profundidades someras. Los conglomerados expuestos aquí representan períodos de levantamiento de los márgenes continentales a lo largo de las fallas en la Sierra la Giganta.

SEDIMENTOS MARINOS DEL PLIOCENO

20.1   El camino de aquí se dirige a la pequeña aldea de San Juan Londó. La vista hacia atrás proporciona una buena vista del golfo. Justo al sur del agua hay un pequeño monte volcánico redondeado. Este era el sitio de una pequeña estación de visita de la Misión de Loreto. Hay aproximadamente 300 metros de conglomerados y areniscas entre las capas amarillas en ésta área.

19   Al sureste está el extremo sur de la bahía de Loreto. Los montes volcánicos a la izquierda de la carretera, están por debajo de areniscas blancas y conglomerados grises de la parte baja de la indiferenciada Formación Carmen-Marquer. Estas capas tienen mil metros de grosor y contienen abundantes fósiles. Fósiles comunes incluyen: Huesos de Ballenas, *Argopecten* sp., *Ostrea titan*, *Turritella* sp., *Chama* sp., *Chione* sp. y numerosas otras especies de moluscos (bivalvos y caracoles).

La parte sur de la bahía de Loreto fue deformada considerablemente antes de la depositación de las capas superiores, los cuales también se hallan deformados.

18.5   Un arrecife de pecten está ubicada a la derecha, arriba de la carretera.

18.3   Hay una vista a la izquierda de un lejano anfiteatro de capas amarillas depositadas por debajo de conglomerados con una interesante mancha de conglomerados aislados en el centro. Las capas amarillas han proporcionado restos muy grandes de ostiones y Ballenas.

13.8   La carretera desciende a un pequeño arroyo. La caliza sobre la orilla de la izquierda es mucho más joven que los sedimentos de Loreto, sobre los cuales descansa incómodamente sobre sus esquinas. Hay un arrecife de pecten expuesto en el corte del lado interior de la curva.

12.8   La carretera llega a la cima de una pequeña ladera y comienza a seguir el Arroyo de Arce. La blanca capa volcánica que se ve en el corte se repite por cinco veces para una separación acumulada de 200 metros, tan sólo en éste estrato. Se han colectado abundantes galletas marinas y pectens de la capa de arriba.

FÓSIL DE GALLETA DE MAR

12   Se observan bloques de roca blanca a la izquierda, en el rancho Las Piedras Rodadas. Este material tiene 3.3 millones de años de edad.

10.7   La carretera cruza la cima de un anticlinal. Los conglomerados ahora continúan hacia el sur.

9.6 Observe la prominente falla que vira 45 grados hacia el norte. Las fallas en ésta sección parecen tener un desplazamiento acumulado de 1000 a 2000 metros.

9.3 Este camino conduce a la torre de Microondas de Loreto. La torre está construida sobre rocas volcánicas que fueron fechadas a una edad de 14.9 millones de años de edad, por el método de potasio/argón.

9 Estos cortes revelan numerosas fallas y algunos fósiles de pecten. La carretera cruza el profundo Arroyo de Gua. Este arroyo pasa a través de una espesa sección fallada de los sedimentos de Loreto.

6.5 Esta es la primera vista buena de la lejana Loreto e Isla del Carmen.

6 La cubierta vegetal consiste de Cardón, Pitaya Agria, Pitaya Dulce, Palo Blanco, Palo Verde, Acacia, Árbol Elefante y Matacora. Una de las aves más comúnmente vistas en ésta área es la ave Matraca Grande .

La Matraca Grande (Cactus Wren) (*Campylorhynchus brunneicapillus*) es una de las más grandes en los desiertos y colinas de toda la península. Casi siempre se les ve alimentándose y anidando debajo de los 1200 metros de altitud ente los Arbustos Espinosos, Cactus Gigantes, Yuca, ó Mezquite. La mayoría de los miembros de la familia Troglodytidae son pequeñas aves nerviosas de color café con sus colas redondeadas que mantienen erectas. Fácilmente identificado en el campo por la ancha mancha sobre el ojo y su pecho muy moteado. Cuando se alimenta, busca furtivamente pequeños invertebrados, generalmente insectos, por los suelos.

3 La isla de 30 kilómetros que está a la vista inmediatamente fuera de la costa es la Isla del Carmen. La Isla del Carmen está rodeada de agua con profundidades de menos de 200 metros y exhibe más claridad que la hallada a lo largo de las costas de la península. La visibilidad aumentada es debido a la menor densidad de plancton y menores cantidades de sedimentos suspendidos. La variedad de habitat que son adecuados para los mamíferos sobre las islas es limitada por el severo clima desértico, la predominancia de relativamente improductivos habitat rocosos y la ausencia de agua dulce. No hay aves nativas sobre ninguna de las islas del golfo. Generalmente, las islas mantienen especies de aves cuyas poblaciones son indistintas de aquellas de las que habitan en la península ó el continente.

Hay 18 especies de plantas que son endémicas de las islas del golfo. Biznaga *Ferocactus diguetii* variedad *carmenensis* es la única endémica de la isla Carmen. Botánicamente, las plantas predominantes de la isla Carmen son el Agave, Cholla, Árbol Elefante (*Pachycormus discolor*), Biznaga (*Ferocactus diguetii*), Cactus Puerco Espín (*Echinocereus brandegeei*) y Cactus de Pezón (*Mammillaria* sp).

Geológicamente, la Isla Carmen está compuesta de rocas volcánicas del Mioceno del Grupo Comondú y rocas marinas del Plioceno de la Formación Infierno. La isla Carmen está habitada por empleados de una salinera la cual ha estado en operación desde que los españoles asentaron la península.

0 Se puede ver la torre de la Misión Nuestra Señora de Loreto; está rodeada por palmeras en la parte central de Loreto.

Igualmente al norte está la cima del anticlinal que forma el lado Este de la Bahía de Loreto. Los montes de color oscuro sobre la cima son de rocas volcánicas, rodeadas por caliza de color claro con las areniscas y conglomeradas de la Formación Loreto en las colinas de abajo. Ya está a la vista la isla Coronado hacia el norte.

La isla Coronado es un volcán muy reciente con algunos flujos todavía deshabitados por las plantas. Esta isla contiene una terraza marina del Pleistoceno y una gran barra playera de guijarros a 10 metros de elevación sobre el agua. Muchos flujos parecen haberse movido por cañones y están truncados por el mar en su base. No hay terrazas a los lados de la isla donde están los flujos más frescos. La terraza marina indica que la isla tiene por lo menos 125,000 años de edad. El truncado de los flujos de lava más recientes por el mar sugiere que el volcanismo más reciente fue por lo menos hace algunos miles de años.

MISIÓN NUESTRA SEÑORA DE LORETO

Loreto fue la primera ciudad de la península. La exploración de la península comenzó en 1535 cuando Hernán Cortés estableció una pequeña colonia en la presente bahía de La Paz, la cual fue abandonada en 1537 debido a la escasez de provisiones. La exploración de la península fue continuada por Hernando de Alarcón (1540), Juan Rodríguez Cabrillo (1542), Sebastián Vizcaíno (1596), Nicolás de Cardona y Juan de Iturbe (1615), Francisco de Ortega (1664 y 1666) y Francisco de Lucenilla (1688). En 1697, el Padre Juan Maria Salvatierra, junto con seis soldados, llegó a la costa Este de la península y estableció la Misión Nuestra Señora de Loreto, en la delta de un gran arroyo perennal, el Arroyo de Las Parras. Durante 132 años Loreto fue la capital de Baja California. En 1829 un huracán destruyó Loreto y la capital fue movida a La Paz. Las inundaciones del Arroyo Las Parras han dañado a Loreto 11 veces desde 1697. Recientemente, se han hecho algunos esfuerzos para controlar las inundaciones con canales. El pueblo también ha sido dañado por terremotos. Uno particularmente grande ocurrió en 1877.

GANADO EN EL CAMINO DE SAN JAVIER

TRANSECTO 7 - LORETO A CONSTITUCIÓN
[145 Kilómetros = 90 Millas]

Loreto a Camino de Agua Verde - *La carretera transpeninsular continúa hacia el sur sobre la angosta planicie costera del golfo entre las mesas volcánicas del Mioceno y el Golfo de California con sus muchas islas volcánicas falladas. Al sur de Liguí la carretera sube por una colina a través de rocas volcánicas del Mioceno hasta las cimas de las mesas.*

Camino de Agua Verde a Constitución - *Luego sigue un suave cañón entre las mesas hasta la planicie de Magdalena con sus islas metamórficas fuera de la costa.*

120   Salida de Loreto: El escarpe fallado con rocas y sedimentos volcánicos depositados horizontalmente del lado oeste, son la meseta principal de la Sierra La Giganta. Desde éste punto es difícil darse cuenta que hay una superficie relativamente llana sobre la meseta que se extiende al oeste hasta el Océano Pacífico. El prominente pico a la derecha del gran paso entre las sierras es el Cerro Pelón de Las Parras, un tapón somero de andesita, el cual dio una edad de 19.4 millones de años, por un fechado de Potasio/Argón.

Las colinas al noroeste están compuestas de rocas meta volcánicas de 94 millones de años de edad y tonalita con una estructura de moderada a compleja de 143 millones de años, que ha sido interrumpida por un sistema de diques que se ven al norte y al oeste de Loreto. La presencia en éste punto del Golfo de California de rocas metavolcánicas y granitos más viejos, además de la ausencia de la base de la sierra peninsular en la parte central sur de la península confirma la evidencia geofísica para la continuación del sinclinal cretácico debajo de una gran parte de la península.

Al sur de Loreto la zona de fallas del golfo converge con la carretera hasta que ésta es obligada a seguir la angosta y montañosa planicie costera entre el golfo y el altamente inclinado acantilado escarpado por fallas de la Sierra la Giganta.

117.6   El camino de la derecha viaja por 48 kilómetros sobre el Arroyo Las Parras para adentrarse a la escénica Sierra la Giganta y pasar por varios ranchos pintorescos hasta la Misión San Francisco Javier de Vigge. Esta misión, la cual fue fundada en 1699, fue la segunda misión jesuita establecida en la península. Algunos de los que han visitado la misión lo consideran el mejor ejemplar de la arquitectura eclesiástica de las misiones de la península. Tiene la distinción de ser la única misión original que ha permanecido intacta. Todas las demás han sido destruidas y reconstruidas por lo menos una vez.

MISIÓN SAN FRANCISCO JAVIER DE VIGGE

El camino cruza una sección de la Formación Comondú la cual es diferente de las otras dos secciones que fueron cruzadas por la carretera en San Ignacio y al sur de Loreto.

116.6   Aeropuerto Internacional de Loreto.

La carretera continúa hacia el sur por la angosta planicie costera entre el abrupto escarpe de la Sierra la Giganta y las bellas y cálidas aguas del golfo. El escarpe fue una barrera formidable para los primeros misioneros. Finalmente lograron traspasarla en San Javier. La Isla Carmen domina el golfo y la porción norte de la deshabitada isla Danzante, siendo ésta visible hacia el sureste.

111.1   Esta salida se dirige a la Playa Nopoló y el pequeño rancho Nopoló. Una bella lagunilla y un manglar pantanoso están ubicados cerca de un tómbolo que conecta a la península con una pequeña isla rocosa. En algunas mareas altas éste tómbolo puede ser cubierto. La playa escénica de ésta lagunilla es una rareza en ésta área. Esta playa está formada por arena lítica, en vez de conchas destrozadas.

En Nopoló, a los visitantes de invierno les puede tocar ver un espectáculo interesante, Pelícanos Moreno en clavados continuos. Durante los meses de invierno las corrientes y los vientos se combinan para apilar los cardúmenes de peces pequeños a lo largo de la costa en ésta área. Los pelícanos se aprovechan de éstas condiciones y se disponen a comer a diestra y siniestra, un espectáculo verdaderamente emocionante.

El Pelícano Moreno (California Brown Pelican) (*Pelicanus occidentalis*) es una de las grandes aves acuáticas que se pueden ver por ambas costas de la península y sobre muchas de las islas del golfo de la península en donde anidan en grandes colonias. Por lo regular se les puede ver volando en largas líneas rectas sólo centímetros por encima de la superficie del agua. Se alimentan clavándose en el mar desde hasta 50 metros de altitud. El lento y deliberado vuelo del Pelícano Moreno, el cual es bajo sobre el agua con repentinos clavados para sacar peces, lo hace fácilmente identificable. El pelícano café siempre se le ve alrededor de los muelles.

Muchas especies de aves habitan el aparentemente desolado desierto costero del golfo central. Algunos de las aves más comunes de ésta área son mencionados a continuación:

107.5 Loreto y su blanca torre eclesiástica se pueden ver hacia atrás a lo lejos. La carretera sube por una pequeña ladera a través de basaltos oscuros con una laguna, entrada de agua y el pequeño Manglar Pantanoso de Nopoló a la izquierda. Se han hallado un buen número de deshabitadas cuevas en la Sierra la Giganta, al este de Nopoló. Fueron ocupadas por indios que subsistían en base a las almejas y otra vida marina de la lagunilla.

Pájaros	Locación
Pelícano blanco	Planeando sobre la costa
Cernícalo chitero	Cables y postes de cercos
Saltapared	Entre el cactus
Pelícano moreno	Planeando sobre la costa
Codorniz californiana	Sobre el suelo
Chupaflor garganta violeta	Alimentándose de flores rojas
Carpintero de Gila	Entre los arbustos
Cuitlacoche ceniciento	Buscando comida sobre el suelo
Correcaminos californiano	Cruzando la carretera
Carpintero chilillo	Clavándose por el aire
Cardenal huasteco	Mesquite and arboledas de encino
Aguililla parda	En la cima de postes y cercos
Zopilote de Cabeza Roja	surcando el cielo
Triguera de occidente	Cables y postes de cercos
Chuparrosa de Xantus	Alimentándose de flores tubulares

103 A la izquierda está la playa Notrí, otra playa de arena lítica con muchas especies de peces deportivos, incluyendo al Marlin, Pez Vela, Sierra, Pez Delfín y Atún de Cola Amarilla, los cuales se llegan a acercarse mucho a la costa.

VISTA DE UNA CUEVA OCUPADA POR INDIOS EN NOPOLÓ

99.5 Deténgase aquí para disfrutar de la vista! Un área de descanso está localizada en el lado izquierdo de la carretera en donde hay una excelente vista de la lagunilla de Juncalito y una playa pública.

El agua en el paso bajo al sureste es parte de Bahía Escondida, el cual está ubicada entre la costa peninsular y la Isla Del Carmen. Los altos picos cerca de Punta Candeleros al sur de Puerto Escondido son de lahares y brechas andesíticas

A la derecha (sur) en la distancia está la isla Danzante compuesta de sedimentos volcanoclásticos y brechas andesíticas falladas del Mioceno. El extremo norte de la isla Monserrat, compuesta de rocas volcánicas del Mioceno y sedimentos marinos del Plioceno y la isla Santa Catalina a la izquierda, compuesta de rocas graníticas del Mesozoico, se ven a lo lejos. La isla más grande, isla Del Carmen, compuesta de volcanoclásticos del Mioceno y rocas marinas del Plioceno, está justo fuera de la costa hacia el Este. Al norte está el cono basáltico, formado desde el Plioceno hasta recientemente de la Isla Coronado (*ver* Anderson, 1950, Case, 1983; Gastil *et al*, 1983-1979 para una descripción más completa de la geología de las islas).

99.3 La grande y solitaria Higuera Silvestre (*Ficus palmeri*) que crece sobre la playa al final de una barra de grava a la izquierda (Este).

HIGUERA SILVESTRE EN LA PLAYA

Las Higueras Silvestres son miembros de la familia de las moras. Se hallan en sitios que van desde los oasis de palmeras de San Ignacio hacia el sur hasta la región del Cabo donde por lo general se les ve creciendo solas sobre acantilados rocosos, en cañones y ocasionalmente en playas de grava tales como ésta. Las Higueras Silvestres producen un higo seco que apenas es comestible, a finales de la primavera e inicios del verano. En Baja California las Higueras Silvestres no son cultivadas, pero si proporcionan comida para las aves locales como el pájaro bobo del oeste, cuervo común y otras varias especies de aves no migratorias.

97.5 Esta es la entrada a la Lagunilla de Juncalito . Aquí la carretera baja a la parte principal del Arroyo Las Arrastras. Una caminata por esta región en el amanecer ó el atardecer revelará la presencia de muchas aves.

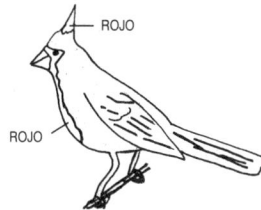

El espectacular Cardenal Torito (*Pyrrhuloxia*) es un bello cardenal marrón con gris con un pico amarillo semirrecto. Los Pyrrhuloxias son comunes entre los mezquites a los lados de la carretera que va al golfo de la Bahía San Luís Gonzága y Loreto, en donde generalmente se alimentan sobre el suelo de insectos y semillas. El nombre de esta ave proviene del griego, que significa pajarillo rojo de pico chueco. Los Pyrrhuloxias habitan la porción sur de la península donde se les conoce como el cardonal gris. Este es un buen lugar para tomar fotos de las tonalitas cubiertas por riolita. También es un lugar bello para acampar

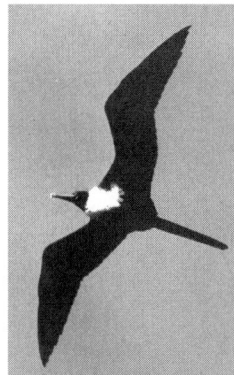

FRAGATA MAGNÍFICA

Las magníficas aves Fragata son comunes en ésta costa. Las aves Fragata (*Fragata magnificens)* probablemente son las más aéreas de todas las aves marinas y por lo tanto son una vista común e impresionante sobre las aguas del golfo de la península. Estas aves poseen la envergadura más amplia en relación a su cuerpo (hasta 2.5 metros) que cualquier otra especie conocida y no son igualadas por ninguna otra ave en su capacidad de vuelo sostenido y activo. Sus características de campo más identificables son el prominente doblez en sus alas delgadas y aerodinámicas, la cola bifurcada y delgada, la manera en que planean en el cielo, casi como permaneciendo inmóviles, sus clavados rápidos y empinados para atrapar peces del mar y la desnuda garganta roja inflable (saco gutural) de los machos en celo. Las aves inmaduras tienen plumaje blanco sobre sus cabezas y cuellos. Casi siempre se comportan de forma agresiva y pirática, persiguiendo y chocando contra otras especies de aves, haciéndolas enojar tanto que éstas regurgitan su última comida, la cual las ágiles fragatas capturan a mitad del aire. Sin duda el nombre de Fragata le fue otorgado por este comportamiento.

En la noche durante la temporada correcta, bellos ejemplares de lobos marinos que nadan en aguas que tienen abundantes cantidades de microscópicos protozoos bioluminiscentes del género *Noctiluca*. La extraña luz verde-azulosa de *Noctiluca* es suficiente fuerte que te permite leer en la oscuridad.

94.3 Puerto Escondido: Este camino pavimentado corre por 2.4 kilómetros hasta los muelles de Puerto Escondido. Steinbeck en su "*Log of the Sea of Cortez*" (Registro sobre el Mar de Cortés) proclamó a éste lugar como su preferido de todo el golfo. El autor de ésta guía ha pasado muchas semanas allí y opina lo mismo. Vale la pena visitar esta área. Exhibe muchas pozas de marea y las aguas costeras muestran abundancia de peces y otras formas de vida marina. Los autores han capturado Atún de Cola Amarilla de 10 Kilos desde los atracaderos

Una falla está expuesta enfrente de los atracaderos con basaltos oscuros en el lado cercano y brechas fluviales andesíticas del otro lado.

93 La vista costera está dominada por Isla Danzante. La isla Carmen está a la izquierda y Monserrat a la derecha. Las tres pequeñas y aisladas "rocas" en la bahía a la derecha son Los Candeleros. Los Candeleros son aisladas columnas de roca conocidos por los geólogos como apilamientos.

89 La impresionante vista hacia atrás y a la derecha es del escarpe del este de la Sierra la Giganta. Los estratos bien definidos se extienden desde el Pacífico hacia el Este a través de la península hasta la orilla del escarpe. A medida que entran en la zona de fallas las capas se vuelven caóticas, destrozadas y deformadas en la angosta planicie costera del golfo e islas adyacentes.

86 La carretera continúa al sur sobre acantilados de brechas volcánicas fluviales que exhiben grandes clastos y numerosas cuevas. La Isla Danzante consiste de éste mismo material cortado por cierto número de diques y fallas.

ESCARPE A LO LARGO DE LA ZONA DE FALLAS DEL GOLFO

84.2 Esta salida se dirige a Liguí y a una bella lagunilla. La flora de ésta área está dominada por Acacia, Garambullo, Pitaya Agria, Pitaya Dulce, Cardón, Palo Blanco, Palo Adán y San Miguel. Los perturbados y sobrepastoreados suelos alrededor del rancho sostienen a la Cholla Saltarina.

Las Palomas de Alas Blancas (White-Winged Doves) (*Zenaida aziatica*) son las únicas palomas con grandes manchas blancas sobre sus alas que contrastan con el color olivo-café de sus cuerpos. Aunque son abundantes por toda la península, es más común verlas entre los Arbustos Espinosos, Mezquites, riparías y las áridas áreas abiertas del desierto del sur de Loreto.

83.5 La carretera continúa a través de un deslave, llega hasta el fondo de la ladera y comienza el ascenso de una empinada colina al sur de Liguí. En éste corte es visible una falla que es parte de la zona de fallas del golfo.

78.8 Hay una vista a la izquierda del golfo y la pequeña aldea de Ligui. Hay un camino que llega hasta una bella pequeña bahía con un "verdadero" fondo arenoso muy raro. Las islas Monserrat y Carmen se hallan directamente al frente y bajo el cono volcánico de la Isla Coronado es apenas divisible en la distancia al norte.

Entre aquí y la cima de la ladera empinada, la carretera pasa por una importante zona de fallas. La mayoría de los movimientos más importantes a lo largo de ésta falla sucedió durante el Mioceno. Hay algunas evidencias de movimientos menos fuertes en lo que va desde el Mioceno hasta tiempos recientes. La zona es difícil de identificar porque es ancha y difusa. Las complejamente falladas áreas, desviadas y estratos deformados de ésta región generalmente están marcados por un cinturón de colinas en vez de las bien definidas capas de las mesas de la pendiente oeste del Pacífico.

**ZONA DE FALLAS DEL GOLFO
EN LA CIMA DE LA LADERA**

75.7 Esta salida proporciona una buena vista al norte de la majestuosa meseta de la Sierra La Giganta. La alta cima de la sierra con las rocas sedimentarias, se extienden desde las pendientes del oeste en el Pacífico, baja rápidamente al este a unas colinas ondulantes deformadas por fallas adyacentes a la carretera a la derecha.

73.7 Las grandes manchas de color rojo-anaranjado sobre la colina de la izquierda son líquenes costrosos.

70.8 A medida que la carretera llega a la cima de la ladera Liguí, hay un camino al este que se dirige a la torre de microondas Liguí. La carretera desciende a través de un cañón, que se orienta de este-oeste por la suave pendiente del oeste de la Sierra la Giganta, durante varias decenas de kilómetros.

69 Ahora son muy obvias las capas que conforman el drenaje al Pacífico de las sierras en las paredes del cañón.

63.5 Este camino corre por 41 kilómetros hasta una pequeña aldea pesquera en el golfo, ubicada en Bahía Agua Verde y Punta San Marcial.

Los acantilados de la izquierda están cubiertas con dos obviamente distintos tipos de líquenes (hongos con una alga unicelular mutualista intracelular del género *Chorella* sp.). El tipo más abundante es verde, los menos obvios son de color rojo-anaranjado.

60 Los Cardonales son extensos y están localizados principalmente en las pendientes más frescas y húmedas que ven hacia el norte, mientras que los Mezquites del desierto crecen abundantemente en los bien drenados fondos del cañón. Ambos lados del cañón muestran notables diferencias en la vegetación típica de las pendientes orientadas al norte y sur.

56 La vegetación de ésta región representa una zona ecotonal (*ver* 2:118.5) de una mezcla de plantas del área del Desierto de la Planicie de Magdalena y el área del Desierto Costero del Golfo Central. Es dominado por un bosque de Cardón-Palo Verde, Mezclada con Escasas, Pitayas Dulces, Acacia, Cholla, Cola de Castor, San Miguel, Palo Blanco, Palo Adán, Arbusto Púrpura, Lomboy y Árbol Elefante.

54.5 Sobre el monte del sur, basaltos de color café chocolate cubren las más claras andesitas, lahares y rocas sedimentarias fluviales de color café-gris del Grupo Comondú. Descienden levemente al oeste. La carretera baja con aproximadamente el mismo gradiente que el arroyo. La inclinación del arroyo está controlada principalmente por la ligera caída de la Formación Comondú hacia el Océano Pacífico. El arroyo baja durante alguna distancia sobre una sola capa, cae algunos estratos y luego fluye por otra capa. Secciones marinas del Mioceno están expuestas por la carretera a medida que cruza la península en ésta región.

49   Más brechas andesíticas están expuestas en la pared opuesta del cañón. Estas brechas andesíticas monolitológicas toman la forma de lahares las cuales ocurren como flujos andesíticos, flujos conglomeráticos y conglomerados fluviales. Se erosionan en areniscas más finas y bien depositadas rocas sedimentarias. Esta es una facies del Grupo Comondú.

45   Las muestras en la orilla inferior del arroyo son areniscas y conglomerados fluviales del Grupo Comondú, cubiertas por basalto.

La carretera deja el cañón y se pasa a la Planicie de Magdalena. Está compuesta principalmente de rocas del Mioceno y Plioceno recubiertas por algún tipo de caliza del Plioceno-Pleistoceno que se halla sobre la planicie de Vizcaíno al noroeste. Los sedimentos en los arroyos ó en las canteras de material de la Planicie de Magdalena sólo están expuestos de manera ocasional. Bahía Magdalena es un remanente más profundo de ésta bahía somera.

En un día claro, a la izquierda se pueden ver las islas del Pacífico Margarita y Magdalena, las cuales están compuestas de rocas metamórficas Franciscanas. Estas islas son todo lo que queda del piso marino de la Placa del Pacífico que fue subducida debajo de la Placa de Norteamérica. El fechado radiométrico obtenido de estas rocas parece resumirse a 135 millones de años. Son muy similares a la provincia de la Sierra Costera de California.

La flora del Desierto Costero del Magdalena está representada por grandes Cardonales con asociadas Pitayas Dulces, Palo Verde, Acacia, Candelilla, Pitaya Agria, Garambullo, Cochal, Gobernadora, Toji, Cholla Saltarina y Matacora. El liquen Epífitos de Gallitos se puede ver sobre los Palos Verde.

28   El letrero de la derecha marca la entrada de la carretera a la zona de neblinas. La humedad de las neblinas de ésta zona permite que haya abundante crecimiento de líquenes foliosos epífitos de color verde-gris y musgos, sobre los arbustos y Cactus.

20   Esta área es mucho más seca que la que se encuentra cerca del kilómetro 43 y mantiene significativamente más escasos y más pequeños Cardones, Pitaya Dulce, Cactus Candelabra, Liquen Ball, Gobernadora, Lomboy, Palo Verde y Palo Adán dispersados por la región.

15.5   El tamaño del Puente Querétaro es prueba de que en algunas ocasiones fluyen grandes cantidades de agua sobre ésta planicie.

0   Las marcas de kilometraje cambian a 236 en ésta intersección y descienden a medida que la carretera se acerca a La Paz. En Villa Insurgentes la carretera vira fuertemente hacia el sureste sobre la Planicie de Magdalena para dirigirse a La Paz.

225   Esta área está densamente poblada por Pitaya Agria, Lomboy, Mezquite, Chirinola, Arbusto de Queso, varias especies de Cholla, Liquen, Torote, Cardón, Palo Adán y Garambullo. La vegetación de ésta región es característica de la muy seca área de la Planicie de Magdalena de la región fitogeográfica del Desierto Central de Baja California. Esta extremadamente seca región de la península recibe tan sólo 2 a 5 centímetros de precipitación anual.

212   Ciudad Constitución es una comunidad agrícola y es la entrada a Bahía Magdalena y Puerto San Carlos.

TRANSECTO 8 – CONSTITUCION A LA PAZ
[212 Kilómetros = 132 Millas]

Constitución a Santa Rita - La carretera peninsular cruza la planicie de Magdalena con vistas de las islas costeras hasta Santa Rita.

Santa Rita a San Agustín - Desde Santa Rita la carretera empieza a atravesar una serie de deslaves y mesas disectadas en rocas sedimentarias marinas ubicados en San Agustín.

San Agustín a La Paz- en San Agustín la carretera sube a una superficie disectada de sedimentos volcánicos fluviales y cruza la península. Cerca de La Paz, la carretera baja por el escarpe del golfo sobre rocas volcánicas fluviales hasta la planicie aluvial de La Paz.

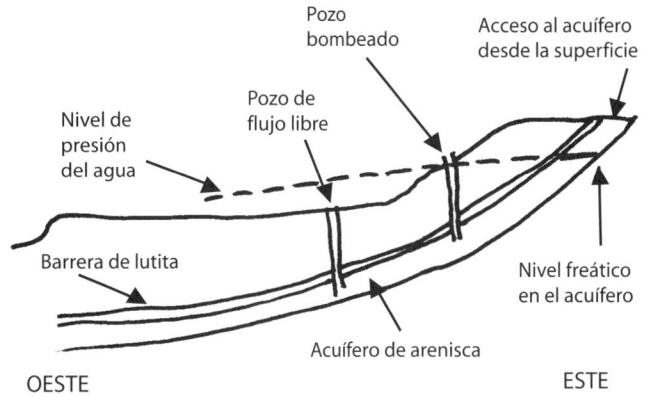

OESTE   ESTE

212   Ciudad de Constitución es una comunidad agrícola grande. La agricultura se ha hecho posible por los profundos pozos perforados por el gobierno y que extraen "agua fósil" de antiguos mantos acuíferos hasta la superficie. La cantidad de agua extraída de estos mantos a través de los pozos es vigilado cuidadosamente para impedir la sobreexplotación, contaminación y eventual agotamiento de éste recurso limitado. Algo de agua es colectada naturalmente de las esporádicas lluvias de verano, chubascos ó huracanes de finales de verano e inicios de otoño. Estos producen repentinas lloviznas que pueden desbordar los arroyos en cuestión de minutos. Sin embargo, ésta agua no se halla a disposición de la flora de la planicie ya que corre demasiado rápido para que pueda infiltrarse en los suelos hasta las raíces de las plantas. Es recomendable implementar un sistema de bordos, sólidos y de poca altura para fomentar la recarga del acuífero y que esta agua no se pierda en el Pacífico.

198   La aldea de Viva Morelos está ubicada en medio de una área de cultivo. La mayoría de las regiones no agrícolas de los Llanos de Magdalena ó de la Planicie de Magdalena tienen vegetación perturbada porque la tierra ha sido sobre pastoreada ó limpiada.

194.5 La misión San Luis Gonzága está en las colinas del Este de la Planicie de Magdalena.

Antes la misión era una fortaleza militar utilizada para reforzar a los marineros del Galeón de Manila cuando ésta entraba a la bahía de Magdalena. Esta misión está ubicada al lado del arroyo que sigue una falla transpeninsular que desvía el geoclinal del Cretácico por 50 kilómetros en un sentido lateral derecho. La falla ha deformado los sedimentos del Mioceno inferior y está cubierto por conjuntos de roca volcánica de hace 20 millones de años. Un buen vehículo de doble tracción y suspensión elevada puede llegar a la misión.

MISIÓN SAN LUIS GONZAGA

173.8 La cantera del camino a la derecha expone sedimentos fosilíferos del Mioceno y Plioceno. Esta caliza puede verse por toda la Planicie de Magdalena. Hay un camino erosionado justo al sur de la cantera que va 32 kilómetros hasta Cancún en la Bahía de Magdalena.

Esta planicie es similar al Gran Valle de California. Estructuralmente, las dos regiones son casi idénticas. La carretera sigue el eje de la geoclinal del Cretácico, tal como está definido por muestreos geofísicos y se halla sobre 20,000 metros de rocas sedimentarias del Cretácico y el Terciario.

170 La cubierta de la vegetación entre aquí y Santa Rita es generalmente escasa; muestra mucho suelo. La flora de ésta área es predominada por Cardones, Cholla, Árbol de Elefante, Palo Verde, Palo Adán, Arbusto de Queso, Chirinola, Matacora, Garambullo, Gobernadora y Pitaya Dulce.

ELEFANTE MARINOS EN LA ISLA MAGDALENA

ANFÍBOLES EN LA ISLA MARGARITA

En días claros las islas del Pacífico Santa Margarita y Magdalena pueden verse al Oeste a través de la Bahía de Magdalena. Estas islas están formadas por rocas del tipo Franciscano,

similar a las cadenas montañosas costeras de la Alta California. Contienen numerosas capas de flujo, basalto en almohadilla, serpentinitas y hornblendas de garnet. Estas rocas han sido fechadas por K/Ar a una edad de 134 millones de años (Forman, 1971; Yeats, et.al., 1971).

157 Desde Santa Rita la carretera empieza a cruzar los drenajes de la suave pendiente del Pacífico a través de una serie de deslaves y mesas disectadas.

Durante los siguientes kilómetros la carretera pasa por unas capas pobremente expuestas de colore café-rojizo y amarillo-café, típicas de la Formación Tepetate. Los deslaves están densamente poblados por Mezquite, mientras que las laderas apoyan Gobernadora escasas Matacora y Palo Adán con ocasionales Pitayas Dulces y Cholla Saltarina.

144.3 Este corte expone a una caliza que ha sido reconocida como parte de la Formación Salada del Mioceno - Plioceno. La Formación Salada (Heim, 1922) fue nombrada así por las muestras de sedimentos marinos del Plioceno y del Pleistoceno en el arroyo Salada en Baja California Sur. (Judy Smith ahora cree que la sección tipo de la Formación Salada es del Mioceno).

143 Las especies florales que cubren las pendientes del Pacífico de la Sierra de La Giganta son las típicas que dominan los desiertos del área de la Planicie de Magdalena, que es parte de la región fitogeográfica del desierto central de Sonora y continúa siendo representado por el liquen Epifito de Gallitos y el liquen Ramalina, el cual crece en los árboles Elefante de *Bursera microphylla* y *Bursera hindsiana*, Palo adán, Matacora, Cardón, Cholla Saltarina, Pitaya Dulce y Garambullo.

135 La carretera hace un cruce largo sobre el fondo de un arroyo. Se han hallado abundantes cantidades de dientes de tiburón en las exposiciones del Mioceno ubicados debajo de la torre de microondas de El Rifle, a la izquierda de la carretera.

COLECTAR FÓSILES ES ILEGAL

EL RIFLE

127.1 Esta es la entrada al rancho de San Pedro de la Presa. Se dirige al Este a la misión La Presa, al norte de la brevemente ocupada misión San Luis Gonzaga (1737 - 1768) y de regreso a ciudad Constitución. El camino de terracería atraviesa una sección de cortes del Mioceno en esta parte de la península.

126.2 El Puente Ventura fue destruido en una inundación en 1978. Esto puede volver a ocurrir ya que la carretera cruza una zona de deslaves que en forma periódica y breve conduce grandes cantidades de agua de las inconstantes y repentinas lluvias estacionales que ocurren durante tormentas, chubascos y huracanes, los cuales son comunes en ésta región.

LA ACACIA LEGUMINOSA: Hay más de 900 especies de árboles y arbustos de Acacia en el mundo, con 64 de ellas halladas en México. Sin embargo, sólo 20 especies de Acacia habitan en la península desde la región noreste del desierto central de Sonora hasta la región del cabo. El fruto de la Acacia es una vaina (una hoja doblada y especializada) con varias semillas que son consumidas por todos los animales, incluso el hombre. Se sabe que los indios trituraban las semillas para hacer comida. Al ganado también le gustan las vainas. En las regiones de Norteamérica en donde el ganado se mueve en manadas, la Acacia casi siempre se encuentra creciendo en líneas rectas. La distribución en línea recta de la Acacia había confundido a los fitogeógrafos hasta que se dieron cuenta de que los ganados eran movidos en línea recta desde las tierras de pastoreo hasta el rastro y que habían plantado las semillas a medida que avanzaban y defecaban.

112 El pico que se ve al Este es el Cerro Colorado (500 metros de elevación). Se puede obtener una vista similar del Cerro Colorado desde los llanos cerca de Penjamo.

CERRO COLORADO

Unas mesas cubiertas en su punta de rocas volcánicas de colores gris-verde y café oscuro se ven a la izquierda. Inmediatamente abajo se pueden observar sedimentos amarillos arenosos en medio de la sección y en la base de la sección se ven unas capas amarillas laminadas. Estas rocas originalmente se les conocían como las Formaciones Isidro, San Gregorio y Monterrey, nombrado así por los investigadores de antaño. Ahora se le considera como miembros de la Formación El Cien de Applegate.

Las formaciones del Mioceno, están expuestas en varios cortes en los arroyos entre grandes partes de la planicie de Magdalena. La planicie es tan llana que pocas rocas afloran afuera de los arroyos.

108 Durante los siguientes kilómetros la carretera pasa por las capas amarillas que han sido reconocidas como la Formación Isidro. Estas son facies costeras, pero no tan costeras como la Formación San Ignacio, que puede ser vista al norte, cerca de San Ignacio. Localmente y dentro de la unidad hay capas muy laminares que se interlazan con la Formación Isidro. Realmente no se pueden trazar como unidades separadas.

105 Hacia la derecha se presenta un arroyo en las inmediaciones del rancho Tepetate, en donde se encuentra la localidad tipo de la Formación Tepetate del Eoceno temprano al medio, depositada en un ambiente marino de plataforma hasta de 150 m. de profundidad, constituida por fragmentos de material plutónico como granos de arena, erosionado de algún cuerpo mayor de granodiorita que se localizaba hacia el Oeste, arrojando sus sedimentos hacia el Este (Carreño et al, 1999; Ledesma-Vázquez et al, 1999).

100 La carretera pasa a través del pequeño asentamiento de El Cien y sube por las capas de la Formación El Cien.

En el lado izquierdo está la sección de 300 metros en el Cerro Colorado, el cual está en el núcleo de un anticlinal importante. La mayoría de las exposiciones en el cerro Colorado son de la Formación marina Tepetate, fechado del Eoceno Temprano al medio, con capas continentales de color rojo cerca de la cima. Estas capas rojas y un conglomerado en el Cerro Colorado pueden ser seguidos por toda la península hasta la Formación Comondú en el golfo. Las capas rojas y las rocas sedimentarias fluviales se hacen más gruesas hacia el este; mientras que las rocas marinas del Mioceno que se encuentran en las bases de éstos montes se hacen más angostos. Esto indica que la fuente de las rocas volcánicas está en el Este. A la derecha, a lo lejos se puede ver la Formación Comondú en la porción sur del anticlinal; también está expuesto en el golfo al norte de La Paz. La vista al Este sigue la extensión de la porción sur del anticlinal. A la derecha se ven expuestas capas progresivamente más jóvenes de la Formación Comondú.

El nombre de Formación Comondú (Heim, 1922) ha sido aplicado a todas las rocas volcánicas y volcanoclásticas que datan desde el Mioceno hasta el tiempo presente en la península de Baja California. El fechado radiométrico ha provisto la base para determinar la posición relativa de los estratos en áreas extensamente separadas, haciendo evidente que se trata de diferentes formaciones.

La Formación Isidro fue definida por Heim (1922) como capas de areniscas verdosas, blanquecinas y amarillentas mezcladas con otras capas de sedimentos verdosos en el área de La Purísima. La Formación Isidro es del Mioceno temprano y está cubierto por sedimentos de 22 millones de años de edad del área del Cerro Colorado.

La amplia Formación Monterrey, ahora renombrada como las formaciones de El Cien y San Gregorio, también fueron definidos por Heim (1922) como exposiciones de sedimentos duros, claros, silíceos y diatomáceos del área de La Purísima al oeste de Loreto y el planicie de Magdalena.

97 La carretera pasa por unos cortes de la Formación El Cien durante los siguientes tres kilómetros. Hay abundantes fragmentos de las capas silíceas de ésta formación dispersos por toda la superficie.

92 La vegetación del desierto de la Planicie de Magdalena continúa siendo dominada por las especies de Cholla Saltarina, Ciribe, Cardón, Árboles Elefante, Gobernadora, Pitaya Dulce y Pitaya Agria. La vegetación del deslave sigue dominada por especimenes de los árboles leguminosos de Acacia y Palo Verde. Otra planta interesante de ésta región es la Chirinola (*Machaeroocereus eruca*).

Chirinola es un cactus que crece sobre el suelo por el peso de sus troncos. Este cactus amenaza-llantas, por sus espinas filosas, origina un entramado denso de ramas, los cuales producen raíces adventicias en donde tocan al suelo. A medida que las ramas crecen lentamente, las partes más viejas se van muriendo; esta planta se dispersa y multiplica por reproducción asexual vegetativa. Este mecanismo de reproducción casi siempre es utilizado por especies que habitan en ambientes áridos, como una forma de evitar la pérdida de agua que consume el proceso de reproducción

sexual, el cual consiste en la producción de flores y semillas húmedas, que además requieren agua para germinar. La Chirinola crece en los suelos aluviales del Llano de Magdalena.

89   Los pliegues expuestos en estos cortes son de la Formación Monterrey.

PLIEGUE EN LA FORMACIÓN MONTERREY

88.6   Los altos acantilados de la izquierda muestran un ejemplo de la geología de ésta parte de la península. Las gruesas capas de color rosado de más arriba y las areniscas fluviales verde-gris son de la Formación Comondú; en el lado Este y por la parte de en medio se pueden ver las capas arenosas amarillo-gris de la Formación San Ignacio. En el lado Oeste se grada hacia abajo para formar las gruesas capas amarillas de rocas sedimentarias marinas de las formaciones de Monterrey y Isidro.

87.5   La carretera pasa a través de algunas capas típicas de la Formación El Cien.

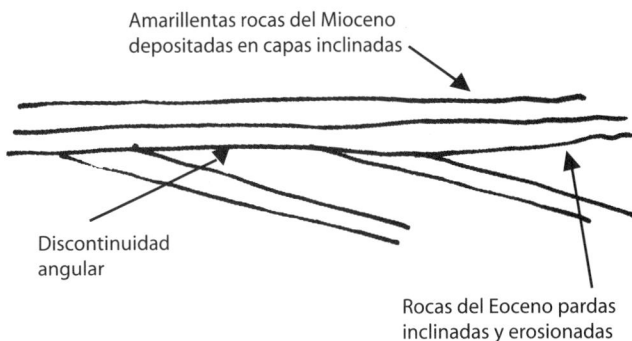

Amarillentas rocas del Mioceno depositadas en capas inclinadas

Discontinuidad angular

Rocas del Eoceno pardas inclinadas y erosionadas

85.5   El contacto entre la formación marina Tepetate del Paleoceno (color café) y la formación marina El Cien, que se halla arriba y es de color amarillo, se ve expuesto en el monte a la izquierda de la carretera. El contacto horizontal entre las formaciones es una ligera discontinuidad angular. Las rocas de la parte del Eoceno de la Formación Tepetate fueron eliminadas durante un período de levantamientos y erosión, el cual produjo la discontinuidad. Esta región está poblada por numerosas Acacias.

84   La carretera pasa a través de cortes de capas rojas y areniscas amarillo-café de la Formación Tepetate. El corte arriba de la carretera a proporcionado al abundante discociclínido Coquina. Los discociclínidos son foraminíferos marinos muy grandes que crecieron hasta un tamaño de 1 centímetro.

83   El océano Pacífico está a la vista a la derecha. Algunas de las pequeñas mesas a lo lejos están compuestas de la Formación Salada del Plioceno, la cual se halla encima de la Formación Tepetate de color amarillo-café.

FORMACIÓN TEPETATE

79   Los montes a la izquierda contienen excelentes cortes de la Formación Tepetate. La carretera desciende a un área que se parece a un anfiteatro, con muestras de los estratos de la Formación Tepetate. La vista al norte revela la Formación marina Tepetate (color café) y la Formación El Cien que se halla encima de éste y es de color amarillo.

78.5   Por la carretera la superficie de los montes está cubierta de pequeños fragmentos de roca llamados tepetates.

77   La carretera entra al Arroyo el Conejo. Hay excelentes muestras de la Formación

Tepetate a ambos lados de la carretera. Vale la pena la subida y la bajada del lado Este del arroyo para poder ver esta formación.

Knappe (1974) dijo que en el arroyo el Conejo, la Formación Tepetate consiste de una serie de sedimentos del Paleoceno. Los foraminíferos colectados en una sección de ésta formación en las proximidades del arroyo el Conejo son del Eoceno y se correlacionan con las asociaciones bentónicas y planctónicas halladas en California, Oregon, Washington y otros lugares. Las asociaciones de foraminíferos identificados en la sección son típicas de los depósitos medio y superior de las laderas (Sliter y Baker, 1972; Bird, 1967).

76.2 El rancho San Agustín está ubicado en una terraza fluvial a un lado del arroyo.

75.4 La carretera empieza a subir una ladera sobre los sedimentos de la Formación Tepetate.

74.5 A la derecha de la carretera, una cantera adjunta a la carretera expone capas de la Formación Tepetate con más foraminíferos discociclínidos.

70.5 La Formación El Cien está expuesta en estos cortes. Los estratos a los lados de la carretera están cerca de los contactos entre las rocas fluviales sedimentarias de la Formación Comondú del Mioceno y las rocas marinas. En el cañón de la izquierda hay muchas muestras de los sedimentos marinos del Mioceno, que tienen colores que van desde amarillo claro a gris. No muy lejos se ven las rocas sedimentarias fluviales, rojas y grises, de la Formación Comondú. La Formación El Cien está representada por las rocas sedimentarias silíceas. Las rocas marinas del Mioceno en el lado Oeste de la península son estratigráficamente correlacionables con las capas continentales fluviales de la Formación Comondú a lo largo del Golfo de California.

69 La vista es hacia el suroeste del Océano Pacífico y las mesas bajas que se hallan sobre la Formación Salada. Los cañones al lado de la carretera contienen abundantes muestras de las rocas de color verdoso claro a gris amarillento de la formación marina El Cien.

67.5 Hay una pequeña falla en el corte de la carretera en el Rancho Aguajito.

La carretera empieza a cruzar la superficie de erosión inclinada de la suave pendiente del Pacífico y pasa a través de las areniscas volcanoclásticas fluviales del Mioceno de la Formación Comondú. La carretera sigue por ésta superficie hasta el kilómetro 34 en el escarpe del golfo. En esta sección, todos los cortes son en los sedimentos fluviales de la Formación Comondú, el cual ha recibido el apodo "el fachoso verde-gris" por un geólogo que trabajó en esta región.

62 Los árboles frondosos de color verde oscuro y tronco gris de ésta área son Palo San Juan (*Forchammeria watsonii*). Es un miembro de la familia Capparidaeae que produce un fruto comestible de color morado oscuro. En ocasiones se ven datilillos dispersados por el paisaje.

42 La topografía modificada de ésta sección de la carretera está bien desarrollada en los relativamente suaves sedimentos fluviales volcanoclásticos.

La vegetación consiste de Lomboy, Árboles Elefante, Datilillo, Gobernadora, Pitaya Agria, Pitaya Dulce, Cardón, Cactus Puerco Espín, Palo Adán, Palo Blanco, Acacias, Cholla Saltarina, Ciribe y Toji.

No es raro ver en ésta sección de la carretera, nidos de zopilotes, sobre los Cardones columnares y otros árboles.

Los Zopilotes de Cabeza Roja (Vultures) (*Cathartes aura*) son comunes por toda la península y están protegidos por la ley por su utilidad en "limpiar" los desiertos de cadáveres. Los zopilotes no tienen plumaje en sus cabezas, son carroñeros diurnos que casi siempre se les ve a los lados de la carretera y en campos abiertos comiendo. Al estar viajando por la carretera, es posible ver un pequeño grupo de ellos devorando un animal muerto que habían visto ú olfateado mientras iban volando por los limpios

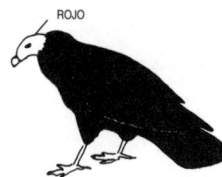

**ZOPILOTE
ASOLEÁNDOSE**

cielos de la península. También se les puede ver en congregaciones más grandes, anidados sobre las ramas de los Cardones, "asoleándose".

El asolearse es un fenómeno que los biólogos todavía no entienden. En un tiempo se creía que el asolearse era para calentar los cuerpos de las aves, pero se han vistos Zopilotes "asoleándose" durante las lluvias más frías, vientos y los días más calientes del año.

La característica de campo más identificable de los Zopilotes es la forma en que surcan los cielos en grandes círculos, manteniendo sus alas negras y blancas en una forma de "V", mientras se balancean de un lado a otro.

En la porción sur de la península, a los Zopilotes y los Quelele, ambos carroñeros, se les puede ver frecuentemente consumiendo el mismo cadáver.

36.1 La carretera pasa la torre de microondas Matape, a la izquierda

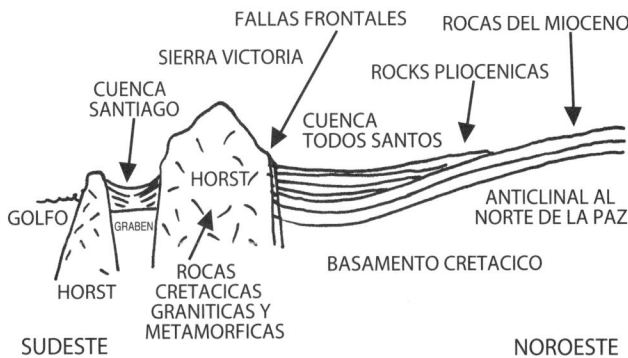

SECCION COMPUESTA EN EL AREA DE LA PAZ

34 En la cima la vista es espectacular en un día claro. Este sitio está localizado en la porción sur de una importante anticlinal en las rocas del Mioceno, que luego se hunde al sur, debajo del Llano de Todos Santos. Al noreste están las islas Partida y Espíritu Santo; están compuestos de las rocas volcánicas, muy falladas e inclinadas, de la Formación Comondú. Al Este, la fuerte espina dorsal granítica de la Sierra de la Victoria (65 - 75 millones de años) empieza en la península al Este de La Paz y continúa hacia el sur, a la

región del cabo. Esta cadena está separada de los Llanos de Todos Santos por una importante zona de fallas (Normark y Curray, 1968).

33.5 La carretera comienza un descenso a través de areniscas fluviales volcanoclásticas de la Formación Comondú.

28 Debido al sobrepastoreo, el cactus cholla se ha convertido en la vegetación dominante de ésta área. Hay especimenes de Pitaya Agria, Pitaya Dulce, Cardón, Acacia, Árbol Elefante, Lomboy, Palo Adán y otros creciendo en las laderas. El arbusto verde oscuro llamado Gobernador es la planta dominante de la flora de la zona erosionada.

25 La vista a la izquierda posterior desde una de las cimas bajas muestra los sedimentos fluviales de color rosado y gris-verde en la parte sur del anticlinal de San Juan, el cual sube por el norte y luego desaparece de vista en el sur. La carretera cruza el anticlinal entre areniscas fluviales volcanoclásticas encima de los sedimentos rosados. Estas rocas fueron depositadas un poco antes de la apertura tectónica del golfo en ésta área.

La vegetación de ésta región consiste de Lomboy, Palo Blanco, Palo Adán, Mezquite, Árbol Elefante, Cardón, Pitaya Agria, Pitaya Dulce, Cholla y Agave. Esta área es un ecotono (*ver* 2:118.5) entre la flora de la vegetación desértica de la subdivisión de la Planicie de Magdalena de la región Fitogeográfica del Desierto Central de Sonora y la región Fitogeográfica del Cabo.

FORMACIÓN COMONDÚ EN EL GOLFO

LA REGIÓN FITOGEOGRÁFICA DEL CABO:
Sólo la región del cabo en el sur y la región de California en el noroeste, se hallan fuera de la región desértica que cubre la mayor parte de la península. La región del cabo es una zona que incluye las montañas del cabo y partes de la Sierra de la Giganta. Esta región tiene la precipitación más alta de la península. La mayoría de la precipitación que recibe la región del cabo ocurre durante las tormentas tropicales de verano.

La vegetación de la región del cabo está dividida en dos áreas, las áreas de Bosques de Encinos y Pinos y los Bosques Áridos Tropicales. La vegetación en las elevaciones más bajas es de arbustos espinosos con elementos de vegetación tropical. En las elevaciones más altas la vegetación pasa a ser del tipo Chaparral y luego se convierte en Bosques de Encinos y Pinos. Floralmente, la región del cabo se parece a la costa del Pacífico en la porción sur de México.

La comunidad de Encinos y Pinos ocurre en los suelos graníticos de la Sierra la Victoria a una elevación de más de 2000 metros (la zona de biotransición). Las especies dominantes son encinos, Encino Negro, Pinos, la Palmita (*Nolina beldingii*), Lentisco y la Madrona (*Arbutus peninsularis*).

La región del cabo es una "jungla tropical empobrecida". Los árboles de éste bosque están representados por los árboles leguminosos (Palo Blanco y Palo Mauto), Mezquite y Acacia, Colorín, el Árbol de la Ciruela Comestible; Palo Verde y Jacolosúchil. Con los suelos del bosque de el Palo de Arco (*Tecoma stans*) y varias otras especies espinosas como el Cardón, Pitaya Dulce, Lomboy y Palo Adán.

La carretera sigue pasando a través de la Región Fitogeográfica del Cabo, a Cabo San Lucas y Todos Santos, hasta que llega a La Paz.

El Halcón Peregrino (Peregine Falcon) (*Falco peregrinus*) se distinguir por el casco formado de la cabeza y cuello negro que extiende de bajo del ojo. Este pájaro grande vuela rápido. Los

halcones peregrinos viven en humedales cerca de riscos y se avistan en las bahías costas y en el invierno en las lagunas. A veces se observan en las ciudades, arriba puentes y edificios. Es común ver a codornices, palomas de ala blanca, aves de cactus, pájaros carpinteros de Gila y halcones, volando entre la vegetación de ésta área.

Pájaros	Locación
Cernícalo Chitero	Alambres telefónicos y postes de cercos
Primavera real	Comunes en claros en los Bosques, al borde de los bosques
Verdín de antifaz	Manteniéndose bajo en pastizales, arbustos, marismas
Perlita común	Posándose sobre la vegetación
Codorniz Californiana	Sobre el suelo.
Tortolita	Sobre el suelo.
Chupaflor garganta violeta	Cerca de flores rojas o amarillas
Quelele	Comiendo carroña
Carpintero de Gila	Entre los arbustos
Cuitlacoche ceniciento	Buscando comida sobre el suelo
Carpintero listado	Clavándose por el aire
Cabezón	Cables y postes de cercos
Cardenal comun	Arbusto al lado de la corriente y lagunas arboladas
Cardenal torito	Comunes en arbustos espinosos y mezquite
Zopilote de Cabeza Roja	Surcando el cielo o alimentándose de carroña
Gorrion morado	Posándose sobre la vegetación
Triguera de occidente	Cables y postes de cercos
Paloma de alas blancas	Mezquite denso, arboledas riparias, desierto abierto
Chuparrosa de Xantus	Alimentándose de flores tubulares
Platero piquiamarillo	Volando entre la vegetación
Ojilumbre mexicano	Conífero y encino inclinación
Verdín Amarillo	Humedales, arboledas

18.2 Hay una excelente vista de La Paz, la capital costera de Baja California Sur. A La Paz se le considera como uno de los mejores lugares en el mundo para practicar la pesca deportiva. Los peces del área incluyen al Marlín, Pez Gallo, Dorado, Cabrilla, Atún de Cola Amarilla, Tiburón Sierra y muchos otros.

17 El camino lateral va al asentamiento minero de fosfato de San Juan de la Costa. Los fosfatos son minados y transportados a otras partes de México para ser utilizados como

fertilizante. Esta mina proporciona cerca del 40 % del fosfato que usa el país.

En el Miembro San Juan de la Formación El Cien se encontraron los restos de ballena más antiguos en México.

Cerca del 90 % de la producción mundial de fosfatos viene de rocas sedimentarias de fosfato (Fosforita) de origen marino, tal como la que es hallada y minada en ésta área.

15 La carretera pasa a través de la pequeña área costera de El Centenario.

La bahía de La Paz, la bahía más grande en la costa este de la península y la lengua limo-arenosa de El Mogote se ven a la izquierda. El Mogote es una lengua arenosa angosta formada por el transporte hacia el sur de arena por las corrientes a lo largo de la costa este de la península. Separa el cuerpo principal de la bahía, de Ensenada de Los Aripes, la angosta entrada al oeste.

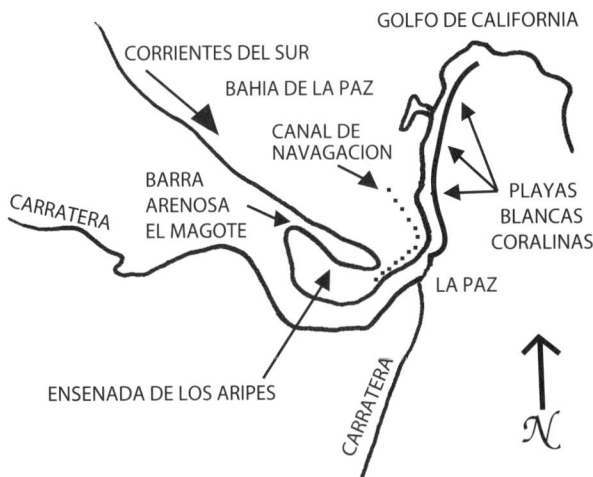

13 La carretera sigue la bahía sobre un llano supramareal con numerosos manglares.

8.9 Esta salida va hacia la derecha, al nuevo Aeropuerto Internacional de La Paz.

6.8 El camino de la derecha es la ruta más directa a los cabos. Siga hacia el golfo (Este) a Padre Kino, luego a la derecha a Forjadores, el cual se convierte en la carretera principal a Los Cabos, ó continúe más allá de Padre Kino por unas 5 cuadras hasta un centro comercial grande.

Hay por lo menos dos calles con direcciones para guiar al tráfico a Cabo San Lucas.

Para llegar a Pichilingue y los muelles del transportador, continúe por Abasolo hasta el Malecón.

0 **LA PAZ:** El Malecón en La Paz es una combinación de un muro de contención de cemento, adornado con Palmeras de Cocos y una banqueta, el cual sigue la línea de la bahía en la parte principal de La Paz. En la intersección de 5 de Febrero, la carretera 1 se convierte en México 11, una avenida frente al mar, con Palmeras de Cocos a los lados, que rápidamente se dirige hacia el norte a lo largo de la Bahía Pichilingue. Vale la pena ir a Pichilingue para admirar las bonitas ensenadas y las playas biológicas (*ver* la cubierta de este libro).

PASEO A PICHILINGUE Y EL MUELLE DEL TRANSPORTADOR POR VÍA DE MÉXICO 11:

La carretera México 11 a Pichilingue y los muelles del transportador pasa por alrededor de Ensenada de Los Aripes y sale por el de Paseo Álvaro Obregón. Hay varios retenes construidos en las playas para aminorar el transporte de la arena por las corrientes que entran a la bahía.

1.5 Este camino viaja principalmente sobre los sedimentos rosados, los volcanoclásticos gris-verde y las mega-brechas en el Grupo Comondú, el cual se puede ver claramente en los cortes. Hay un buen número de masivos conglomerados fluviales dentro de las capas.

2.5 La carretera se convierte en un camino dividido, separado.

2.8 La carretera sube por una pequeña ladera a través de roca rosada fallada y areniscas volcanoclásticas fluviales del Mioceno. Este es el mejor lugar para observar muestras de éstas rocas por los siguientes cien kilómetros en los acantilados a lo largo del golfo al noroeste de La Paz.

La carretera México 11 cruzará varias fallas normales inclinadas de orientación norte a

4.1 En los carriles interiores de la carretera pasa por la arena coralina de las playas de Coromuel. Estas playas han sido desarrolladas para tener una plaza pública y unos baños. A la derecha, se pueden ver higueras nativas (*Ficus palmeri*), enfrente de la playa Coromuel (*ver 7:98*).

Las lluvias, escasas en La Paz, llegan inconstantemente en la forma de violentas tormentas tropicales, llamados chubascos. Como resultado de esto, los veranos son secos y calientes, pero el nombre "Coromuel" se refiere al refrescante viento que viene desde el frío Océano Pacífico en el sur, que cruza la península y termina refrescando al pueblo en todas las tardes de verano.

4.5 Las marcas de canal para las embarcaciones, delimitan el angosto canal ubicado muy cerca de la línea de costa. El Mogote se hace formado del movimiento de la arena al sur y pilotes de arena en la Boca de la ensenada. Los corrientes limpia el canal cuando la agua se mueve dentro y fuera del canal.

5.1 El Caimancito. La pequeña roca costera, Islita Caimancito, recibió su nombre porque se parece a un caimán en caza.

La carretera pasa a través de más rocas volcanoclásticas del Mioceno de la Formación Comondú. En un día claro la importante anticlinal de San Juan de la Formación Comondú es visible en el lado oeste de la bahía de La Paz. Este anticlinal y uno al norte, abarcan más de 200 kilómetros al norte de La Paz. La misma capa puede ser seguida en casi todo ese estrecho. Estos anticlinales son fuertes prospectos petrolíferos, ya que la geoclinal del Cretáceo que contiene petróleo se halla debajo de las rocas volcánicas en el extremo este de la península.

5.3 La carretera dividida termina y vuelve a ser de un sólo carril en cada dirección. Hay exposiciones de sedimentos durante los siguientes kilómetros.

sur, relacionadas con el fallamiento frontal de la Sierra Victoria.

Debido a las características desfavorables del suelo, la vegetación es muy escasa en los sedimentos volcanoclásticos de alrededor y consiste de escasos Cardones, Lomboy, Palo Adán, Acacia y Cochal.

8.2 En Punta Prieta se encuentran los muelles de las refinerías y los tanques de almacenamiento de PEMEX, de propiedad federal. El petróleo es transportado desde el continente, a través del golfo, a la península para almacenamiento y distribución. Aunque se sabe que existen estratos petrolíferos, no se ha desarrollado ninguna fuente de petróleo propio de la península.

9 Hay una buena muestra de conglomerados fluviales angulares de la Formación Comondú en éste lugar.

9.4 La vista a una pequeña bahía con un pantano de manglares y un estuario pequeño revela la primera de una serie de espectaculares playitas de arena coralina, con aguas muy azules formadas por la reciente sumersión de ésta área.

10 Hay un pequeño restaurante en la orilla de ésta bella playa. La playa está formada por arena coralina de color claro, con un manglar pantanoso atrás de ella.

11.8 A medida que la carretera pasa al lado de otra pintoresca lagunilla, es posible ver aquí unas excelentes exposiciones de unas mega-brechas de sedimentos fluviales del Grupo Comondú.

14 La carretera corta a través de una enorme mega-brecha de sedimentos fluviales de la Formación Comondú.

El agua en esta hermosa lagunilla tiene un color verde-azul muy intenso, causando un fuerte contraste con la clara arena coralina de la playa. Es común ver a una Gran Garza Azul en los pantanos de los Manglares a orillas de la lagunilla.

La Gran Garza Azul (Great Blue Heron) (*Ardea herodias*) casi siempre es vista en las marismas, en las playas, ó hasta en los campos áridos de la península. La alta, esbelta y solitaria figura de la Garza Azul puede verse parada e inmóvil en un pozo de agua, ó avanzando lentamente, paso a paso, levantando cada pierna con tanta delicadeza que ni siquiera causa una onda en la superficie del agua. Las garzas pueden quedarse paradas como una estatua durante media hora mientras esperan a que llegue su presa. Con un movimiento rápido como relámpago de su cuello y pico, la garza atrapa su presa. Prefiere peces, pero también le gustan las aves, pequeños mamíferos, insectos, reptiles, ranas y crustáceos.

14.5   La carretera rodea una lagunilla a través de un Pantano de Manglar y atraviesa un llano supramareal tierra adentro de él. La vegetación en los llanos supramareales es escasa debido al suelo altamente salino (*ver* 16:35). En las laderas pueden verse algunos Cardones junto con algunos especimenes de Lomboy, Cactus Misión y Pitaya Dulce y algunos árboles de Acacia. Un pequeño Cardonal cubre el llano alto detrás de la laguna.

15.4   La carretera pasa a través de un corte casi vertical compuesto de mega-brechas fluviales muy resistentes. Sobre la laguna, a lo lejos se puede ver la isla Pichilingue.

16   Esta es la área de la rama interdisciplinaria de Ciencias del Mar, los laboratorios del departamento de Geología Marina y las instalaciones de investigación, de la Universidad Autónoma de Baja California Sur, ubicada en los llanos mareales, mientras que los edificios administrativos se encuentran en el pueblo.

16.5   Los muelles del transportador y las varias áreas de cargamento están a la izquierda.

En los muelles del transportador, las rocas en los cortes son mega-brechas de andesita. Más allá de los muelles del transportador, el camino de grava de la derecha lo conduce a uno al agua y a una hermosa playa pública, la playa pública de Pichilingue, ubicada en una hermosa lagunilla. Este es un buen lugar para explorar la costa.

La carretera cruza un puente construido para poder alcanzar la isla Pichilingue. Ahora, en algunos mapas de La Paz, se le conoce como la península de San Juan Nepomuceno.

17.2   La Bahía Pichilingue es una bahía profundizada por dragado utilizada como el punto principal para el transporte de mercancías para la Bahía de La Paz; evitando así el difícil y angosto paso a la bahía central de La Paz.

18   La carretera pasa por la arena coralina de las playas y sube por las andesita brechas.

19   La carretera pasa por Cardones espesos con Árboles Elefantes y Mezquites.

22   Empalme Las playas de Tecalotes están a la derecha 2 Km. Balandras, una de las mas bonitas bahías en Baja esta por la izquierda 1 Km. La foto en la cubierta de este libro fue tomada de la cresta en el otro lado de la bahía.

Se puede rodear por la derecha, alrededor de un pequeño punto rocoso, (es poco profundo) caminar por la playa hasta el siguiente punto, y después rodear hasta el final donde se ve la sombrilla.

SOMBRILLA

TRANSECTO 9 - LA PAZ A CABO SAN LUCAS
[212 Kilómetros = 131 Millas]

La Paz a Km. 175 - *La carretera transpeninsular sigue la zona de fallas del golfo en un graben-sinclinal relleno por aluvión.*

Km. 175 a Buena Vista - *La carretera se dirige a subir los frentes rocosos levantados de granito y rocas metamórficas, primero en El Triunfo, luego en San Antonio y San Bartolo para descender al golfo en Buena Vista.*

Buena Vista a San José del Cabo - *La carretera sigue hacia el sur sobre sedimentos marinos y continentales, sobre el relativamente llano plano de Santiago entre dos altos frentes graníticos, hasta San José del Cabo.*

San José del Cabo a Cabo San Lucas - *Finalmente, la carretera rodea la orilla sur del Mar de Cortez sobre abanicos aluviales hasta Cabo San Lucas y su base granítica.*

221   La mejor ruta fuera de La Paz hacia el Cabo es ir al sur por Padre Kino y después a la derecha en Forjadores.

210.5   La carretera dividida termina. Las aulas de la Universidad Autónoma de Baja California Sur se pueden ver a la derecha.

En 1982 y 1984, la carretera peninsular fue severamente dañada en este punto durante varias tormentas particularmente fuertes.

210   Aquí y durante los siguientes kilómetros, se ven expuestas andesitas y brechas de andesita del Grupo Comondú, a medida que éstas se meten por debajo de la carretera por la izquierda. Las blancas rocas graníticas de la región del Cabo forman los altos montes a lo lejos a la izquierda.

Al sur de La Paz, la orilla de la Sierra la Victoria es increíblemente recta, lo cual es resultado del reciente fallamiento en ésta área. La carretera sigue el graben-sinclinal de Todos Santos, el cual está situado en una depresión entre la bien definida falla de la Sierra la Victoria y el extremo sur del anticlinal en los sedimentos del Terciario. El graben está relleno de sedimentos que datan del Plioceno hasta fechas recientes.

Las rocas metamórficas y graníticas del Mesozoico de la Sierra la Victoria son similares en sus edades, relaciones y tipo de roca de la cadena peninsular y los batolitos de la Sierra Nevada. Todos formaban parte del mismo cinturón granítico antes de que la extensión del Cenozoico separara a la península del resto del continente. Las relaciones por edad en el golfo indica que ésta separación sucedió en la boca del Golfo de California hace como 3.6 millones de años y continúa hasta la fecha.

186   La carretera pasa a través del área de vegetación desértica costera de la región fitogeográfica del desierto costero del golfo central de la Baja California. Las plantas predominantes de la flora de la región del Cabo en ésta área son los especimenes del Cactus Cardón y un "bosque" mixto de árboles leguminosos tal como el Palo Mauto, Palo Blanco, Acacia, Tornillo y el Palo Verde. A lo largo de la carretera la planta dominante de la región del Cabo parece ser el Cactus Cardón. El siguiente en orden decreciente de dominancia son los Árboles Elefante, Lomboy y Palo Adán. Otras plantas menos dominantes que se han visto creciendo en la región del Cabo son la Cholla Saltarina (principalmente en suelos perturbados), jacolosúchil, Pitaya Dulce, Gobernador y la Flor Amarilla, la Yuca. La Yuca es un pariente de la flor gloria del amanecer que cubre a varias otras con una gran red.

LOS ÁRBOLES LEGUMINOSOS DE LA REGIÓN DEL CABO: Los árboles son una parte poca apreciada y muy importante de la flora del desierto de la península. Muchos de los árboles del desierto de la península son legumbres, las cuales producen una vaina que contiene numerosas semillas. Los árboles leguminosos, miembros de la familia Mimosaceae, ocurren más frecuentemente en las elevaciones bajas de los desiertos, arroyos y colinas que se hallan por debajo de los 1000 metros. Son comunes y abundantes en la región del Cabo. Los árboles leguminosos más comúnmente vistos en la región del Cabo son Vinorama (*Acacia brandegeana*), Palo Mauto (*Lysiloma divaricata*), Palo Blanco (*Lysiloma candida*) y Mezquite (*Prosopis*

	Vinorama (Acacia brandegeana)	Palo Blanco (Lysiloma candida)	Palo Mauto (Lysiloma divaricata)	Mesquite (Prosopis pubescens)
Corteza		blanco-plateada	café grisáceo, suave	Delgada, costrosa
Espinas	delgadas, ocurriendo individualmente	no tiene	no tiene	Cortas, las espinas salen en pares en los nodos
Flor	Picos amarillos	Cremosa bola blanca, como grupos		Picos amarillos
Vainas	Largas y delgadas	Larga, de pared delgada que se vuelve de color rojo cobre al madurar	Torcidas; Cobertura	Enrollada en espiral muy apretadamente
Cobertura	Planicies de inundación abiertas, arroyos bajos y mesas	Debajo de los 600 metros	Más arriba de los 300 metros	Debajo de los 1200 metros, cerca de fuentes de agua

pubescens). La siguiente lista le ayudará a identificar a éstas leguminosas tan comunes en los caminos de la región del Cabo:

Otro árbol no leguminoso que se puede ver comúnmente creciendo con las cuatro especies de árboles leguminosos de la región del Cabo es el Palo Verde de la familia de la Senna. Las especies de Palo Verde, son típicos árboles del norte del desierto de Sonora, más allá de la frontera internacional con E.E.U.U. con Baja California y crecen hasta en la región del Cabo. El Palo Verde de la región del Cabo es el *Cercidium praecox*. Es fácilmente distinguido de los árboles leguminosos por su fotosintético tronco y ramas (cladofilas) de color verde claro y su apariencia deshojada. El Palo Verde puede ser confundido como un árbol leguminoso ya que también produce un fruto como vaina, que contiene semillas como del tamaño de los árboles leguminosos.

PALO MAUTO

185   Esta es la salida a Todos Santos. Un poco más al norte de la salida a Cabo San Lucas hay grandes áreas que han sido limpiadas de la vegetación nativa para poder alimentar al ganado.

La Jacolosúchil tropical es también una planta común en ésta área.

La Jacolosúchil DE BAJA CALIFORNIA: Las Jacolosúchils crecen como matorrales ó como árboles hasta un tamaño de 9 metros en la región del Cabo desde un poco al sur de La Paz hasta Cabo San Lucas junto a los arroyos, cañones y laderas de colinas. Durante la mayor parte del año la Jacolosúchil no tiene hojas, pero es fácilmente reconocida por sus flores blancas, tubulares y largas, que salen de los extremos de las ramas. Florece abundantemente después de las lluvias de verano. Frecuentemente se ven a las Jacolosúchil creciendo en los jardines de las rancherías, donde son plantadas como adornos.

178   Sobre una pequeña cima a lo lejos hay una vista de la alta meseta de la Sierra la Victoria. Los cortes fueron hechos en material aluvial rosado que provino del subsuelo granítico erosionado.

176.8   A los Quelele de Cresta Grande se les puede casi siempre sobre el suelo. También hay varias otras especies de aves, incluyendo al Aguililla parda, la Paloma de Alas Blanca y el Falco aplomado, sobre los suelos y las líneas telefónicas a lo largo de ésta sección de la Carretera Transpeninsular.

El Quelele (Crested Caracara) (*Polyborus plancus*) del desierto abierto es un carroñero de patas largas que pasa la mayor parte de su tiempo sobre el suelo. Al estar volando, su cabeza y pico grande, cuello largo, garganta blanca con negro y su cola de bandas blancas, lo hacen distinguible de los zopilotes. Gracias a sus patas largas, los caracará encrestados caminan sobre los suelos colectando comida que consiste de pequeñas criaturas, carroña y a veces hasta plantas. También se les ha visto robándole la comida a otras aves.

175   A medida que la carretera cruza una serie de ondulantes riachuelos someros, pasa sobre la falla de la Sierra la Victoria y entra a la masa principal de la Sierra la Victoria que ha sido levantada por ésta falla. A lo largo de la carretera al sur de La Paz, la falla frontal de la Sierra la Victoria corta la pantalla de roca metamórfica en la orilla del batolito. La carretera cruza directamente de la planicie aluvial, sobre la falla frontal, a las rocas graníticas, con muy pocas rocas metamórficas.

174   La carretera pasa a través de cortes que exponen a los granitos rosas.

171.5   La carretera desciende por un lado de un arroyo grande y pasa sobre las gravas de un abanico aluvial, provenientes de la Sierra la Victoria.

168.4   Los esquistos filíticos de baja inclinación se ven aquí a ambos lados de la carretera.

168   La carretera sube a través de las colinas de la Sierra la Victoria. Hay una pequeña área minera, con un túnel de excavación y otra maquinaria al lado derecho de la carretera. Estas colinas están cubiertas de agujeros de prospección y poblados por Palo de Arco (*Tecoma stans*).

El Palo de Arco es un árbol ó matorral pequeño que produce flores amarillas grandes después

de las lluvias. Los tallos de éste matorral son utilizados para hacer las cajas de mercancías para transportas el azúcar cruda (panocha), que es producido en los molinos de caña de azúcar de Todos Santos.

PALO DE ARCO

167   En éste corte se pueden observar los gneiss con alta inclinación. Una zona de fallas separa a los gneiss de las intemperizadas rocas graníticas

VISTA DE EL TRIUNFO

165.2   Hay una vista impresionante de la vieja región mina de El Triunfo.

164   La pequeña aldea montañosa de El Triunfo fue establecida en 1862 con el descubrimiento de oro y plata. Este pueblo era el centro de una importante operación para la extracción

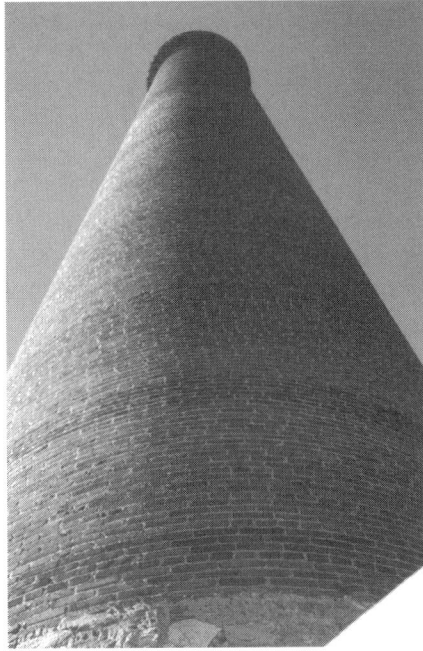

CHIMENEA DE LA REDUCTORA

de plata después de 1862. Las dos torres amarillas de una iglesia suben en medio de las chimeneas y demás edificios mineros de éste monte, en donde 50,000 dólares de oro y plata eran extraídos cada mes. Estas vetas están concentradas en diques, en las rocas metamórficas cerca del contacto con el granito. Se puede tomar un paseo a las minas principales sobre el primer camino a la derecha que vea, después de entrar al pueblo y cruzar el puente. Sígalo por dos cuadras, de vuelta a la izquierda en el deslave y cruce un viejo puente de ladrillos. El camino pasa por la fundición y la vieja torre. Es posible subir por la torre y ver por la vieja chimenea de ladrillos al cielo abierto.

BOSQUE EMPOBRECIDO

160   La carretera pasa a través de rocas mixtas de gneiss y granito. La vegetación de las laderas es principalmente una selva empobrecida de varias especies de árboles leguminosos. El área es tan seca que parece que ha sido quemada. Hay otras plantas que son vistas comúnmente aquí son la Pitaya Dulce (que casi parece un Cardón en éste ambiente), Árbol Elefante y Palo Adán. En ésta latitud del sur, la planta desértica Palo Adán, un pariente del Ocotillo, se hace menos abundante y es confinado a las áreas arenosas de más abajo.

LOMBOY – CARDON – PALO BLANCO – PITAYA DULCE

159.4 Hay prominentes diques graníticos en éste corte. Las rocas en la cima de este pasaje son gneiss y granito oscuros, invadidos por numerosos diques de granito claro.

157.5 La carretera desciende al pueblo de San Antonio, otra comunidad minera.

       Hay un buen número de diques y mantos volcánicos que cortan a ésta mezcla de rocas metamórficas y graníticas.

156   El histórico pueblo minero de oro y plata de San Antonio está ubicado en las colinas de la Sierra la Victoria. Este pueblo minero fue fundado en 1756 cuando Gaspar Pisón abrió una mina de plata más de 100 años antes del asentamiento del pueblo y las minas de El Triunfo.

155.5 La carretera que ahora asciende una ladera, revela hacia el sur una vista de los Llanos de San Juan, el cual se extiende al norte a Punta Colorado y hasta el golfo. La volcánica y granítica Isla Cerralvo está a la vista cerca de la costa. Las planicies de San Juan son parte del graben al cual bajará la carretera después de pasar la cima de la ladera.

Observe las plantas enrolladas en muchos de los árboles de ésta área. Son San Miguel (*Antigonon leptopus*) ó Yuca (*Mersemia aurea*).

YUCA

La Yuca es un miembro de la familia gloria del amanecer, que al crecer se sube y cubre a muchas de las otras plantas del desierto de ésta área. Cuando la Yuca muere, hacen que el huésped parezca cubierto en una red negra quemada. Las Yucas tienen flores en forma de trompeta de color amarillo que florecen todo el año, especialmente después de una buena lluvia.

Planta SAN MIGUEL: A esta planta ramera que crece sobre algunos de los árboles de ésta región se le conoce como San Miguel ó viña coral. Este miembro de la familia de los arbustos le recuerda a uno la comúnmente cultivada bugambilia. San Miguel crece desde el centro de la península hasta el Cabo y sus semillas y tubérculos (tallos subterráneos modificados) eran consumidos por los indios.

155 Los epidotizados gneiss de alta inclinación se ven expuestos en este corte. La pequeña salida proporciona otra buena vista de la aldea de San Antonio.

154 Esta es la mejor vista de la región aluvial de los Llanos de San Juan.

153.5 La carretera continúa a través de rocas metamórficas cortadas por los prominentes diques graníticos mientras cruza sobre el frente rocoso principal y la alta espina granítica de la Sierra la Victoria. La carretera baja a un valle (graben), que contiene a los pueblos de Santiago y Miraflores, antes de cruzar otro frente rocoso pequeño y descender al pequeño pueblo turístico y agrícola de San José del Cabo.

151 Las mimosas en ésta área parecen estar restringidas a las laderas altas de la Sierra la Victoria.

La vegetación dominante de ésta zona es el Palo Adán, Árbol Elefante, Cholla Saltarina, Pitaya Dulce, Pitaya Agria, Acacia y Lomboy. En la base de los montes está creciendo un cinturón de abundantes Cardones.

149 El camino a la izquierda se dirige al Rancho Los Encinos.

En esta región aplanada es común ver a los **Cenzontle Norteño** (Northern Mockingbirds). (*Mimus polyglottos*) Son aves

del tamaño de un pájaro carpintero, con pechos blancos y alas negras que muestran manchas blancas al estar volando y una larga cola angosta. Son expertos en imitar sonidos y repiten la mayoría de los sonidos de las otras aves locales mientras están anidando ó en vuelo. Estos mimos cantan más de noche que los otros miembros de la familia Mimidae, lo cual es un aspecto interesante, pero muy irritante si uno está tratando de dormir!

147.5 Aquí la carretera se divide. El camino a la derecha conduce a San Antonio de la Sierra. El camino de la izquierda continúa hacia Cabo San Lucas. Los afloramientos en las rocas metamórficas y graníticas, con numerosos diques de colores claros.

145.7 Las rocas graníticas en este kilómetro han sido fechados a una edad de 73 millones de años. La flora está dominada por Mimosa y Pitaya Dulce. El Palo Adán se puede ver a medida que la carretera sube la ladera.

Por toda ésta región se pueden observar Cabezón.

Cabezón (Loggerhead Shrikes) (*Lanius ludovicianus*) son fácilmente reconocidos por sus picos en forma de gancho, máscaras negras y las grandes manchas blancas que contrastan con sus alas negras. También se les conoce como aves "verdugo", ya que generalmente capturan pequeñas lagartijas, insectos, roedores y aves pequeñas y los arroja contra las espinas de los cactus, árboles, ó hasta los alambres de púas. Esto impide que su cena se escape.

145 Los bosques de la región del Cabo son bosques de "dos niveles". El Palo Mauto y las Acacias forman una parte alta que le da sombra a las plantas más bajas; esto produce un ambiente más húmedo y minimiza la evaporación. La Pitaya Dulce crecen en las bases de las laderas, en donde el agua se colecta a medida que se escurre de los montes circundantes.

143 El Palo Mauto y Jacolosúchil comienzan a ocupar sólo las partes altas de los montes. Las Acacias empiezan a tomar dominancia como árboles de fronda.

137 Pasando el rancho El Rodeo, los Cactus Cochal se observan a la izquierda de la carretera. Algunos Cardones están mezclados con Pitaya Dulce en ésta sección de la carretera.

El fruto de la segunda cosecha es la grande y rica fruta roja de la pitaya dulce (*Lemaireocereus thurberi*) que madura a finales de verano y otoño. Los indios nativos de la costa del golfo se acabarían éstos frutos cuando estuvieran en temporada durante la "primera cosecha". Los frutos, como las fresas ó las moras, contienen pequeñas semillas negras (achenes) que son demasiado numerosas para quitarlas todas. Los indios sabían que la "primera cosecha" sólo duraría un corto lapso de tiempo y que luego volverían a tener hambre.

136 En este corte, los granitos intemperizados están cortados por diques.

134 La carretera empieza a correr aproximadamente paralela a un arroyo poblado principalmente por Arbusto de Queso.

131 A lo largo de la carretera hay algunas muestras de granitos de color claro con xenolitos más oscuro.

Aquí se puede ver creciendo a una Higuera Silvestre, mientras que las Yucas se están volviendo muy comunes.

130 Hay un rancho pequeño a la izquierda. A los lados de la carretera, sobre los suelos perturbados está creciendo baccharis con ramas casi deshojadas, coronadas con masas verdes y rígidas. Por lo regular, se cortan éstas ramas y se amarran juntas para utilizarse como escobas.

128.5 Creciendo profusamente alrededor de la aldea agrícola tropical de San Bartolo hay Aguacates, Caña de Azúcar, Limones, Limas, Mangos, Papayas, Higos, Dátiles y Palmas. La vegetación de éste arroyo es frondosa y tropical con las Acacias como las plantas dominantes. Hay algunos Palo Adán, Árbol Elefante, Palo Mauto y Pitaya Dulce entre las Acacias.

Al sur de San Bartolo la carretera sigue el banco de arena del noreste del arroyo. Hay numerosos cortes de los granitos en el arroyo y en los montes.

125 La terraza fluvial que se halla del otro lado del cañón fue formada cuando el nivel del mar estaba más alto, causando que los ríos erosionaran a los abanicos a un nivel más alto.

124 Hay masivas exposiciones de rocas graníticas frescas en los cortes un poco antes del puente El Saldito.

123 La carretera casi baja al arroyo en donde los cortes muestran el material de la terraza fluvial y luego se sale del arroyo y sube a la terraza.

120   Esta área antes era una cuenca que fue rellenada con grueso material granítico. Ahora está siendo levantada y disectada. Los montes en el lado opuesto del arroyo al sur, dan la impresión de que han sido quemadas. Están cubiertos con las gravas graníticas grises que se encuentran debajo de ésta área levantada. Estos granitos grises, junto con la escasa vegetación, le dan a ésta área su apariencia opaca. Sin embargo, este bosque es frondoso y verde durante la temporada de lluvias del verano.

119.5   La carretera cruza el deslave principal de San Bartolo con afloramientos de los recientes sedimentos del Pleistoceno. Estos sedimentos son material de abanicos aluviales levantados, compuestos esencialmente de material granítico de la Sierra la Victoria.

A las orillas de ésta zona se encuentran Mimosa (*Lysiloma* sp.), Tamarisco y Lomboy creciendo en abundancia. Ocurren frecuentes inundaciones es ésta zona, esto es indicado por la rareza de las plantas. La alta energía de las inundaciones está indicada por el ancho y la profundidad de la zona erosionada. El arbusto dominante de las partes bajas de ésta zona es el arbusto de queso. Es capaz de reestablecerse mucho más rápidamente que cualquier otra planta; puede crecen en ésta zona en medio de las intermitentes inundaciones.

118   Hay cuatro niveles de terrazas que indican diferentes períodos de levantamientos. La principal y más antigua superficie de abanico está en el otro lado de los acantilados amarillos. Un poco abajo está una superficie secundaria que está poblada de Palo Verde, Palo Mauto y Acacia. Un tercer nivel está más cerca a la carretera con árboles más pequeños creciendo sobre él. Y la cuarta es el nivel de la zona erosionada al lado de la carretera. Los montes más altos, más allá de la cuarta superficie, son de gravas aluviales provenientes de otro nivel, de un abanico todavía más antiguo.(*ver* 10:123)

113.5   La carretera cruza el arroyo Buenos Aires y muestra algunos cortes de material de abanico aluvial, grandes bloques de granito y lentes de arenisca. Estos bloques son casi de puro granito, sólo con algunos clastos de roca metamórfica.

Algunas partes de los montes al sureste de Los Barriles son metavolcánicos. Moreno ha fechado las rocas metamórficas del lado Oeste de la sierra a una edad de 73 millones de años. Los granitos cerca de El Triunfo han sido fechados a una edad de 73 millones de años y los que se hallan cerca del Cabo a una edad de 63 millones de años.

101   La carretera pasa entremedio de dos bloques de frentes graníticos en un graben relativamente plano que ha sido rellenado con miles de metros de sedimentos, los cuales han sido levantados y ésta siendo disectado similarmente a la zona de erosión de San Bartolo. Ambos lados del graben pueden ser vistos en la larga línea de montes graníticos, al sureste y en la línea de la espina dorsal granítica de la Sierra la Victoria, al oeste.

92.5   En estos cortes hay muestras del Grupo marino Salada con sus areniscas amarillas que alternan entre granos finos y gruesos. El camino de la derecha se dirige a Las Cuevas, en donde se supone que hay buenos pictogramas indios sobre las rocas (*ver* 5: 118). La carretera a la izquierda sigue por 12 kilómetros a La Ribera en la costa; luego se va 30 kilómetros hacia el sur por el golfo hasta Cabo Pulmo, el único verdadero arrecife de coral en el Golfo de California.

Cabo Pulmo consiste de una bahía grande con una pequeña aldea pescadora y un lugar para acampar algo rústico. La pesca es excelente y el buceo es bastante bueno por el arrecife, con abundantes peces tropicales. Un poco más allá de Cabo Pulmo está Punta Frailes, el punto que está más al Este en la península. Esta considerado como un área protegida, coopere con este esfuerzo.

Los arrecifes de coral se hallan en donde, 1) la temperatura promedio del agua es de 25° C y el mes más frío no pasa por debajo de los 15° C, 2) hay salinidad normal, 3) hay ausencia de turbidez y 4) hay luz (menos de 150 metros de profundidad). Los corales pueden y viven en aguas frías y profundas.

89   En la cima del monte hay una buena vista del graben del Grupo Santiago. La Formación del Neógeno tiene una longitud de varios kilómetros hasta la base de los montes en el oeste. La falla frontal en la base de estos montes se orienta de norte a sur, casi paralela a la carretera. Los montes al este están sobre el lado este del graben. Los manantiales caliente están ubicados hacia el este, sobre la falla cerca de Agua Caliente.

VISTA AL OESTE EN EL GRABEN DE SANTIAGO

88   Durante el siguiente kilómetro, a lo largo de la carretera hay excelentes muestras de las turbiditas del Grupo Santiago. En su mayoría son areniscas enormes con otros tipos de sedimentos intermezclados en capas.

84.7   Este camino conduce a la comunidad agrícola de Santiago. Los indios Pericú una vez habitaron ésta región y se rebelaron contra los españoles en 1734.

Los jesuitas españoles llegaron primero a la península, en 1697, a Loreto donde establecieron la primera y más antigua misión del nuevo mundo. El propósito de la misión era el de convertir a los indios nativos al cristianismo. Los jesuitas fueron los primeros agricultores de la península y desarrollaron un sistema de irrigación que les permitiría cultivar palmeras de dátiles, higueras y olivos. La única fuerza laboral disponible era el provisto por los indígenas. Las condiciones de la península eran tan difíciles que los jesuitas nunca pudieron producir suficiente comida para alimentarse a sí mismos y a los indios, así que sólo algunos indígenas vivían en la misión. Los demás continuaban viviendo tal y como lo habían hecho antes de la llegada de los españoles y sólo iban a la misión de vez en cuando, ó en días religiosos festivos.

Los jesuitas fueron expulsados de la península por decreto del rey Carlos III de España. Antes de la expulsión de los jesuitas, los indios Pericú se rebelaron contra los monjes en 1734 y mataron a monjes, trabajadores de la misión y hasta la tripulación de un Galeón español que había atracado en Santiago para recoger provisiones y agua. Un razón por la que se rebelaron es que no querían aceptar el cristianismo; eran polígamos y buscaban los consejos de poderosos shamanes. Los jesuitas trataron de detener la poligamia castigando a los indios en público por sus estilos de vida anticristianos y trataron de ridiculizar a los shamanes. Después de la rebelión, los indios Pericú retomaron su vieja forma de vida. En 1768 los jesuitas fueron expulsados y reemplazados por los franciscanos y luego los dominicos. Los indios perecieron a causa de las enfermedades que contrajeron de los europeos y las misiones fracasaron.

82.3   Llegando a la cima de ésta pequeña elevación obtiene una vista panorámica del graben. La naturaleza rectilínea de la falla de la Sierra la Victoria y la mera naturaleza llana de los sedimentos que rellenaron el graben, son bastante obvios.

81.8   Esto es el Trópico de Cáncer, el cual es el límite entre la zona templada y la zona tropical.

70.9   La carretera pasa la salida a Miraflores. Los artesanos de Miraflores producen excelentes trabajos en piel.

El camino a Miraflores ofrece una vista espectacular de la meseta de la Sierra la Victoria. Hay dos picos muy altos a ambos lados de un pasaje grande casi al frente. El pico de la izquierda es el cerro Santa

Genoveva, de 1892 metros de altura. El pico de la derecha es de 1824 metros de altura.

67 La carretera desciende a un arroyo principal con sedimentos fanglomerados de grano fino a ambos lados y fanglomerados gruesos por arriba.

53 Sobre la planicie la vegetación a disminuido. La vegetación está dominada por Árboles Elefante, Cholla Saltarina, Lomboy, Cochal, Palo Mauto, Palo Zorrillo, Escasas Acacias, Pitaya Dulce, Cardón, Palo Verde, Mimosa, y Toji.

49.5 Al Este hay muestras del Grupo Santiago en la orilla de la cuenca Santiago. Las capas están inclinadas para arriba hacia la orilla del frente rocoso.

43 Esta salida se dirige al aeropuerto internacional de Los Cabos.

35 Cerca de San José del Cabo, el Lomboy, se vuelve la planta dominante del área (más de 2/3 partes de la vegetación). Las Acacias y las Chollas conforman el resto de la vegetación.

33 La carretera se divide aquí. El camino a la derecha continúa a Cabo San Lucas. El camino de la izquierda va a San José del Cabo. Hay unas interesantes juntas ortogonales en los granitos, cruzando la calle de la estación de PEMEX. Debido a la abundancia de rocas graníticas en ésta área, las bellas playas blancas están compuestas de cuarzos y feldespatos.

27.8 Un pequeño Cardonal está creciendo en el arroyo al lado de la playa. Sobre el monte hay más Cardones, Pitayas Dulces, Palo Adán, Palo Mauto, Árboles Elefante, Cholla, Pitaya Agria y Lomboy.

Al norte de la aldea de Palmilia, las áreas de las planicies están dominadas por Lomboy, Acacia, Árbol Elefante, algunas Pitayas Dulces, pitaya agria y mimosa (*Lysiloma sp.*). En los deslaves, el palo adán predomina sobre los demás. La mayoría de la vegetación no rebasa los 2 - 3 metros de altura, lo cual es característico de las plantas espinosas de la región del Cabo.

27 Los granitos se hallan cubiertos por sedimentos fluviales (la mayoría son de granitos erosionados). Estas muestras siguen hasta por numerosos kilómetros hasta la costa.

22 Hay algunas vistas del Cabo sobre la carretera durante los siguientes kilómetros. El oleaje es mucho más fuerte aquí debido a la proximidad del Pacífico. En los cortes hay muestras de granitos rosados acuñados, alterados y altamente intemperizados.

21.1 Los granitos expuestos en estos cortes han sido fechados a una edad de 63 millones de años.

19 La carretera continúa atravesando la superficie ondulante del abanico aluvial disectado.

16.4 Hay aquí un buen número de diques, que están relativamente poco intemperizados, que cortan a los granitos intemperizados.

15 El oasis de palmeras del hotel de Cabo San Lucas está sobre la costa. Muchas de las pequeñas puntas y rocas costeras a lo largo de la línea de la costa, son la base de pequeñas colonias de arrecifes.

TERRAZA MARINA

6 Hay una vista espectacular del Cabo, la bahía, Los Arcos y las columnas en la punta del Cabo.

CABO SAN LUCAS

LAS COLUMNAS Ó ARCOS DE LOS FRAILES:

Las rocas que se observan al final de Cabo San Lucas son conocidas como Los Frailes. Geológicamente, Los Frailes son islas rocosas aisladas en forma de arco que han quedado separados de la punta de la península por erosión de las olas. En algún tiempo en el futuro, Los Frailes serán completamente destruidos por la erosión de las olas en las puntas. Las olas que golpean contra un acantilado creado por las mismas olas, producen varias peculiaridades como resultado de la erosión diferencial de las secciones más débiles de la roca. Las acciones de las olas pueden crear cavidades ó hasta cuevas marinas en el acantilado y si ésta erosión llegara a cortar una saliente, se formaría un arco marino. El colapso del techo de un arco marino deja una columna de roca, la cual queda aislada del acantilado. Ha ésta área también se le llama "El Fin de la Tierra" (Finisterra).

5 La prominente terraza en el monte es también parte de la punta principal. Refleja un nivel del mar más alto a 10 metros. Hay un campo de dunas costeras relativamente grande, erosionada hasta aproximadamente los 10 metros del nivel de la terraza, la cual se extiende por la costa hasta unos 5 kilómetros de distancia.

3 La carretera cae hasta estar cerca del nivel del mar.

2 La carretera cruza una zona de erosión. Tome el camino de la derecha a Todos Santos. Sigue la carretera dividido alrededor del puerto para seguir al Cabo.

En las planicies que rodean a Cabo San Lucas, la planta dominante es el Mezquite, acompañado por escasos Lomboy, Cardón, Pitaya Dulce y Agria, Cholla y Tamarisco. Para continuar hasta el Cabo, siga la carretera dividida alrededor de la bahía.

Las rocas grandes entre los hoteles Solomar y Finisterra contienen tremendos xenolitos, hasta de 2 metros de largo y 1 metro de ancho, con ejes verticales predominantes.

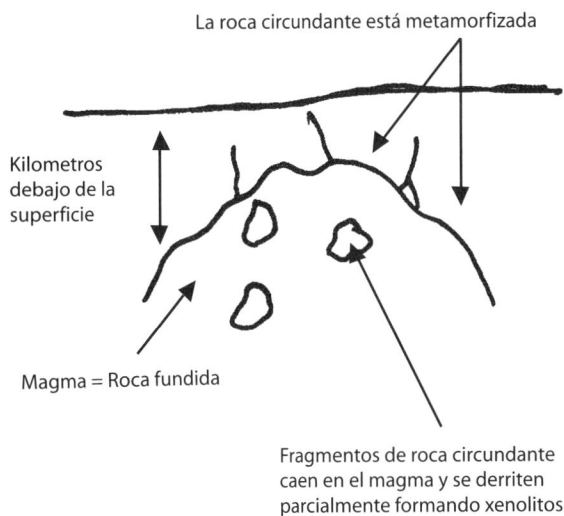

La roca circundante está metamorfizada

Kilómetros debajo de la superficie

Magma = Roca fundida

Fragmentos de roca circundante caen en el magma y se derriten parcialmente formando xenolitos

XENOLITOS: Durante la intrusión del magma, la roca fundido derrite y empuja la roca circundante. Los pedazos de la roca circundante se interrumpen al sumergirse en el magma. Algunos de pedazos de las rocas se derriten en partes y el pedazo que resulta es generalmente más rico en hierro y así más oscura que la roca ígnea del magma. Estos pedazos se llaman xenolitos.

XENOLITO EN GRANITO EN CABO SAN LUCAS

Si andas sobre la playa y subes el promontorio sales al fin de la tierra y puedes cruzar la península en la playa.

TRANSECTO 10 - CABO SAN LUCAS A LA PAZ Y TODOS SANTOS
[157 Kilómetros = 97 Millas]

Cabo San Lucas a Todos Santos - *Partiendo de Cabo San Lucas, la carretera transpeninsular se dirige hacia el norte atravesando en su mayor parte las disecadas superficies de los abanicos aluviales provenientes de la granítica Sierra La Laguna. Al costado de la carretera, al pasar uno por la zona costera, se hallan extensos campos de dunas y planicies supramareales. Cerca de Todos Santos, la carretera sube a través de los varios pasajes entre las rocas graníticas y metamórficas.*

Todos Santos a La Paz - *En Todos Santos es en donde la carretera toma rumbo hacia el interior de la península para viajar sobre una superficie aluvial disectada, a lo largo de una importante falla geológica, cerca de los montes graníticos de Sierra La Laguna.*

123   Hay dos caminos en la Carretera 19 para viajar desde Cabo San Lucas a Todos Santos y a La Paz. Vuelva a tomar la ruta para ir a la estación de PEMEX y de vuelta a la izquierda en la Carretera 19 Norte, ó tome la calle principal del pueblo, llamado Paseo Morelos.

A partir de Cabo San Lucas la carretera lleva dirección hacia el Norte sobre abanicos aluviales dirigiéndose a la meseta granítica de la Sierra La Laguna. En ésta área, la carretera pasa a través del Cabo de la región fitogeográfica. La vegetación a los lados de la carretera consiste de un abundante bosque de arbustos espinosos, dominado por las especies Acacia, Pitaya Dulce, Cardones, Árbol Elefante, Yuca, Lomboy, Palo Mauto y varias especies de Cholla.

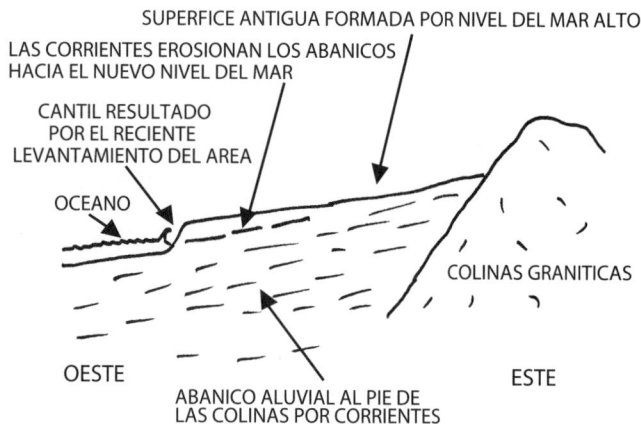

SUPERFICE ANTIGUA FORMADA POR NIVEL DEL MAR ALTO

LAS CORRIENTES EROSIONAN LOS ABANICOS HACIA EL NUEVO NIVEL DEL MAR

CANTIL RESULTADO POR EL RECIENTE LEVANTAMIENTO DEL AREA

OCEANO

COLINAS GRANITICAS

OESTE

ESTE

ABANICO ALUVIAL AL PIE DE LAS COLINAS POR CORRIENTES

115   La carretera ondula a través de una área de topografía madura cortada dentro de las pendientes aluviales. La ausencia de rocas protuberantes en ésta área se debe al fuerte intemperismo tropical de las rocas graníticas y el subsiguiente entierro de las rocas por el aluvión. Los cauces presentes están cortando los abanicos para establecer otra superficie unas cuantas decenas de metros más abajo.

113   Los Cardones se han convertido en la vegetación predominante más alta. La carretera pasa a través de varios cortes hechos en el granito para ella. En esta región se encuentran a la vista varios ejemplos de granitos.

CARDONAL

111   La carretera llega a otra cima con vistas al océano Pacífico y desciende lentamente sobre la superficie de un abanico aluvial hacia la costa del Pacífico.

107.1 Al pasar la carretera por una zona muy erosionada, se pueden ver excelentes ejemplares de granodiorita en la parte inferior de la zona.

107   La carretera sube gradualmente sobre la superficie de otro abanico aluvial disectado.

104.5 Al llegar la carretera a la cima de otro pasaje, al oeste se tiene otra vista del Océano Pacífico y otras dunas costeras activas.

103   La vegetación se compone esencialmente de las mismas especies halladas en el kilómetro 123, pero los árboles son notablemente más bajos, raramente pasando de los 3-4 metros

de estatura. Los suelos se hallan dominados por Lomboy y Matacora, con algunos Árboles Elefantes, Cardones y Acacias.

Más de 8,000 especies de Euphorbiaceae crecen en todo el mundo. Algunos proporcionan alimento y aceites, mientras que otros son ornamentales ó medicinales. Las dos especies de *Jatropha* sp. mas vistas a lo largo de las carreteras de la península son *J. cinerea* y *J. vernicosa*, halladas en llanos, laderas montañosas, mesas y sierras. La sávila de *J. cinerea* es un potente antiséptico, sirviendo para curar heridas, labios resecos y por desgracia, manchar permanentemente la ropa. Hay especimenes de Lomboy desde Punta Prieta, en el lado del Pacífico de la península, hasta Bahía de los Ángeles al sur del Cabo.

LOMBOY

Lomboy: (*Jatropha* sp.) Este pequeño matorral es frecuente a lo largo de la carretera sobre planos, bajadas y mesas en ésta parte del llano de Magdalena y es miembro de la familia Euphorbiaceae. Los miembros de ésta familia generalmente producen una sábila ácida lechosa.

Matacora: (*Jatropha aurea*) Es otro matorral integrante de la familia de las Euphorbiaceae, el cual es abundante en ésta área.

Los Árboles elefante de ésta área son representadas por las especies de los géneros *Pachycormus* sp. y *Bursera* sp. Debido a que almacenan agua en las células corticales

de sus troncos, éstos árboles crecen frondosos a pesar de las condiciones extremadamente áridas de ésta región. Los *Bursera* sp. son fácilmente distinguidos por el olor a incienso que producen sus hojas ó sus frutos. Los tejidos de *Pachycormus* sp. No presentan ningún aroma.

El **Palo Verde** es un árbol de corteza verde que produce vainas del tipo de las leguminosas. Sin embargo, el Palo Verde es de la familia de la Senna, no la familia de las legumbres. Similar al Lomboy, éste árbol normalmente no tiene hojas, lo cual es una adaptación para reducir la pérdida de agua por transpiración (un proceso de evaporación de agua a través de miles de poros hallados en las hojas) durante los períodos de sequía. El tronco verde del Palo Verde es un cladodo; es decir, es un tallo fotosintético que funciona como una hoja y lleva a cabo la fotosíntesis en la ausencia de hojas.

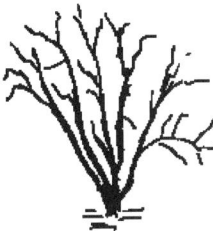

El **Palo Adán** está relacionado con el Ocotillo, el cual se ve comúnmente en los desiertos en el norte de la península. Sin embargo, el Palo Adán tiene ramas más gruesas, un tronco, flores más pequeñas y normalmente crece desde el paralelo 28 al sur, hasta la región del cabo en los suelos arcillosos y graníticos de los llanos aluviales.

PALO ADÁN

La Ramalina es un líquen epífito folioso formado por la combinación de células algales que viven dentro de los tejidos y células de un hongo en una simbiosis mutualista. Las células algales proporcionan azúcar al hongo anfitrión, el cual la utiliza como una fuente de energía. A cambio el hongo le proporciona protección, agua y bióxido de carbono a las algas para sus procesos de fotosíntesis. Otras especies de líquenes forman costras sobre las rocas de ésta área. Estos líquenes costrosos dan la apariencia de ser pintura derramada, en diversos colores. Un liquen es una relación simbiótica entre una alga y un hongo, los cuales no tienen la capacidad de fotosintetizar sus nutrientes. Debido a un sistema de vida muy especializado, pueden existir sobre las rocas y obtener sus nutrientes del aire, luz del sol, lluvia, agua y las rocas mismas. Son instrumentales en la desintegración de las rocas, logrando esto por su producción de ácidos orgánicos débiles, resultando en la producción de las arenas y arcillas que forman los suelos. El liquen también ayuda a mantener a la roca húmeda, promoviendo un intemperismo químico más intenso. Los líquenes son comunes en los desiertos y por lo regular representan ser la vegetación dominante en ciertos ecosistemas desérticos.

100 Al pasar por una sección poblada por escoba amarga, a los lados de la carretera se ven rocas metamórficas mezcladas con rocas graníticas, cortadas a su vez por diques.

99 Las montañas hacia el este son parte de la Sierra La Victoria, formada de granito.

98 Al llegar la carretera a una parte baja, hay otra vista del Océano Pacífico. Se ven numerosas dunas cerca de la costa, activas y estables.

La vegetación en ésta región es escasa. Las plantas más altas son de Árbol Elefante y Cardones, mientras que los suelos están dominados por los arbustos Lomboy y Matacora.

96 Durante los siguientes kilómetros, la carretera continúa paralela a la línea de costa, la cual

se encuentra a 1-2 kilómetros al oeste de la carretera. Aquí se puede seguir observando al océano Pacífico y su margen de dunas activas y estables.

91 En este punto hay un camino de terracería que se dirige al oeste por 1 kilómetro bajando al mar y termina en una bella playa arenosa con acantilados rocosos y secciones de roca granítica.

82 Desde éste punto se extiende una superficie aluvial hasta la playa. Se encuentra truncada por una terraza marina a 10 metros de altura sobre la playa arenosa. Al fondo de la suave pendiente de esta superficie aluvial se localiza una playa muy atractiva, cerca de Las Cabrillas. Sin embargo es peligroso nadar aquí porque el oleaje es muy fuerte.

Es común ver granitos y metamórficas mezcladas en los cortes del terreno. La carretera en ésta zona fue construida sobre una base de suelo granítico arenoso, el cual se desarrolló en los abanicos aluviales que corren hacia el Pacífico. Los granitos provienen de la sierra La Victoria y fueron bajados por lluvias y arroyos.

79 Hay una vista del océano Pacífico y un rancho rodeado por árboles frutales y Palmas.

75.5 Una berma de tormenta ha atrapado agua en la tierra baja detrás de él formando un llano supramareal.

Hay abundante cantidad de Cardón alto y unos cuantos Manglares están creciendo detrás de la berma. Hay también algunos Cardones creciendo en las laderas que hay alrededor, pero debido a la escasez del agua la vegetación en estas laderas es baja y no rebasan ni el metro de altura en los mejores sitios.

74.5 Aquí hay un buen camino de terracería de aproximadamente 100 metros de largo que se dirige hacia la playa. Una caminata por este lugar hace posible una inspección detallada de la berma de tormenta, llanos supramareales y superficie aluvial.

73.7 Al llegar a la cima de un pasaje bajo, en medio de rocas de gneiss, la vista al norte revela varios kilómetros de la costa del Pacífico, formada por arena de cuarzo.

71 El Epífitos de Gallitos crece profusamente sobre los Cirio y Palo Adán de ésta región.

69.2 Otra buena vista de un llano supramareal (salitrales). Los salitrales están generalmente secos durante la mayor parte del año. Más al norte, en la costa oeste de la península, forman superficies sólidas que sirven muy bien como caminos. Sin embargo al inundarse durante las épocas de lluvias en el verano ó por mareas muy altas, se vuelven resbalosas, lodosas y bastante inservibles, evítelas!

68 La carretera continúa atravesando las superficies de los abanicos aluviales con repetidas vistas de Punta Lobos. El gneiss y otras rocas metamórficas son las que dan forma a Punta Lobos.

52.2 Todos Santos es una aldea campesina relativamente pequeña asentada en el fértil valle Todos Santos, cerca del Pacífico y del Trópico de Cáncer. El pueblo comenzó como una comunidad agrícola a principios del siglo XVIII y finalmente adquirió el estatus de una misión al construirse la Misión Todos Santos de Santa Rosa en 1732. Los altos árboles a los lados de la carretera entrando a Todos Santos son Mangos. En los molinos de Todos Santos, se obtiene a un líquido muy dulce partir de las cañas de azúcar que allí se trabajan. Este líquido se cuece hasta que se hace oscuro, que después de verterse en unos conos produce un azúcar moreno de grano grande al cual llamamos "Panocha".

50.8 Se puede observar un anticlinal en los cortes hechos en las laderas de rocas metamórficas a la derecha. Al norte de Todos Santos, la carretera continúa casi paralela a la zona de fallas de Sierra La Victoria; esta falla esta continúa por la península y pasa por el lado este de La Paz. A la izquierda está la zona de fallas del llano de Santo Tomás. La estratigrafía de Todos Santos está formada,

en secuencia, por sedimentos del Plioceno, suelos volcánicos del Mioceno y sedimentos marinos y por último, de un sinclinal del Cretácico que está truncado por la falla de Sierra La Victoria.

45 Al entrar a una curva, se pueden ver los montes del extremo norte de la Sierra La Victoria. La falla al frente de la Sierra corta diagonalmente a la carretera de derecha a izquierda.

39 La carretera desciende a un rió por en medio de rocas graníticas expuestas. Una pequeña terraza cubre a estos granitos, mientras que río abajo se observan otros fragmentos grandes de granito.

Localmente la superficie erosionada de la meseta de la Sierra La Victoria tiene una pendiente suave, formada por las aguas que corren en la base de la abrupta y retrogradante frente de la Sierra. La superficie erosionada tiene una capa de granitos y rocas metamórficas con una delgada capa discontinua de aluvión, proveniente de la meseta de la Sierra La Victoria. Esta capa pasa sobre la falla y se hace bastante gruesa en el lado caído de la falla. Hay una serie compleja de fallas en esta zona frontal de fallas.

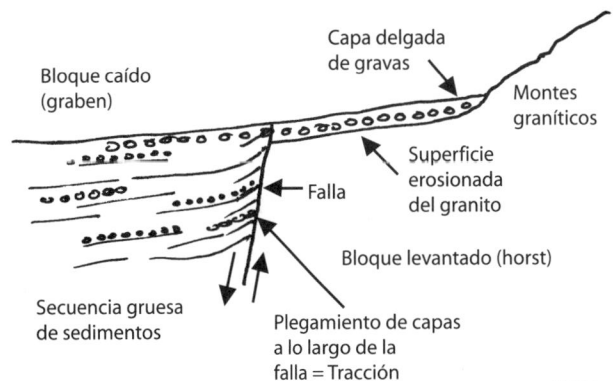

29 Hay una buena vista del lado derecho posterior de la meseta de la Sierra La Victoria. La carretera continúa hacia el noreste sobre una superficie aluvial por unos bastantes kilómetros y luego vira hacia el Este para La Paz. A medida que uno cruza este llano, se van aproximando a la más pequeña de las mesetas de la Sierra Las Calabazas.

Ponga mucha atención al manejar por esta sección de la península y puede que vea a un correcaminos cruzando la carretera.

El correcamino Californiano (Greater Roadrunner) (*Geococcyx californianus*) es el pájaro terrestre de gran tamaño que verá corriendo por el chaparral y desiertos en toda la península. Las características más identificables del correcaminos son su cresta negra y su larga cola negra de punta blanca. Una mirada cercana a sus ojos revelará que éstos están rodeados por un bello plumaje rojo, blanco y azul. La comida de éste depredador consiste de cualquier cosa que se mueva (principalmente lagartijas, serpientes e insectos). También se le conoce como correcaminos norteño.

0   Intersección de la carretera 19 norte que va hacia La Paz y la carretera 1 sur que va de regreso a Cabo San Lucas. Desde ésta intersección son aproximadamente 34 kilómetros hasta La Paz.

PLAYA DEL GOLFO AL FINAL DE LA TIERRA

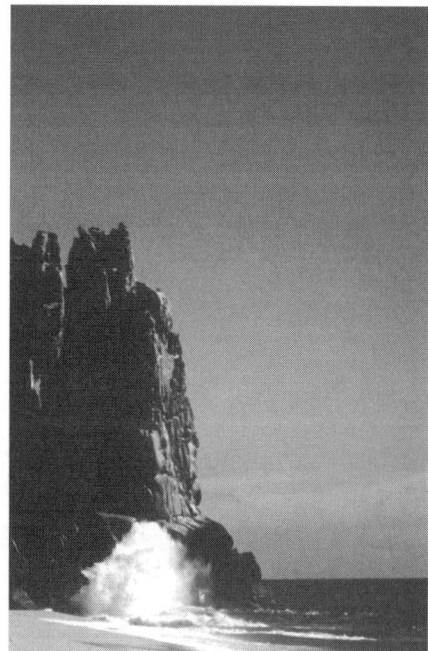

ARROJANDO RED PARA ATRAPAR CARNADA

JASON TOMANDO LA FOTO PARA LA PORTADA

PLAYA DEL PACÍFICO AL FINAL DE LA TIERRA

TRANSECTO 11 - LAGUNA CHAPALA A SAN FELIPE
[215 Kilómetros = 133 Millas]

Nota: Las marcas de kilometraje probablemente cambiarán. Utilice los sitios principales como puntos de referencia relativos. Su vehículo deberá de encontrarse en perfectas condiciones y levemente levantada la suspensión.

0   La carretera continúa hacia el Este sobre un lago seco, cortando por el extremo norte de la laguna seca de Chapala en un capa de basalto que está elevado sobre el deposito del lago.

2.6   Este es el rancho viejo de la Laguna Seca de Chapala, ya abandonada. El sitio fue escogido por las minas, las cuales están al pie de los montes de granito al norte y porque la carretera vieja principal peninsular interceptaba a otro camino que se dirigía al este, hacia las minas de Las Arrastras, continuando hasta Bahía San Luis Gonzaga. Durante los siguientes 5 kilómetros la carretera viajará a través de terreno compuesto de rocas metamórficas y granitos.

7.7   Después de cruzar una pequeña falla, la carretera sube y sale del arroyo, pasa por encima de un monte que se halla en un cinturón de rocas prebatolíticas volcánicas, las cuales han sido fracturadas entre granitos y otras rocas.

8.6   La carretera primero cruza sobre rocas graníticas y luego sobre rocas metamórficas, después toma una curva y sigue por un cañón en medio de las rocas metamórficas.

La vegetación consiste de Gobernadora, Incienso, Garambullo, Cardón (pequeños y escasos), Cirio, Ocotillo, Hierba Liebrera, Mariola, y Salvia Púrpura.

9.7   Cruza una pequeña separación en las rocas metavolcánicas y comienza a descender un cañón entre rocas metavolcánicas. Estas rocas se orientan hacia el noreste con una inclinación de aproximadamente 70 grados.

10   El monte a la derecha está cortado por varios diques pequeños de cuarzo. El cuarzo está

siendo intemperizado y depositado a los lados del monte.

13.6   La carretera sigue bajando por un cañón ancho y empinado. En las rocas metavolcánicas, la carretera está avanzando hacia esta sección.

En el fondo del cañón, hay Ocotillo, Cardón y Árbol Elefante más grandes. A los lados de los Árboles Elefante se hacen Escasos y los Cardones desaparecen dejando Ocotillo, Garambullo, Biznaga y Agave.

14.5   Al salir la carretera del cañón, cruza una falla normal de alta inclinación y sigue sobre material de abanico aluvial levantado.

Las siguientes especies de aves son típicas del Desierto de San Felipe.

Pájaros	Locación
Toqui de abert	Arboledas desierto y enrbustos en arroyos
Cernicalo Chitero	Cables y postes de cercos
Pelicano blanco	Planeando sobre la costa
Chupaflor cuello escarlata	Cerca de flores rojas o amarillas
Cuitlacoche sonorense	Volando de arbusto en arbusto, alimentándose en el suelo
Matraca grande	Entre el cactus
Pelícano moreno	Planeando sobre la costa
Codorniz californiana	Sobre el suelo
Cuitlacoche californiano	Sobre el suelo
Chupaflor garganta violeta	Alimentándose de flores rojas
Cuitlacoche crisal	Discreto, escondiéndose en los matorrales
Codorniz de Gambel	En el suelo en los arbustos
Carpintero de gila	Anida en huecos de cactáceas
Correcamino californiano	Cruzando la carretera
Carpintero listado	En desierto, anida en agaves ocasionalmente.
Cuitlacoche del desierto	En vegetación escasa, volando cuando es necesario
Cabezón	Cables y postes de cercos
Aguililla parda	En la cima de postes de teléfono y cercos
Urraca azulejo	Chaparral, arboledas
Zopilote	Surcando el cielo o alimentándose de carroña
Cardenalito	Arbusto al lado de la corriente y lagunas arboladas
Triguera de occidente	Cables y postes de cercos

15.4   La carretera continúa por la orilla de una falla en un cuerpo de tonalita con un valle aluvial a la derecha.

16.6 Durante los siguientes 5 kilómetros la carretera pasa entre cortes y llega a la cima de un umbral pequeño en tonalita y rocas metamórficas.

17 Entramos a un amplio anfiteatro de Gobernadora, Ocotillo, Garambullo, Palo Verde con Corona de Cristo en los arroyos.

20.5 La tonalita adelante y a la izquierda está cubierto de riolita. La mayoría del terreno en ésta área y a la redonda es de tonalita. Los montes a lo lejos son de tonalita, rocas metamórficas y otras rocas, distribuidas entre el aluvión. La vista se amplía hacia el norte.

21.3 Las marcas regresan a "0" otra vez. El camino a la izquierda va al rancho Alposo mientras que la carretera principal sigue hacia la derecha. La tonalita exhibe el típico intemperismo esferoidal que es característico de los ambientes desérticos. El camino a la derecha va hacia Puerto Calamajue.

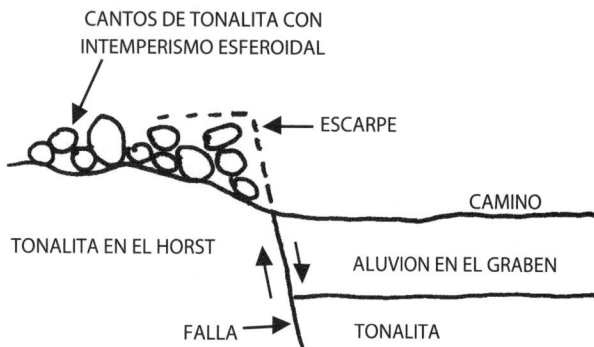

Las marcas de kilometraje empiezan en cero otra vez en esta intersección. La carretera principal se dirige al oeste (izquierda) cruzando un llano aluvial abierto con cuerpos de tonalita visibles a todos lados. Los montes como a 0.5 kilómetros a la izquierda son de un escarpe de falla erosionada, formada por una falla que corre paralela a la carretera.

La vegetación del anfiteatro entre el kilómetro 0 y kilómetro 5 es Gobernadora. Creciendo en las laderas de los montes rocosos hay Gobernadora, Ocotillo, Árbol Elefante, Incienso y Cardón.

4 Al norte hay una vista de las rocas riolíticas cubriendo la sierra al norte de Bahía San Luis Gonzaga. A la izquierda hay basaltos expuestos cubiertos de riolita sobre los montes.

6 La carretera vira a la izquierda al viejo Rancho Las Arrastras. Justo después del rancho la carretera baja a un arroyo granítico. Directamente al frente hay basaltos sobre tonalitas.

7 Desde el Rancho Las Arrastras, la carretera sigue una rama del Arroyo Las Arrastras, la tonalita. La pequeña forma cónica café-rojiza que se ve a la derecha está cubierta de riolita.

8 A la izquierda algunos de los montes con bandas oscuras y capas altamente inclinadas, son de rocas metavolcánicas.

11 Las rocas de ésta área son predominantemente tonalita laminada. Los xenolitos, restos parcialmente derretidos y más oscuros de las rocas que originalmente envolvían a las tonalitas, todavía se observan dentro de la tonalita. Debido al intemperismo, las tonalitas generalmente quedan como rocas huecas. En el kilómetro 12 hay muy buenos ejemplos expuestos de este intemperismo.

INTEMPERISMO CAVERNOSO: Por muchas razones, algunas partes de las rocas de tonalita están más protegidas y no se secan tan rápido. Como resultado de esto, el intemperismo químico se da a un ritmo mucho más acelerado resultando en la alteración de feldespatos a arcillas. Este cambio arranca los granos de las superficies protegidas y produce todavía más superficies protegidas. El viento se lleva los granos sueltos y gradualmente se forman los huecos.

12.5 Aquí la carretera baja a la parte principal del arroyo Las Arrastras. Este es un buen lugar para tomar fotos de las tonalitas cubiertas por riolita.

14 A medida que la carretera cruza y vuelve a cruzar el Arroyo Las Arrastras, comienza a subir a la superficie de una terraza Cuaternaria.

15.5 La carretera baja a un área poblada con abundante Acacia y Arbusto de Queso. La vegetación de ésta región es similar a la del Desierto de Anza-Borrego en el sureste de la Alta California. La cubierta floral predominante consiste del Gobernadora, Saladillo, Huizapol, Garambullo, Cardón, Ocotillo y Palo Verde (*ver* 16:15.5).

La carretera vuelve a subir a la terraza Cuaternaria poblada con Ocotillo y Árbol Elefante con Verbena de Arena creciendo a los lados de la carretera.

El área a la izquierda es andesita del Mioceno que ha sido fallada en una serie de bancos que se asemejan a grandes escalones que van bajando al Arroyo Las Arrastras.

18   El material de la terraza fluvial Cuaternaria, se parece a la de hoy en día y probablemente representa parte de la cama ancestral del Arroyo de San Francisquito cuando el nivel del mar era más alto. Cuando bajo el nivel del mar, el área fue subsecuentemente abandonado por el arroyo, dejando una terraza relativamente suave. El arroyo esta poblado por gran cantidad de Ocotillo, Incienso, Huizapol, Gobernadora y Cholla. La Gobernadora y el Ocotillo son las plantas más grandes de esta región.

23.5 Esta es la primera vista de Ensenada San Francisquito y Bahía San Luis Gonzága. El punto alejado directamente enfrente que parece un monte bajo es la Isla San Luis Gonzaga. El pequeño punto a la izquierda es Punta Williard, la parte norte de Bahía San Luis Gonzága. La isla y Punta Arena separan la porción principal de la Bahía San Luis Gonzaga de la Ensenada San Francisquito.

27   Al frente hay agradables vistas de la isla San Luis Gonzága, la pista aérea Alfonsinas en Punta Arena, el puerto principal de Bahía San Luis Gonzága y Ensenada San Francisquito. A lo lejos, hacia el noroeste, el punto gris es la Isla San Luis.

27.5 La carretera pasa por una sección ancha del Arroyo Las Arrastras. Este cruce da evidencias de que toda esta área fue levantada. El cauce se ha cortado como 10 metros debajo del nivel del desagüe del viejo abanico aluvial. La superficie superior probablemente

representa la superficie elevada al nivel alto Sangamoniano 5e del nivel del mar hace como 125,000 años. Este nivel alto ha sido documentado con fechado de corales en Mulegé, en el sur (Ashby y Minch, 1989).

35   Aquí uno llega a la pista aérea Alfonsina.

36.5 La carretera pasa por un corte dinamitado en el material andesítico. El suelo de aquí esta regado de material opaco.

De Bahía San Luis Gonzága norte a San Felipe, la carretera pasa a través de la subdivisión de la región Fitogeográfica del Desierto de San Felipe (*ver* 14:108).

37.2 Las marcas de kilometraje cambian y descienden desde este punto hasta San Felipe. El kilómetro 37.2 es el kilómetro 154.3 sur de San Felipe.

Esta es la salida a la parte norte de San Luis Gonzaga. La naturaleza estratificada de la andesita volcánica es muy obvia en la punta norte de San Luis Gonzága. Los montes al norte son andesita volcánica. Justo alrededor de la orilla de Punta Bufeo está la masa gris de la Isla San Luis. Observe los fragmentos gris oscuro que se ven tirados por todos lados.

147.5 La carretera pasa una curva y baja un poco a un área aluvial aplanada. Los sedimentos marinos del Plioceno que se ven aquí forman una topografía desolada debajo del aluvión. A ambos costados de la carretera se ven montes de andesita.

146.7 La sierra a la izquierda es de riolitas. Este corte revela los sedimentos ligeramente alterados de la Formación Salada.

En la cima la vista se abre al golfo y algunas islas a lo lejos. Las islas, en sucesión, son: la primera pequeña es Chollito, que parece una isla dividida; Isla Lobos es la más alta; y a la izquierda está El Muerto, que casi parece estar unida a la península.

Sobre el llano aluvial, las capas amarillas y rojizas de los sedimentos marinos del Plioceno se ven expuestas abajo a la izquierda. Están recubiertos por material de terraza. Las rocas expuestas en los montes más altos detrás del Plioceno son tonalita esféricamente intemperizada. La andesita volcánica cae sobre todas las formaciones más antiguas. El monte más alto es un pequeño escudo cónico de basalto llamado Cerro el Potrero.

Aquí la carretera desciende a través de sedimentos marinos del Plioceno hasta la planicie, con una serie de montes del Plioceno a corta distancia.

La vegetación que cubre la terraza marina del Plioceno consiste de Ocotillo, Palo Adán y Gobernadora. Es más escaso aquí que en la cima del monte en el (kilómetro 146.7). En ésta porción de la carretera predominan Corona de Cristo, Pequeños, Liebrera, y Huizapol.

144.9 Capas del Plioceno están expuestas en los cortes en este lugar. Los montes a la izquierda exhiben cortes de la Formación Salada del Plioceno. A la derecha se observan rocas volcánicas. Sobre esta extensión, la carretera alternadamente sube a una terraza fluvial baja, baja por un costado y vuelve a subir a la terraza.

La vegetación cambiado dramáticamente. Casi todas las plantas mencionadas en el kilómetro 146.7 han desaparecido, excepto la Gobernadora y varias especies de pastos anuales. Algunos Ocotillos se pueden ver creciendo por esta región.

141.7 La parte norte de la isla San Luis se ve directamente a la derecha de la carretera.

La Isla San Luis consiste de varios anillos de pumicita (en material gris) con un domo de obsidiana (el material más oscuro). La parte sur de la Isla San Luis es un Maar, un cráter de explosión consistiendo de un anillo grande de pumicita sin domo. La punta más al sur de la isla es la orilla oeste del cráter de explosión. Los acantilados de la isla se formaron por la erosión del mar de la pumicita. La obsidiana en el domo más grande fue fechada utilizando el método

de razones de hidratación de la obsidiana y se encontró que su edad era de tan sólo 100 años. El material más oscuro en la porción norte de la isla es otro domo de obsidiana.

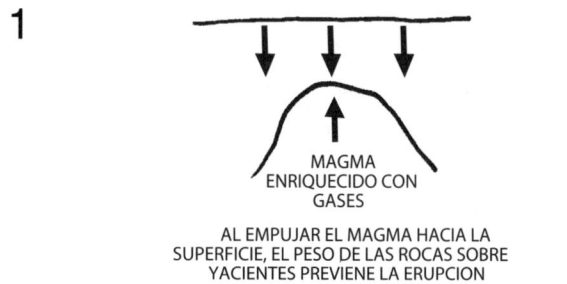

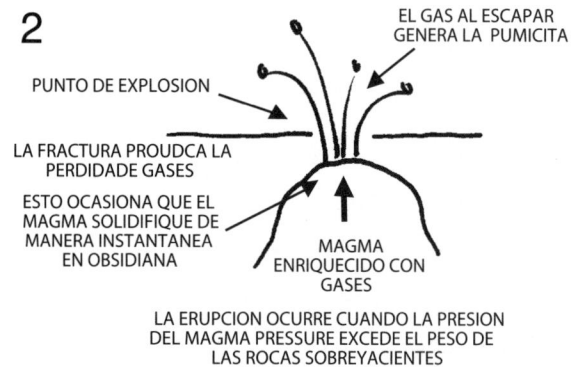

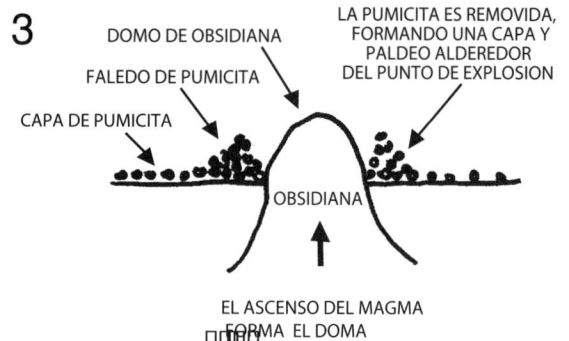

1

MAGMA ENRIQUECIDO CON GASES

AL EMPUJAR EL MAGMA HACIA LA SUPERFICIE, EL PESO DE LAS ROCAS SOBRE YACIENTES PREVIENE LA ERUPCION

2

EL GAS AL ESCAPAR GENERA LA PUMICITA

PUNTO DE EXPLOSION

LA FRACTURA PROUDCA LA PERDIDADE GASES

ESTO OCASIONA QUE EL MAGMA SOLIDIFIQUE DE MANERA INSTANTANEA EN OBSIDIANA

MAGMA ENRIQUECIDO CON GASES

LA ERUPCION OCURRE CUANDO LA PRESION DEL MAGMA PRESSURE EXCEDE EL PESO DE LAS ROCAS SOBREYACIENTES

3

DOMO DE OBSIDIANA

LA PUMICITA ES REMOVIDA, FORMANDO UNA CAPA Y PALDEO ALDEREDOR DEL PUNTO DE EXPLOSION

FALEDO DE PUMICITA

CAPA DE PUMICITA

OBSIDIANA

EL ASCENSO DEL MAGMA FORMA EL DOMA

141.2 La entrada de Punta Bufeo. En la punta norte de Punta Bufeo, la vegetación consiste casi por completo de Gobernadora y algunos Inciensos, Pastos y Ocotillo, los cuales aparecen a orillas de la zona erosionada u ocasionalmente distribuidos en la superficie del abanico.

138.6 La excelente vista al norte sobre el abanico aluvial es de la isla San Luis y la mayoría de las islas menores ubicadas al norte de Punta Bufeo.

Los montes de tonalita en dique más adelante están cubiertos por los efectos cafés del barnizado desértico. El material de color claro cortando por los montes en segmentos son los diques.

134 La carretera cruza el arroyo de Mal de Orín. La vegetación predominante del arroyo son el Corona de Cristo, Árbol Elefante, Perro Aullador, Lecheguilla, Tasajo y Palo Verde.

133.8 La flora alta dominante son Garambullo y Arbusto de Queso. Un miembro interesante de la familia de la Calabaza Verde, un arbusto con una flor de trompeta de color amarillo-anaranjado llamado la espuela del diablo es visible a veces desde la carretera.

133 La carretera a estado atravesando un abanico aluvial activo desde hace varios kilómetros. La orilla baja más adelante (15 a 20 metros de altura) y corre paralela a la superficie del abanico. Esta elevación es una terraza más antigua depositada cuando el nivel del mar era más alto.

131.1 La vegetación ha cambiado dramáticamente, el suelo ha sido casi completamente cubierto por una capa gruesa de Incienso. En la primavera, el área está iluminada por las flores amarillas del Incienso. La Gobernadora es escasa, pero sus números aumentan a medida que se acerca a la playa. La carretera se aproxima al final de la terraza marina aluvial costera del Plioceno. Los montes de adelante son volcánicos. La tonalita a la izquierda está cortada por un buen número de largos diques claros, casi verticales. Justo al frente se ven una serie de rocas metamórficas oscuras al pie de los montes, cerca de los montes volcánicos, formando un cinturón bajo los montes más empinados y más oscuros que los montes volcánicos.

127.6 Los montes volcánicos de la Isla El Muerto se hallan justo enfrente de la costa. El material blanco que se ve sobre El Muerto es guano de las aves.

126.4 El Incienso parece ser la única planta creciendo en éste lugar, dando la apariencia de pequeños botones grises recubriendo todos los montes. Debido a que cada planta tiene sus propios requerimientos de nutrientes y agua, se distancian entre sí de

forma natural, aparentemente plantándose en hileras. En las elevaciones más bajas, entre la carretera y el golfo, ocasionalmente se ven Gobernadora y Ocotillo creciendo entremedio de los Incienso.

124.8 La carretera pasa el angosto pero profundo arroyo Miramar. Estos conglomerados, duros y bien cementados se pueden ver fácilmente en el fondo de éste arroyo.

122.3 Después de pasar un pequeño mirador, la carretera toma una curva para pasar por un mirador más grande, enfrente de una bella playa en arco de guijas, con un muchas bermas de tormenta y las ruinas de un pequeño asentamiento detrás de ellos. El mirador es un buen lugar para acampar. Las líneas de costa en los terrenos volcánicos por lo general están recubiertas por guijas y guijarros. Estas guijas por lo regular están aplanadas y acomodadas en forma ordenada en la cara de la playa.

116.3 Ha ocurrido un cambio repentino en la vegetación. Ha habido un aumento en la densidad de Cardones, Palo Adán, Ocotillo, Garambullo, Palo Verde, Árbol Elefante, Arbusto de Queso, Acacias Grandes y una variedad de pastos anuales. Por lo regular las Coronas de Cristo se hallan en áreas erosionadas, ya que sus semillas tienen una protección muy resistente que debe de ser desgastada por granos de arena a medida que el agua los va transportando (*ver* 13:43.5).

109.9 La vista de enfrente es del pueblo El Huerfanito y la isla blanca de El Huerfanito. Justo a la izquierda de El Huerfanito se ve la carretera subiendo la primera ladera empinada de la Cuesta La Virgen. El monte de color oscuro a mitad de la costa, detrás de la ladera, es el cono basáltico del Volcán Prieto.

107 Subiendo por la ladera se observa a una serie de montes disectados por arroyos que llegan hasta el mar. Al pie de los montes, los arroyos forman bahías en miniatura, los cuales dan la apariencia de unos bellos fiordos.

106.2 Dentro de aproximadamente un kilómetro la carretera llega a una cima y luego baja al arroyo El Huerfanito, antes de subir la parte principal de la ladera más grande.

104 En la parte alta del corte de la carretera, cerca de la cima de la primera ladera importante, hay una riolita rosada con una franja calcinada de 15 a 30 cms. de espesor. Debajo de esto hay un lahar riolítico ó andesítico, los cuales parecen ser un flujo lodoso y una capa de basaltos.

VISTA AL SUR DE LA COSTA Y LAS ISLAS

La carretera eventualmente baja a una zona de erosión (el Arroyo Heme) el primero al norte de la primera ladera.

103.9 El pequeño monte oscuro es un cono basáltico.

103.8 Casi en la cima de la ladera, en donde la carretera se cruza al lado Este de la cordillera, la vista al Norte y al Oeste muestran un valle basáltico aparentemente plano, debido a que uno esta viendo un vado en el terreno. En donde la cara está cortada por cañones se revela la presencia de varias pendientes fuerte.

Después de cruzar por encima de la orilla hay un mirador con una vista panorámica hacia el sur. A lo lejos esta la Isla de San Luis Gonzága, la orilla de Punta Final, la porción sur de Bahía San Luis Gonzága, la carretera en donde parece desaparecer en la punta norte de Bahía San Luis Gonzága, isla San Luis, ensenada San Francisquito y las Partes altas de la Sierra La Asamblea sur, a lo largo de la división peninsular principal. A la derecha (oeste) esta la vista de los montes de rocas riolíticas con pendientes suaves y laderas

fuertes alternadas, mostrando en donde cada capa sucesiva de riolitas ha sido erosionada.

97 La segunda ladera desciende hasta que se acerca al nivel del mar en la superficie aluvial. Después de pasar la playa rocosa, la carretera comienza a subir sobre otro monte.

95 Una parada en la cima de este monte le proporcionará otra espectacular vista panorámica hacia el sur. Todas las islas costeras del golfo son claramente discernibles. A lo largo del lado derecho de la carretera, en el extremo sur de un cono basáltico grande, se puede ver fácilmente una extensa terraza marina arenosa, casi siempre bajo el nivel del mar. Agua dulce de los arroyos ó agua del mar pueden llenar ésta área durante mareas altas y tormentas.

94.7 La carretera llega a una cima aproximadamente 140 metros sobre el nivel del mar y luego desciende y comienza a seguir el nivel de una terraza. El pequeño punto a lo lejos es la punta norte de Puertecitos.

89 Las colinas más cercanas a la carretera se ven cubiertas por *Eriaganum* sp. (una especie de Maderista). Los otros montes están poblados por Incienso, Ocotillo y Taji.

PUERTECITOS EN MAREA ALTA

Hay un camino aquí que va hacia un campamento que se halla sobre una playa de guijarros finos. Un tómbolo se extiende hasta una pequeña isla rocosa cercana a la playa, durante marea baja. Un vado natural ha creado una barrera con muchas y bellas pozas de mareas.

PUERTECITOS EN MAREA BAJA

85   La ladera justo al sur de Puertecitos da una buena vista de la bahía. Busque, Fragatas, Pelícanos Moreno y las Gaviotas de la Bahía.

80   Puertecitos es una bahía lineal, alargada, con orientación de noroeste-sureste, formada por fallas a lo largo de ambos lados de la bahía. Las costas rocosas en el Oeste y al Este se han formado por levantamiento a lo largo de las dos fallas con el graben (bloque caído) formando la playa arenosa de en medio. A causa del intervalo mareal de hasta ocho metros en ésta área, la marea alta en ésta playa llega hasta los cimientos de las construcciones. En marea baja, la bahía casi no tiene agua. Hacia la orilla de la punta, como a 3/4 partes del camino por el lado Este de la bahía, hay un manantial termal. A veces, en marea baja se puede ver vapor saliendo de ésta área.

La carretera principal sigue la línea de la falla en el lado Oeste del graben. El acantilado en el lado izquierdo es el escarpe de una falla. Más de las fosilíferas capas del Plioceno se ven expuestas cerca del aeropuerto. La carretera sale del graben por medio de un pasaje bajo en las colinas. La mayoría de las rocas oscuras en el lado de la playa de la carretera es riolita.

79.5   A lo largo de la carretera se hallan bellas puntas rocosas y playas de bolsillo, en donde las resistentes capas de riolita llegan hasta el mar.

75   Aquí la carretera llega a una cima de los montes y baja a través de rocas volcánicas.

Varios niveles de abanicos aluviales son visibles, los cuales hace un tiempo fueron erosionados hasta el nivel del mar en su parte inferior y que ahora, debido al levantamiento de la superficie, terminan en acantilados costeros. Las edades relativas de algunos de éstos han sido estimadas calculando la razón de caída del nivel del mar.

71   Las colinas de color amarillo mostaza a la izquierda son fondos marinos del Plioceno, cubiertas por un abanico aluvial.

68.4   La carretera sube por en medio de más capas amarillas y corre por un corte bajo. La cubierta vegetal del área consiste de Ocotillo, Árboles Elefante, Gobernadora, Mezquite y Arbusto de Queso.

BURROS – HUIZAPOL – RIOLITA

Al norte de Puertecitos la carretera baja al arroyo Matomí y se extiende derecha como una flecha sobre material de abanico aluvial.

La mayoría de los montes a la distancia están cubiertos por material volcánico. La tonalita plutónica de ésta área se haya recubierto por sedimentos fluviales y marinos y rocas volcánicas del Plioceno y Mioceno. El monte más grande en el horizonte a su izquierda, es el punto más alto de la Sierra San Fermín y es un centro volcánico compuesto de riolita. La alta cima granítica de San Pedro Mártir y el Picacho del Diablo se observan a lo lejos, casi enfrente de uno.

58   Finalizando el llano, la carretera sube a la terraza a los pies de los montes de la Sierra San

Fermín, toma una desviación a la izquierda y cruza más superficies lavadas y terrazas.

54.2 El camino lateral a la izquierda se dirige a playa Cristina, donde se ha desarrollado una pequeña laguna y un campo de dunas costeras.

53 La carretera baja de la terraza elevada al abanico aluvial y cruza el Arroyo de Chale.

37 La vegetación cambia, convirtiéndose en la típica comunidad de Gobernadora y Ocotillo del desierto de San Felipe (ver 14:0 y 14:108).

30.6 Bahía Santa María. El camino a la izquierda va hacia Agua de Chale y las minas de azufre. El azufre llegó a la superficie por vapor y agua caliente a lo largo de la línea de una falla. La actividad del manantial ó fumarola ha alterado las capas de riolita y depositado el azufre como pequeños cristales amarillos y costras en las fracturas y cavidades en las rocas.

30 La línea de costa aquí es un amplio llano lodoso detrás de la playa y atrás de la berma de tormenta. El monte alto al norte, entre Punta Estrella y Punta Digs, es el cerro Punta Estrella, una colina principalmente de tonalita con algunas rocas metamórficas prebatolíticas a sus costados.

La vegetación que estabiliza a las dunas costeras es principalmente Gobernadora, Mezquite, Saladillo, Corona de Cristo (en los arroyos), Garambullo, Palo Adán, Incienso y Acacia.

18 La tonalita plutónica del cerro Punta Estrella se está haciendo cada vez más impresionante. Parece como si la carretera fuera a subirse a la Sierra. En ésta área todo se ve muy lejos.

17 Al norte éste monte de tonalita hay un extenso campo de dunas. La carretera pasa a través de una topografía de hamaca hecha de dunas estabilizadas, las cuales han sido acarreadas desde la costa por el viento predominante.

8.8 Hotel Faro Beach: La carretera baja por detrás y sigue la orilla de la duna estabilizada (10 - 15 metros de altura).

La Sierra San Pedro Mártir y Picacho del Diablo están a la vista al frente y a la izquierda. El pico más alto es Picacho del Diablo, siendo éste también el punto más alto de toda la Baja California (3,115 metros, 10,126 pies).

Las dunas de ésta región están en movimiento. Alguna de la vegetación creciendo sobre ó cerca de éstas dunas consiste de Ephedra, Creosota, Ocotillo, Atriplex y Acacia. Estas últimas dos plantas son de raíces profundas y las dunas mantienen la humedad para que puedan sobrevivir en ésta área. En las hamacas la arena es retenida en su lugar por las raíces. A medida que la arena se acumula, el árbol crece más alto.

0 Aquí la carretera se divide. La carretera a la izquierda va hacia el aeropuerto y el de la derecha sube a las dunas y continúa cinco kilómetros más hasta llegar a San Felipe.

Al llegar la carretera a la cima de una duna, finalmente se pueden ver la bahía y el poblado de San Felipe. La punta derecha de la bahía es Punta El Machorro, consistiendo de tonalita. La ligeramente más alta colina de la izquierda es el cerro El Machorro, el cual está formado de granodiorita. Las cercanas colinas bajas detrás del pueblo, son de rocas carbonatadas prebatolíticas de edad indeterminada.

ÁREA REMOTA DE CUENCAS Y SIERRAS

TRANSECTO 12 - SAN FELIPE A ENSENADA
[245 Kilómetros = 152 Millas]

San Felipe a Carretera 3 - *La carretera sube por algunos abanicos aluviales y pasa por una serie de colinas graníticas y metamórficas. Durante varios kilómetros al norte de los montes, la carretera pasa por los abanicos disectados. La Sierra de granito San Pedro Mártir forma la cadena de montañas de la izquierda. La principalmente granítica Sierra San Felipe forma los más cercanos montes desérticos. A medida que la carretera cruza los abanicos aluviales, las últimas vistas del Golfo de California se desvanecen en la distancia sobre los llanos supramareales de las salinas de Ometepec. La carretera cruza varias de éstas áreas de dunas con tormentas de arena sopladas desde el golfo y los llanos supramareales. El camino continúa por varios kilómetros sobre los abanicos aluviales bajando de la Sierra de San Felipe con vistas al frente de la distante y volcánica Sierra Pintas.*

Carretera 3 a Valle de La Trinidad - *Desde la intersección de la carretera 3, el camino continúa hacia el Oeste sobre los disectados abanicos aluviales elevados más allá de los montes de granito y roca metamórfica del cerro El Borrego y la Sierra de San Felipe, hacia la cima de la granítica y metamórfica Sierra San Pedro Mártir. Después de rodear el lado norte del graben aluvial del valle de San Felipe, la carretera entra a una área de alta inclinación formada de rocas metamórficas y graníticas en el paso de San Matías al final de la zona de fallas de Agua Blanca. La carretera luego sigue el rastro de la zona de fallas de Agua Blanca a través de las colinas de granito y rocas metamórficas hasta el amplio valle aluvial de Valle de La Trinidad. Las rocas volcánicas del Mioceno cubren las mesas al norte del paso.*

Valle de La Trinidad a San Salvador - *En el Valle de La Trinidad la carretera vira y sube una ladera empinada en un escarpe de la falla de Agua Blanca, pasando por montes de granito y rocas metamórficas hasta la plana superficie de El Rodeo. Las rocas volcánicas del Mioceno forman las empinadas mesas del noreste. La carretera sigue a través de montes de granitos y rocas metamórficas y luego rodea una amplia área aluvial y se acerca a una línea baja de montes que aproximadamente marcan la línea de la zona de fallas de San Miguel. La carretera luego desciende a un valle tranquilo entre los montes de tonalita a lo largo de la línea de la zona de fallas de San Miguel hasta San Salvador.*

San Salvador a Ensenada - *La carretera continúa siguiendo el valle a lo largo de la zona de fallas de San Miguel localizada entre los montes de granito y rocas metamórficas, luego vira hacia el Oeste y baja por una superficie suave y rocosa al llano aluvial del Valle de Ojos Negros. Luego pasa uno de los numerosos y aislados montes metamórficos que se encuentran en este valle y se dirige a un escarpe de montes de gneiss metamórfico con aislados cuerpos de granodiorita. La carretera cruza la falla frontal y pasa a través de montes con grandes rocas de granodiorita para luego bajar por un valle angosto y altamente inclinado entre las colinas de granito y roca metamórfica y continúa, subiendo por una ladera muy inclinada sobre montes metavolcánicos y metasedimentarios. Después de cruzar un paso, la carretera baja por el angosto Arroyo del Gallo entre los montes gabroicos, metavolcánicos y tonalíticos. Después de salir del arroyo en Piedras Gordas, sigue una cordillera a través de tonalitas, gabros y gneiss, luego finalmente desciende una ladera por entremedio de laderas de tonalita hasta llegar a Ensenada.*

Sigue a transecto 14 de San Felipe y la intersección San Felipe. Si continúa hasta Mexicali, siga el transecto de Mexicali a San Felipe, pero al revés.

140   Esta es la intersección de la Carretera 3 (Km.140) a Ensenada (195 kilómetros) y a Tijuana (300 kilómetros). De vuelta a la izquierda (oeste) y empiece a cruzar la península. En este punto el impresionante escarpe de la Sierra San Pedro Mártir y del Picacho del Diablo están justo al frente. Los montes de la Sierra Borrego se ven a la derecha y la Sierra San Felipe está a la izquierda. La Sierra Las Pintas es visible a lo lejos a la derecha. Si continúa hacia el norte a Mexicali, siga el transecto de Mexicali a San Felipe, pero al revés.

195   Los marcadores de kilometraje ahora decrecen hacia Ensenada. La cima de la Sierra San Pedro Mártir (excepto Picacho del Diablo) es considerablemente plana. La cara de la Sierra es actualmente un escarpe de 3,000 metros de altura. El Valle San Felipe al frente está muy cerca del nivel del mar. El valle tiene más de 2,000 metros de relleno aluvial haciendo la variación sobre la falla de más de 5,000 metros (3 millas).

194 La carretera hace varias curvas y se dirige hacia el cerro El Borrego, el punto alto de la Sierra San Felipe (sólo un poco a la derecha de la carretera), el cual es una pequeña granodiorita plutónica. Las rocas más grisáceas que se ven alrededor de él, son sedimentos carbonatados prebatolíticos. El monte más bajo a la izquierda del cerro El Borrego es también de granodiorita. Desplazándose hacia el norte, los montes son una mezcla de granodiorita, tonalita y carbonatos prebatolíticos, hasta que por la derecha cambian a rocas volcánicas del Mioceno de la Sierra Las Pintas. La vegetación es básicamente la misma. Así como en otras partes de la península, a veces parece que es completamente de Ocotillo, en otras sólo se ve Corona de Cristo ó Mezquite. Básicamente depende de la parte de la ladera en que se hallan, la composición del substrato y el ángulo con el que les da el sol. Parece que la vegetación está cambiando constantemente, pero es sólo la dominancia la que está variando. En la primavera, ésta sección del desierto está vivo con las flores amarillas del Incienso.

186 La carretera sigue otra vez el abanico elevado con deslavados a ambos lados, los cuales están como a 10-20 metros debajo del abanico. Toda esta área a sido levantada ligeramente y los deslaves están degradando los abanicos a su nuevo nivel base. Por aquí y por allá la carretera baja a uno de éstos deslaves donde aparecen el Mezquite y los Árboles de Humo. Las pequeñas bolas grises son Huizapol y Incienso, los cuales son mucho más abundantes en los deslaves que en los abanicos. La planta verde brillante que se ve a los lados de la carretera es el Arbusto de Queso.

179 Aquí hay un paso por al lado de la Sierra San Felipe. Hay un monte de granodiorita a la derecha con rocas metamórficas rodeando su base. Observe la diferencia entre el intemperismo característico de la Sierra San Felipe, la cual es muy ligera y la granodiorita más oscura cortada por varios diques pequeños y que forma los montes que se ven a la derecha, un poco hacia enfrente.

La carretera comienza a pasar al lado y por en medio de una serie de montes a la izquierda

los cuales son parte del viejo abanico aluvial del Plioceno que está siendo erosionado y disectado para formar montes. En el Plioceno, las puntas de estos montes hubieran sido las superficies del abanico aluvial. Ahora la superficie ha sido elevada y forma los montes que están siendo disectados por los cauces de los arroyos nuevos. En este terreno desértico, es típica la severa erosión de los sedimentos más antiguos, los cuales son re-mezclados dentro de sedimentos nuevos y transportados a la zona deslavada.

173 Pasa uno por un corte en los sedimentos conglomerados del Plioceno. Fuera del valle y sobre la elevación hay más Ocotillo, Bayoneta Española, Ciribe, Gobernadora (reemplazando al Arbusto de Queso), Biznaga e Incienso.

171 Una vista al sur de la Laguna Diablo y el Valle San Felipe. Las frondosas Ciribe y Gobernadora forman la densa vegetación del suelo. Las plantas más altas son el Ocotillo y algunas Acacias.

169 Los montes de granodiorita están ahora a los lados de la carretera. Estas rocas exhiben un prominente patrón de fractura y están siendo intemperizados esferoidalmente. Están cortados por muchos diques de colores claros.

165.5 El monte a la izquierda, cerro Coyote, está cubierto en su punta por un pequeño parche de basalto.

164 Deténgase a admirar la vista del valle de Santa Clara. Observe lo pequeñas que son los abanicos aluviales que están en la cara de la sierra. Su tamaño reducido, para una sierra tan elevada, indica fallamiento activo muy reciente. Algunos de los abanicos al sur tienen ligeras bancadas que fueron producidas por fallas que cortaron a los abanicos. A la izquierda y ligeramente enfrente, hay una serie de abanicos disectados y escarpados, producidas por fallas.

En los suelos de las playas de la laguna hay un bosque de Corona de Cristo. Con arbustos de Queso están creciendo debajo de ellos, junto con Cholla, Ocotillo, Gobernadora, Acacia, Toji,

Agave, Malvia y Pastos Amarillos. Se han visto Coyotes en ésta área.

154 Al entrar la carretera en el Paso de San Matías, hay un monte de granodiorita gris a la derecha. El pequeño monte café de enfrente es gneiss cortado por numerosos diques. La carretera pasará por un corte en este gneiss, el cual muestra la serie de diques. Luego la carretera entra al Cañón de San Matías, el cual es un paso muy interesante a través de la Sierra, considerando los impresionantes escarpes a ambos lados y la realidad de que es un paso a nivel. Hay muy poco que subir, excepto lo que se ocupa para llegar al nivel del Valle de La Trinidad en el otro lado de las montañas.

DIQUES CORTANDO UN GNEISS

A medida que la carretera entra al cañón San Matías hay toda una serie de diques. A veces parece haber más diques que cualquier otra roca. El lado sur del paso es en su mayoría de gneiss cortada por los diques y el lado norte del paso es principalmente de granodiorita, el cual probablemente proporcionó casi todo el material para los diques. Hay algo de gneiss a ambos lados del paso.

Este paso parece estar ubicado al final de la zona de fallas de Agua Blanca, la cual fue cruzada cerca de Ensenada. Esta zona de fallas es algo amplia, con movimiento considerable y el paso es el sitio lógico para que atraviese. Ahora parece que la falla sencillamente termina aquí ó continúa a través del paso por debajo de la corteza. Esto es raro ya que es una

presencia fuerte con decenas de kilómetros de variación a medida que se acerca a Ensenada.

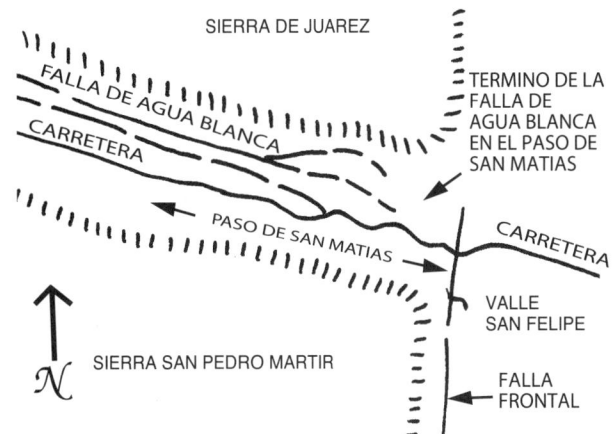

150.5 Los cortes en el lado sur de la carretera proporcionan buenas muestras de la relación entre las rocas metamórficas, tonalitas y los diques.

149 La vegetación dominante es Gobernadora, con algunos Ocotillos. Las pendientes orientadas hacia el norte tienen Ocotillo alto, Agave, Acacia, Gobernadora, Incienso y Datilillo. Las laderas viendo al sur tienen Incienso, Ocotillo pequeño, y Gobernadora.

148 Debajo de la carretera, en el deslave de la derecha, está el camino viejo a través de este paso. En realidad era un camino de alta velocidad en ésta área. Hay mucho Cactus de Barril en el paso.

145 En el Valle de San Matías, la zona de fallas de Agua Blanca forma el lado norte del paso. El impresionante monte de tonalita, que va bajando con una pendiente muy suave, es el escarpe fallada de la zona de fallas de Agua Blanca la cual, en este lugar muestra un componente vertical de movimiento normal.

Mezquite formando un área casi tan densa como un bosque. Hay Gavilán Ratonero y Paloma en ésta área.

El Gavilán Ratonero (Northern Harrier) (Circus cyaneus) tiene una rabadilla blanca y un cara de búho. Sus cuerpos delgados son grisáceos arriba y blanco abajo y

– 149

tiene las puntas de alas negras. Los gavilanes habitan pantanos y campos y vuelan cerca de la tierra, buscan los ratones, ratas y ranas.

138.4 Aquí hay un camino hacia Mike's Sky Ranch y la Sierra de San Pedro Mártir. El camino se conecta con la carretera principal México 1D en San Telmo, por un muy difícil acceso.

132 A la izquierda hay una abundante cantidad de diques cortando las rocas gris oscuro de gneiss. Adelante está el área principal del Valle de La Trinidad. El monte a la derecha es de riolitas cubiertas con basalto y sedimentos fluviales. Las partes bajas de los montes son lahares y sedimentos fluviales. La parte alta es basalto. Mucha de la geología no es tan obvia debido a la vegetación.

127 La carretera continúa a lo largo de lo que en los mapas está indicado como una línea de la zona de fallas de Agua Blanca. Una segunda línea corre por las bases de los montes de la derecha. Al virar la carretera, queda por encima de la línea de la falla y después vuelve a salir de ella.

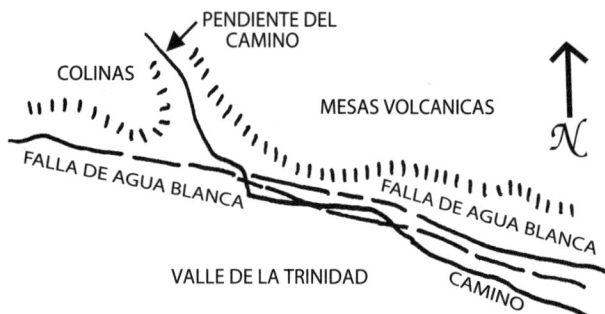

125 En las laderas de los montes de la derecha hay muchas Biznagas de hasta un metro de altos, todos inclinados hacia el sureste. Los montes están cubiertos con Tunas y Chollas, lo cual indica suelos perturbados y sobre pastoreados. También hay Cholla Saltarina, Gobernadora y Lecheguilla creciendo entre las Tunas. La Gobernadora crece muy rápidamente en estas regiones.

121.3 Salida al Valle de La Trinidad sobre una de las líneas de la zona de fallas de Agua Blanca. Los montes al Oeste están compuestos de gneiss y tonalita. El camino corta por un valle pequeño para

subir desde el Valle de Trinidad y continúa por el escarpe hasta la superficie de erosión de El Rodeo.

CAMINO VIEJO DEL VALLE DE LA TRINIDAD

119 El viejo camino que sube por ésta ladera es extremadamente difícil. En años pasados, los viajeros que bajaban por ella casi nunca podían volver a subir y tenían que regresar por San Felipe. Esta es un área de rocas mixtas con diques cortando por la tonalita. Hay xenolitos en la tonalita y también numerosas fallas y juntas. Subiendo el monte el Ocotillo desaparece para ser reemplazado por Chaparrales Desérticos de Manzanita, Toyon, Chamizo, Encinos y Hierba Liebrera. (*Ver* 1:12)

110 El camino deja un área montañosa y llega a la superficie de erosión de El Rodeo en una área de gneiss con algo de tonalita. La impresionante y plana superficie de erosión fue cortada durante el Eoceno. Hacia el oeste las dos colinas están cubiertas en sus cimas de grava. Estos probablemente eran el curso de un arroyo durante el corte de la superficie de erosión y que ahora debido a la relajación invertida, existen como montes en la superficie de erosión. Ya que éstas gravas contienen algo de las riolitas de hace 10 millones de años, los arroyos debieron de haberlos transportado hace un poco menos de 10 millones de años. Esto nos da una mínima razón de erosión de 30 metros por 10 millónes de años, ó un milímetro por cada tres mil años, para ésta superficie.

**SUPERFICIE DE EROSIÓN
CERCA DE LAGUNA HANSON**

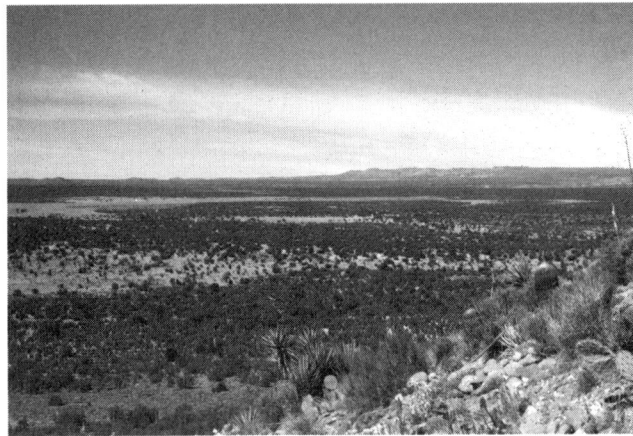

**SUPERFICIE DE EROSIÓN DE EL RODEO
DESDE UN MONTE DE GRAVAS KM110**

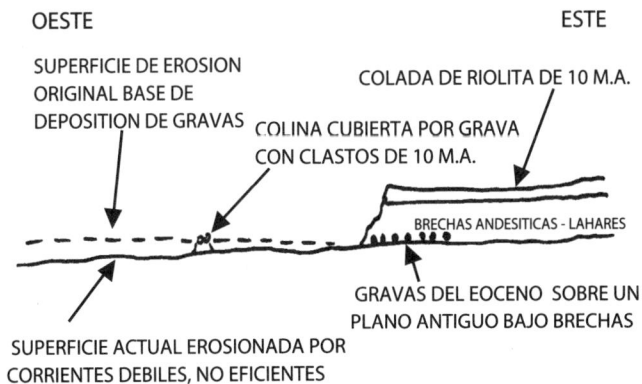

OESTE   ESTE

SUPERFICIE DE EROSION
ORIGINAL BASE DE   COLADA DE RIOLITA DE 10 M.A.
DEPOSITION DE GRAVAS   COLINA CUBIERTA POR GRAVA
                                           CON CLASTOS DE 10 M.A.

BRECHAS ANDESITICAS - LAHARES

GRAVAS DEL EOCENO SOBRE UN
PLANO ANTIGUO BAJO BRECHAS

SUPERFICIE ACTUAL EROSIONADA POR
CORRIENTES DEBILES, NO EFICIENTES

Sobre la superficie de erosión hay un cambio en la vegetación; Huatas y Arbustos Púrpuras son ahora las dominantes. Esta área parece un bosque de Coníferas de Piñón y Huata Pigmea, sin los Pinos. También hay Acacias, Lecheguillas de hoja delgada y Cactus de Tuna en algunos de los suelos perturbados a los lados del camino.

107   La grava que cubre los montes de lava es parte del canal de un río viejo.

En un día claro, hay una espléndida vista hacia el norte de la superficie de erosión de El Rodeo, el cual sube gradualmente hasta los altos picos de la Sierra Juárez. Las montañas no se ven muy altas desde aquí, pero en algunos lugares son muy difíciles de subir y bastante escabrosos. La superficie de erosión fue desarrollada cuando ésta área estaba mucho más cerca del nivel del mar. Ha sido elevada e inclinada hacia el oeste. (ver 13:109)

103   Ejido Reforma. Hay Cuervos, Triguera de occidente y Gorrión comúnen ésta área.

102   La carretera está sobre la superficie de erosión. Hacia el Oeste los montes que parecen elevarse desde las orillas de ésta superficie, son parte de la cadena costera de montañas de roca metamórfica. Al Este están el anillo de mesas de riolita y lahares cubiertos en su punta de basalto.

99   Los Pinos Piñón ahora acompañan a los Juníperos en el Bosque de Coníferas Pigmeas. Esta área antes estaba cubierta de Pinos Piñón y en algunas áreas hasta de Pinos Ponderosa. Sin embargo, las minas de oro de El Álamo consumieron muchos de los árboles de éste bosque, para hacer carbón y poder fundir el oro y para proporcionar la madera necesaria para excavar las minas.

97   La sierra que se ve enfrente representa un frente rocoso entre un par de fallas que están perpendiculares a la falla de Agua Blanca y que parecen desviar una de las líneas de la zona de fallas de Agua Blanca. La lagunilla se desarrolló como resultado del drenaje colectado a lo largo del frente rocoso.

91   Las colinas a la izquierda están cubiertas de rocas volcánicas del Mioceno. El camino esta pasando casi al lado del escarpe de una falla normal, con esquistos a la derecha y tonalita a la izquierda.

89   Baja al ancho y aluvial valle del Llano Colorado. Debajo del monte principal que se

ve a lo lejos está el pequeño pueblo minero de El Álamo. El monte principal de la derecha de ese mismo monte, que todavía está del lado izquierdo de la carretera, es de gabro.

86.4 La salida lo conduce a El Álamo.

83 Después de la salida a El Álamo, el camino sube a un área de granitos y roca metamórfica. Las rocas en los cortes están cizalladas, alteradas y cortadas por numerosos diques. Estos diques por lo regular contienen esfena.

A medida que la carretera se aleja del Llano Colorado sube de nuevo a la terraza, la cual está poblada por un Bosque de Coníferas Pigmeas. Las especies típicas de aquí son el Hierba Liebrera, Yuca, Agave, Pinos Piñón, Huata, Lentisco, Toyon y Manzanita.

81 A la derecha hay un lineade colinas pequeña. Estas colinas marcan la línea de la zona de fallas de San Miguel. Esta zona de fallas fue la localidad de una serie de terremotos en 1957. El camino todavía sigue pasando por esquistos.

76.5 Localmente, la naturaleza esquistosa de algunas de éstas rocas es muy evidente. El camino deja la superficie plana y comienza a descender a un valle a través de tonalitas.

74.5 Este es el área del Pino Solo. En los viejos tiempos, sólo había en ésta área un solitario Pino Ponderosa muy grande (Pino Solo). Era el gigante sobreviviente de lo que antes fuera un bosque hermoso, antes de que la tala incontrolada eliminara a casi todos los árboles.

74 El manantial a la derecha del camino está al final de una falla. La hierba del pasmo se convierte en la especie predominante una vez más.

72.3 Hacia la izquierda se hace visible el pequeño pico cónico del Cerro Colorado (1/2 kilómetro). Es tonalita que ha sido intemperizada a un color rojizo, quitándole su típico color gris.

Es común ver Codorniz, Cenzontle, y Urraca azulejo desde Pino Solo hasta ésta área.

69 La carretera llega hasta la cima de una pequeña elevación y empieza a descender a un pequeño valle. Al frente está la extremadamente plana cima de la Sierra Juárez. La falla de al frente de la Sierra Juárez, llega hasta el Valle de Ojos Negros y forma las pendientes cortadas que se ven enfrente. La vegetación consiste de abundante Hierba del Pasmo, Chamizo, Salvia Púrpura, Sauce, Manzanita y otros compuestos de florecillas amarillas.

67 A veces se puede ver el camino viejo en los deslaves de la izquierda. Antes, esto era una sección buena del camino porque la larga superficie suave y arenosa permitía viajar a una velocidad bastante buena. El camino estaba rodeado de arbustos, que bloqueaba la vista de la carretera enfrente de uno, sin embargo, el sonido viaja muy bien. Estaría uno viajando a 50 – 60 kilómetros por hora y encontrarse con alguien que estuviera viajando por el camino a la misma velocidad. En el último momento los dos terminarían desenterrando una rueda, tocando un pequeño arbusto y pasarse con facilidad.

64 Los montes más oscuros de enfrente y a la izquierda, que no parecen tener rocas, están compuestos de gabro.

62 San Salvador. Este es un rancho que ya lleva muchos años aquí. Por esta sección de la carretera hay varios ranchos y también hay sicamoros y alamos plantados para dar sombra y romper las corrientes de aire.

59 La corriente de un arroyo rodeado de matorrales cruza la carretera. Este arroyo es de un manantial que está a lo largo de una falla en ésta área. Es un buen lugar para descansar y/ó acampar. Puede haber algunas supersticiones sobre este lugar. Hace años cuando tratamos de acampar aquí, algunas de las personas que viven por aquí nos hablaron de espíritus, fantasmas y "mala sangre". La aldea Sangre de Cristo esta cerca de este sitio y no estábamos seguros si realmente estaban asustados, ó si nada más no querían que acampáramos allí. El mapa topográfico indica que en realidad si hubo un cementerio en ésta área y que podría ser la razón por la que hablaron de fantasmas y demás cosas.

55   La vista se abre a la cadena costera llamada el Cerro del Encino Solo, formada por montes de granito y rocas metavolcánicas al oeste de la falla y del amplio y aplanado Valle de Ojos Negros. Este valle aluvial y tiene extensos recursos de agua subterránea. El valle está rodeado al oeste por una serie de escarpes falladas y en el lado Este por una falla escondida, la cual tiene poca expresión topográfica.

51   Hay una comunidad riparia que vive al lado del arroyo. Hay muchos álamos con Toji. La vegetación natural es en su mayor parte de Matorral Costero con acacia Uña de Gato, Salvia Púrpura y mucho Mezquite.

49   La carretera entra al Valle de Ojos Negros. Un prominente dique granítico corta la carretera a la orilla de un cuerpo de tonalita. Los montes al oeste del valle están compuestos variablemente de esquistos y gneiss de tonalitas y granitos, con algo de granodiorita resaltando a la vista. A la izquierda está el largo escarpe lineal de una de las fallas que forman el lado oeste del valle. El monte de la izquierda que se ve cubierto de rocas grandes es de granodiorita. La mayoría de los montes restantes son parte del gneiss prebatolítico (algo de esquistos) gradándose en lo que llamamos roca plutónica mixta, los cuales son áreas cerca de la cima del batolito en donde las rocas se mezclan y se vuelve algo difícil el discernir los límites entre uno y otro.

VALLE DE OJOS NEGROS

40   La carretera vira ligeramente a la izquierda y pasa por unas colinas de gneiss. En los campos agriculturales de ésta área, los Mezquites se parecen más a árboles que a Matorrales. Esto es porque al ganado le encanta comerse las ramitas, exponiendo al tronco. A cada rato se ven Gorrión común y Estornino por aquí.

NEGRO

El Estornino (European Starling), al igual que la ave negra y el Cabezón, Estas aves de cola corta casi siempre son confundidas con las aves negras de cola más larga. Desde su introducción a Norteamérica, éstas aves gregarias y agresivas se han dispersado mucho y es común ver sus nidos por la península en una variedad de hábitat, incluyendo aldeas, campos de cultivo, bosques, alambres telefónicos, cercos y desierto abierto. Así como el pájaro carpintero de gila, anidan en Cardones y otros Cactus.

Debido a lo común que son, a estas aves pueden convertirse en verdaderas plagas, dañando cultivos de verduras y frutas. Hasta causan daños en donde se comen y ensucian la comida del ganado domesticado. Hay dos características de campo que lo ayudan a identificar a ésta ave: sus picos amarillos y sus cabezas negras con colores morado-verdoso brillantes.

39.5   El camino a Ojos Negros está a la derecha. La carretera a Ensenada continúa derecha y corta una esquina de la carretera vieja. El monte de enfrente es de granodiorita, al igual que los demás montes que se hallan a la izquierda de la carretera. Los montes a la derecha de éstos, cortados por diques blancos, son de gneiss prebatolítico y rocas plutónicas.

37   La carretera cruza la falla frontal de la sierra, cerca de donde una falla diagonal la desvía. La erosión a lo largo de la falla diagonal probablemente explica el paso por donde continúa ahora el camino.

36   Las grandes rocas intemperizadas esferoidalmente indican una total falta, ó gran espaciamiento, entre los granos de granodiorita.

35.5 Los montes a la derecha son gneiss que están extensamente cortados por diques graníticos de color claro. La granodiorita todavía está a la izquierda y llega hasta la carretera en el kilómetro 35.

Los montes están cubiertos con la típica vegetación de Chaparral, que ha sido sobre pastoreada y quemada y consiste de Arbustos Púrpura, Arbusto del Desierto y en ocasiones Encinos y otros árboles a los pies de los arroyos.

34 Curva Peligrosa. Los cortes para la carretera están en el punto de contacto entre la granodiorita de un lado y los gneiss del otro. La carretera desciende por la ladera sobre una serie de rocas mixtas que parecen ser principalmente de tonalita, cortadas por prominentes diques graníticos.

29 La carretera sube entre rocas prebatolíticas metavolcánicas y luego cruza una falla. Es común ver la Hierba Jimson creciendo desde estos lugares hasta Ensenada; es un narcótico venenoso que se identifica por sus flores blancas acampanadas.

26.2 Esta es la cima del paso y hay un camino a la izquierda que va a los manantiales de Agua Caliente (siete kilómetros) y los viejos manantiales de San Carlos. Ahora la carretera principal desciende varios cañones y drenajes hasta la costa de Ensenada.

25 Hay un cambio drástico en la vegetación: un Bosque de Encinos crece en los valles al lado de la carretera. Esto es básicamente una comunidad riparia que crece a orillas del río, con Sauce, Toyon, Encinos y muchos Pastos. En las laderas sobrepastoreadas, la vegetación es típica de la comunidad de Desiertos Costeros, con Yucas, Chamizo, Cabellos de Bruja, Arbusto Púrpura y Arbusto Negro.

21 Sale del Arroyo del Gallo y sube a un cuerpo de gabro con su acostumbrada topografía subducida, con muy poca presencia de rocas grandes.

19 La carretera se reúne con el camino viejo. El área de tonalita es conocida como Piedras Gordas, principalmente por las enormes rocas redondeadas de tonalita y granodiorita. Durante los siguientes kilómetros, la carretera pasará por un área de rocas mixtas consistiendo de gneiss y tonalitas. Generalmente las tonalitas tienen grandes rocas saliendo de ellos, mientras que los gneiss están limpios de tales afloramientos. Cerca de la costa, las tonalitas casi siempre son intemperizados para formar los suelos graníticos, por los efectos de la humedad en el intemperismo costero.

13 El camino cruza un pequeño paso para obtener una vista del océano, la Bahía De Todos Santos, Ensenada y las Islas de Todos Santos. A medida que va bajando la carretera a la costa, pasa por un área de tonalitas que han sido fuertemente intemperizadas y que ahora está cubierta por suelos fértiles.

11 Los montes de la derecha, son todos de rocas volcánicas prebatolíticas, al igual que los montes de la izquierda. El área cerca de la carretera ha sido socavada en la parte menos resistente de las tonalitas.

3 Entrada a la sección principal de Ensenada.

0 El camino cruza la Carretera 1 en donde termina la carretera en el segmento de Transecto 1.

TRANSECTO 13 - TIJUANA A MEXICALI
[179 Kilómetros = 111 Millas]

Tijuana a Tecate - La carretera se dirige hacia el Este desde Tijuana sobre las terrazas elevadas del río Tijuana con altas mesas de sedimentos marinos del Terciario al norte del río y falladas colinas de sedimentos del Eoceno al sur. El empinado tapón de andesita volcánica del cerro colorado domina la mesa del norte. La carretera sube a un monte metavolcánico para cruzar la Presa Rodríguez por un pasaje entre las rocas metavolcánicas. La carretera luego sigue las terrazas marinas y fluviales en el lado sur de un valle rodeado por altos montes metavolcánicos. El extremo norte del valle es una terraza que se halla sobre sedimentos marinos y fluviales y dominados por empinados y cónicos tapones andesíticos del Plioceno. La carretera luego cruza una serie de empinadas colinas metavolcánicas y continúa a través de rocosos montes de granodiorita con numerosos afloramientos de gabro. Cruza sobre una vía ferroviaria y a través de un área de montes de tonalita, finalmente llegando a Tecate.

Tecate a La Hechicera - Al Este de Tecate la carretera pasa por montes de gabro, sigue por un cañón entre tonalita y granodiorita, y luego a través de la granodiorita para salir a una llana superficie de erosión elevada desarrollada sobre la tonalita. La carretera sigue durante varios kilómetros sobre ésta superficie con vistas hacia el norte de las Montañas Laguna y al sur de montes de conglomerados.

La Hechicera a La Rumorosa - La carretera entra a un área relativamente llana de montes de gneiss y esquistos, localmente cortados por pegmatitas. Entre El Cóndor y La Rumorosa, a ambos lados de un valle aluvial están expuestos montes formados por conglomerados. A ambos lados de la carretera se están minando los aislados montes de mármol que se encuentran entre una serie de colinas graníticas.

La Rumorosa a Mexicali - La carretera empieza a descender el empinado escarpe del golfo y bajan por los afloramientos de granodiorita y tonalita y luego a través de gneiss y esquistos cortados por diques. En la base del escarpe la carretera cruza la falla frontal y desciende el suave abanico aluvial para llegar a la cordillera de tonalita de las montañas Pinto. La carretera después cruza una falla en un deslave y sube a una superficie de abanico elevada más antigua, para luego continuar su descenso sobre los abanicos hacia la Laguna Salada,

visible a la derecha. La carretera cruza la activa zona de fallas de la Laguna Salada y un paso bajo en el extremo norte de la Sierra de los Cucapá, una compleja área de granitos, rocas metamórficas y sedimentos del Terciario. La montaña señal es el alto pico de tonalita de la izquierda. Después, la carretera desciende sobre más abanicos hasta el área del fértil delta del río Colorado en el valle de Mexicali.

179   Continúe por el lado derecho de la carretera dividida que se dirige hacia el Este (México 2) para seguir el curso del río Tijuana con terrazas del Pleistoceno a ambos lados. Las terrazas de la derecha (suroeste) han sido perturbadas por fallamiento. De vuelta a la derecha en el tercer ó cuarto monumento, luego a la izquierda en Agua Caliente.

176   Hay carrera de perros todos los días en el hipódromo de Agua Caliente. Este lugar fue construido en el sitio del manantial de Agua Caliente sobre la zona de falla de Agua Caliente.

Un manantial: Un manantial de éste tipo es por lo menos 10º C más caliente que la temperatura promedio del aire. Estos manantiales por lo general no requieren fuentes anormales de calor. La temperatura de la Tierra aumenta como en 1.8º C por cada 100 metros de profundidad. Las aguas subterráneas son calentadas hasta la temperatura de las rocas que las rodean, por lo que las aguas que están 10º C más calientes sólo ocupan provenir de 550 metros de profundidad. Las fallas proporcionan una avenida para el rápido escape del agua subterránea hasta la superficie, resultando en un manantial hidrotermal. La mayoría de los 1000 manantiales hidrotermales del oeste de los EEUU se hallan sobre líneas de fallas. Algunos como Yellowstone y Lassen se encuentran cerca de centro volcánicos y se deben a magma que está cerca de la superficie.

NOTA: En ésta sección las marcas de kilometraje son escasas y muy dispersas, así que ponga mucha atención para poder orientarse bien con ésta guía.

La carretera continúa hacia el sureste durante 10 kilómetros corriendo paralela al drenado, y cruzando sobre, las bajas terrazas fluviales del Río de Las Palmas. El Río de Las Palmas sigue aproximadamente el mismo curso desde el Eoceno. Las altas terrazas de la izquierda son parte de las mesas que van desde el área de San Diego en la Alta California hasta la región Este de Tijuana. Están compuestas de material del Pleistoceno que se hallan sobre rocas sedimentarias del Mioceno y Plioceno.

175   Monumento a los trabajadores de carreteras.

166.5   La carretera toma una curva y comienza a subirse a los montes metavolcánicos. La montaña roja de la izquierda es el Cerro Colorado, un tapón andesítico del Plioceno. Este es uno de varios tapones que corren hacia el Este hacia Tecate. A la izquierda del Cerro Colorado está el Cerro San Isidro, otro tapón del Plioceno. El tapón más cercano a la frontera internacional es el Cerro La Avena. La montaña Otay, una parte de las montañas San Isidro en los EEUU, es el pico que se ve más al norte desde aquí.

Los tapones ó cuellos volcánicos son las masas rocosas cilíndricas, que sellan las ventilas y conductos de los volcanes, que quedan expuestos a medida que el material más fácilmente intemperizado es transportado.

Los montes de la derecha, en los sedimentos de la región de La Mesa, fueron depositados en el delta de un gran río eocénico. Los altos montes de la izquierda más allá de la mesa son metavolcánicos.

165.4   Aquí la carretera cruza la Presa Rodríguez, una presa de concreto de 650 metros de largo, que fue construida entre los montes metavolcánicos. Las rocas metavolcánicas están expuestas a lo largo de la carretera durante varios kilómetros.
La parada de la izquierda, a la salida de la presa, es un buen lugar para observar la vegetación de Chaparral y la presa. La vegetación en ésta área esta muy distribuida formada por especies típicas del Chaparral (*ver* 1:12) consistiendo de Salvia Negro, Chamizo, anuales bajos, Arbusto de Queso,

Hierba del Pasmo y Maderista. Después de las lluvias puede haber muchos matorrales verdes creciendo sobre estos normalmente desolados suelos metavolcánicos.

164.6   El lago detrás de la Presa Rodríguez es la fuente de agua para la ciudad de Tijuana. Está construida a lo largo de una posible falla que probablemente sea responsable de la alineación del drenado del Río Tijuana. Las colinas en el lado oeste del lago son parte de los sedimentos del Eoceno. Enfrente y a la derecha, los montes más altos son de rocas metavolcánicas. Más adelante, casi todas las rocas que se hallan a la vista son metavolcánicas.

164   El Cerro Las Abejas es el tapón volcánico triangular de la izquierda. A la llana región blanca al oeste del Cerro Las Abejas se le conoce como Lomas Blancas.

163.5   La desviación a la izquierda se regresa a Tijuana por el lado norte del río. Manténgase por la derecha para continuar hacia Mexicali (este).

161.5   Los dos tapones de andesita que se ven a la izquierda (norte) son el Cerro Colorado y Cerro Las Abejas. La carretera está siguiendo un valle poco definido sobre material de terraza con rocas metavolcánicas a la derecha y una terraza desarrollada posiblemente en el Eoceno y sedimentos del Plioceno a la izquierda.

161   La carretera atraviesa una serie de rocas graníticas.

160.2   Este corte muestra sedimentos del Plioceno.

156   Las colinas de la izquierda están formadas de sedimentos del Terciario medio.

153   El pico cónico (Cerro La Posta) enfrente a la derecha es otro tapón andesítico con terrazas del Terciario a sus costados. Aquí se pueden ver rocas metavolcánicas prebatolíticas a ambos lados de la carretera. Los montes de la derecha están compuestos de rocas metasedimentarias y metavolcánicas prebatolíticas.

La vegetación que cubre a los montes de ésta región está formada por típicas especies de chaparral, dominados por Salvia Negro, Salvia

Blanco, Matorral de California, Maderista y algunos anuales.

152 El nivel de la terraza de enfrente a la izquierda es el mismo que el del tapón andesítico mencionado en el kilómetro 153.

148 La vegetación que está creciendo en éste deslave está compuesta por típicas comunidades riparias. Las plantas grandes predominantes son la Hierba del Pasmo, Mezquite y Pino Salado. El Pino Salado es una especie europea que se ha adaptado a Norteamérica.

143 La carretera entra a un área de rocas graníticas mezcladas y dioritas más oscuras cortadas por diques con grandes masas de tonalita sobre las laderas.

140.6 La carretera cruza sobre vías de ferrocarril cerca de Los Laureles. Antes ésta línea de ferrocarril se llamaba la vía este de San Diego y Arizona. Una sección de la vía fue arrastrada por las lluvias en el cañón Carrizo cerca de Jacumba a finales de los años setentas. La sección de San Diego ahora forma una parte del Trolley.

139 La carretera ahora pasa por granodiorita hacia tonalita. En los suelos de gabro en ésta área se desarrollaron las pozas de arcilla y las operaciones de fabricación de ladrillos de Tecate.

136.5 Aquí crecen Encinos nativos a la región. El ganado se alimenta de las hojas y ramas de los Encinos por lo que los árboles se ven "podados" hasta la altura de la cabeza de las vacas. Los Encinos que crecen en lugares donde no hay ganado tienen follaje que casi llega hasta el suelo.

136 El rancho La Puerta a la izquierda es famoso por sus habitaciones y amenidades.

Las rocas de ésta área son de tonalita. La montaña de la izquierda es el pico Tecate, el cual se halla sobre el lado estadounidense de la frontera internacional, formando parte de las montañas San Isidro.

133 Tecate (elevación 570 metros) está ubicada en un valle rodeado por montes con rocas de tonalita.

131.5 Un poco al este del centro de Tecate está la intersección de la México 2 (avenida Juárez) y la México 3 (calle Ortiz Rubio). La México 3 se dirige hacia el suroeste por 107 kilómetros y se conecta con la México 1D en la costa del Pacífico en El Sauzal, el cual se encuentra a 1.5 kilómetros al sureste de San Miguel (ver 1: 101.3). La carretera 2 continúa hacia el este, cruzando las líneas del viejo ferrocarril. La carretera sigue las vías del tren siguiéndolas por un cañón.

129 El Cerro La Panocha es el redondeado monte de gabro está formado como conos de azúcar, su ladera norte está en territorio estadounidense y su cara sur sobre suelo Mexicano.

128 La carretera sigue el cuerpo de gabro de la izquierda. Los montes de la derecha son de granodiorita intemperizados, típicos en ésta parte de la sierra peninsular. A la izquierda de la carretera hay vegetación que es típica del Chaparral.

123 Las vías de ferrocarril se pueden ver a la izquierda, al otro lado del valle, corriendo entremedio de los montes. En ocasiones no se pueden ver por la vegetación y los cortes en los montes. Las vías viran a la izquierda y se dirigen al norte, atravesando la frontera internacional hacia Arizona.

120 Este es el pequeño pueblo de San Pablo. A la izquierda de la carretera se ve el Cerro La Rosa de Castilla.

119.5 La vegetación de ésta área es típica de la comunidad del Chaparral y está dominado por Salvia y Maderista.

119 El Rancho Rosa de Castilla está ubicada en un Bosque de Encinos. Durante los siguientes 6 kilómetros la carretera pasa por varios valles con Bosques de Encinos.

Bosques de Encinos. Los tres encinos más comunes del norte de la península son el Encino (*Quercus agrifolia*), Encinillo (*Quercus dumosa*) y Encino Roble (*Quercus chrysolepis*). Estos Encinos se pueden identificar estudiando la siguiente tabla:

Los Bosques de Encino están en peligro de extinción en toda la península debido al pastoreo del ganado, ya que éstos animales se comen a los árboles todavía tiernos y pequeños antes de que puedan madurar y desarrollar un tronco grueso. Por lo que, cuando los Encinos más viejos se mueran, éstos árboles desaparecerán de las áreas de pastoreo. El "desarrollo" urbano también reduce en forma significativa el hábitat de los Encinos.

118.5 Al masivo acantilado de granodiorita de al frente se le conoce como el Cerro Rosa de Castilla.

118 En éste valle está creciendo otro bello Bosque de Encinos.

117 Los montes están recubiertos por afloramientos rocosos y vegetación de Chaparral. La carretera pasa a través de una serie de amplios y llanos valles que se hallan en la granodiorita.

111 La carretera sube por una pendiente suave atravesando afloramientos de diorita cortado por numerosos diques graníticos. Durante los siguientes kilómetros la carretera pasa

a través de rocas metamórficas del Esquisto Julian, que también se hallan cortados por diques de cuarzo.

110 La especie de planta dominante es la Hierba del Pasmo, el cual está creciendo en grupos. La Hierba del Pasmo se puede reconocer por su semejanza a una escoba.

109 A medida que la carretera llega a la cima, comienza a cruzar una amplia y llana superficie de erosión desarrollada en la cuarzodiorita de La Posta.

Superficies de Erosión: Esta superficie fue desarrollada durante el Cretácico tardío y el Terciario temprano, cuando ésta área estaba más cerca al nivel base. Es el efecto de un intemperismo prolongado en un ambiente más húmedo. Los montes de cumbres aplanadas que se ven hacia el sureste tienen sobre de ellos conglomerados del Eoceno. Estos conglomerados fueron depositados por un río que fluía por ésta área durante el Eoceno. El origen de éste río era cerca de Nogales, en la parte sur-central de Arizona, corría sobre el área del Golfo de California que todavía no existía en aquel

Características	Encino *Q. agrifolia*	Encinillol *Q. dumosa*	Encino Roble *Q. chrysolepis*
Siempreverde	si	si	si
Altura	10-25 mts	5 mts	6-20 mts
Crecimiento	Arboles grandes y frondosos	Matorrales espesos	Bosques debajo de los 2000 m
Hábitat	Debajo de los300 m. en valles costeros y colinas que rodean a los chaparrales	Comunidades de chaparral	En cañones, en laderas que ven hacia el norte y chaparrales
Hoja	Brillosa, verde oscuro	Brillosa, gris-verde	Oblonga, azulosa
Morfología	Superficie superior ovalada; velloso por debajo de la hoja; margen de la hoja es aserrada; Hasta 6 cms de largo.	Sus hojas curvadas, velludas; margen aserrada 1-3 cms de largo.	Verde arriba; cubiertas con polvo amarillo ó plateado por abajo; margen aserrada; 2-6 cms de largo.
Semilla	Es delgada;Puntia guda; 2.5-3.5 de largo.		Oblongas; 2-6 cms de largo.
Corteza	Gris con ranuras anchas.		gris, de liso a escamoso.

entonces. El delta de éste río eocénico está en el área de Tijuana.

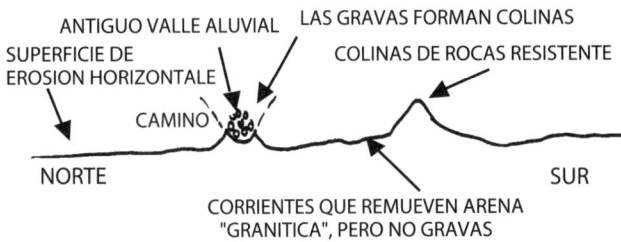

Cuando los arroyos se encuentran cerca de su nivel base no pueden erosionar longitudinalmente, sino que cortan lateralmente y tienden a formar una planicie llana. Si ésta superficie no es levantada permanecerá como una superficie plana. Aún cuando son levantados, los arroyos de la superficie no tienen fuerza hasta que llegan a las orillas y empiezan a erosionar hacia abajo. En el transcurso de millones de años, el intemperismo de las rocas superficiales y el transporte del material más fino por los arroyos débiles, ha bajado a la superficie como en 1 mm/100 años. Los conglomerados no se pudieron erosionar tan fácilmente y por lo mismo, se convirtieron en resistentes franjas sobre la superficie.

Un punto interesante es que cuando una área queda sobre la superficie, tiende a permanecer más seco y no se intemperiza tan rápidamente como las rocas de las planicies. Esto disminuye la velocidad de erosión del monte. Como resultado de ello, con el tiempo los montes se van haciendo más altos y pronunciados sobre la superficie.

**LOMA DE GRAVAS
SOBRE SUPERFICIE DE EROSIÓN**

105.5   Esta salida se dirige hacia el sur a El Compadre y el valle de Ojos Negros e intersecta con la carretera México 3 (*ver* 12:55.3).

103   Aquí hay enormes rocas cubiertas por líquen. Los líquenes son plantas sencillas formadas por algas unicelulares que viven dentro de los tejidos de un hongo. Estas dos plantas viven en una relación simbiótica en la cual ambos son beneficiados. Los ácidos orgánicos liberados por los líquenes degradan a las rocas, convirtiéndolos en arenas y arcillas, preparando el terreno para que plantas más complejas puedan establecerse allí.

Sobre los suelos perturbados de las orillas de la carretera crecen arbustos de Maderista. Los indios nativos de la península tomaban las semillas de éstas plantas, las molían y horneaban en pasteles, ó se las comían como una pasta.

100   La carretera ahora se dirige hacia el sur después de una curva pronunciada, y pasa a través del pequeño poblado de La Hechicera.

97   Desde aquí se pueden ver las distantes montañas de Laguna del condado de San Diego. Sus cimas aplanadas son parte de la misma superficie de erosión como a 1,200 metros más arriba. Por una ruta circundante, la superficie de erosión de Laguna desciende gradualmente al nivel de la superficie cerca de la carretera.

93   La cadena de blancas rocas expuestas sobre los montes durante los siguientes 6 Kilómetros son diques de pegmatita intemperizados.

89   Esta es una buena salida para ver la vegetación de ésta región, tales como la Hierba del Pasmo con Lentisco, Salvia Negro y Salvia Blanco.

87   Los horizontales diques de pegmatita sobre el monte, debajo de las líneas de alto voltaje, han producido topacio, berilio, granate, turmalina, y cuarzos ahumados. Los diques de pegmatita son abundantes en el condado de San Diego. Aquí la carretera atraviesa algunos cortes de gneiss y esquistos prebatolíticos

asignados al esquisto Julian. Estas rocas metamórficas probablemente son del Paleozoico y representan los residuos de las rocas en las cuales los granitos y los diques pegmatíticos se introdujeron.

DIQUES PEGMATÍTICOS

83.5 En estos cortes hay buenos ejemplos del Esquisto Julian.

82.8 Esta salida conduce al pequeño asentamiento de El Cóndor ubicado aproximadamente en el mismo nivel que la superficie de erosión más alta.

81 Al este de El Cóndor la carretera entra a un Bosque de Árboles Coníferos y Huatas. Asociados a este bosque crecen algunos Encinos, Hierba del Pasmo, Chamizo, Yuca, Salvia Negro y Salvia Blanco. Se pueden ver cuervos en ésta área.

El Bosque de Árboles Coníferos Pigmeos: En la porción norte de la península el Huata de California (Juniperus californica) está frecuentemente asociado al Pino Piñonero (*Pinus quadrifolia* y/o *P. monophylla*). Esta asociación forma la comunidad Huata-Piñón, que debido a sus troncos cortos se les conoce como el Bosque de Coníferas Pigmeas.

Las hojas de los huatas han sido reducidos, por la selección natural para minimizar la pérdida de agua, a escamas imbricadas de color verde brillante, cubriendo por completo a las ramas más pequeñas. Están recubiertas por una capa cerosa que ayuda a retener la humedad. Otra adaptación que le ayuda

a conservar agua son las pequeñas y secas frutas con su capa protectora de cera. Su corteza de color gris ceniza los aísla del calor del desierto, manteniendo una temperatura baja dentro de sus tejidos, otra adaptación para conservar agua.

El Pino Piñonero crece más alto que la huata. Las estomas de las hojas del Piñón se hallan muy adentro de las mismas, reduciendo la pérdida de agua. El Piñón tiene un hongo creciendo sobre sus raíces (una asociación mutualista mycorhizzal). El hongo simbionte le proporciona agua al árbol y le protege las raíces de cualquier enfermedad; a cambio el Piñón le da al hongo el azúcar que él no puede producir. Una caminata por este bosque pronto revelará la identidad del Piñón y de la Huata.

BOSQUE DE HUATAS Y CONO VOLCÁNICO SOBRE LA SUPERFICIE DE EROSIÓN

Los Huatas y los Piñones son especialmente abundantes sobre las laderas de la Sierra Juárez y San Pedro Mártir, debajo de los 5000 pies en la sección de la Zona Arriba de Vida de Sonora. El sobre pastoreo en la porción norte de la península les está permitiendo que crezcan abundantemente y que extiendan sus dominios a lugares antes ocupados por pastos, reduciendo el espacio disponible para el ganado, y aumentando el hábitat del venado y el antílope, que se alimentan de las ramas y el follaje de las coníferas. Además de su importancia alimenticia para los animales silvestres, también proporcionan una importante cubierta protectora para los nidos de las numerosas especies de aves de la península: Verdin, Zacatero, Cenzontle, y

Primavera. La presencia de Musgo en lod Pinos no es una Plaga.

76.5 Los montes a ambos lados de la carretera están compuestos de conglomerados depositados en un río del Eoceno. 30 metros al Este de la marca de km. 76, hay un camino que se puede seguir por 200 metros hacia el norte para ver conglomerados del Eoceno expuestos. Estos conglomerados son típicos, comparados a las metariolitas más exóticas que se ven presentes, debido al mezclado que sufrió con minerales de otro río del Eoceno, que no contenía clastos metariolíticos. En este punto, la carretera se halla sobre un esquisto metamórfico y un basamento de gneiss.

73 El mármol extraído de la cantera que se halla en el monte a la izquierda de la carretera, y otras en ésta área, son usadas como roca decorativa y para hacer cementos. Se han hallado varias cavernas decoradas con estalactitas dentro del mármol. Esto preocupa a los mineros ya que las cavernas reducen las reservas de mármol que habían estimado que tenían.

El denso Bosque de Piñón-Huata que está creciendo en ésta región se ve más escénica por la presencia de afloramientos de granodiorita. Esta área se parece mucho a los campos de rocas de Cataviña (*ver* 3:158.5), con la excepción de que aquí las rocas son más pequeñas y numerosas.

67.5 En la Rumorosa hay un lugar de veraneo que es muy conocido por los residentes de Mexicali. La escarpada fallada, que es mucho más empinada y evidente al sur, no está tan inclinada aquí por la presencia de esquistos más erosionables. Un camino conduce hacia el sureste desde la Rumorosa hasta la Sierra Juárez, al Parque Nacional Constitución 1857 y la Laguna Hanson. Al salir de la Rumorosa la carretera comienza su descenso por la cuesta de la Rumorosa hasta el desierto a lo largo del drenado este de la Sierra Juárez hacia el golfo. Las rocas expuestas en la cima son granodiorita. Más abajo se pueden ver tonalitas y esquistos.

65 La carretera cruza a través de un área pintoresca de granodiorita esferoidalmente intemperizada. Observe que la superficie de erosión inclinada se extiende hasta la cima de la sierra. Aquí el gradiente más pronunciado de los arroyos está cortando la escarpada hacia el Este. Esta bajada de la cuesta de la Rumorosa, a veces conocida como la Cuesta Cantú, era la más empinada y peligrosa sección de carretera de toda la península.

En las laderas del drenado este de la Sierra Juárez, las rocas de granodiorita están intermezclados con hermosos Piñónes, Huatas, Manzanita y Salvia Negro.

Cimas de cordilleras y el Golfo de California: La cordillera del Pacífico Este pasó por debajo del continente y formó el Golfo de California y la gran cuenca del suroeste de los EEUU y el norte de México. Esto resulta en una serie de montañas (horst) y valles (graben) delimitados por fallas. A medida que estas montañas son erosionadas, desde los montes se forman amplios abanicos aluviales hasta los lagos de playa. Eventualmente la cordillera separará a la península del continente, a lo largo de la falla de San Andrés. El desplazamiento de la falla de San Andrés es de aproximadamente 5 cm. cada año. A este paso, San Francisco aparecerá del otro lado de la falla en unos 30 millones de años.

62 Hay una bella vista a la izquierda de un valle rocoso con un arroyo. El tubo con dos grandes torres verdes son parte del sistema que transporta agua desde el río Colorado hasta Tijuana. El desierto al noroeste se le llama Desierto de Yuma. A lo lejos se puede ver la Mesa Oeste. Directamente a la izquierda, un poco después de la orilla de los montes, está el poblado de Ocotillo, en el lado estadounidense de la frontera. A la derecha de Ocotillo, a lo lejos se puede ver el mar de Salton. Todavía más a la derecha, la mancha blanca que se ve no muy lejos es la ciudad de Plaster. El yeso extraído de Split Mountain en los EEUU es transportado hasta Plaster por ferrocarril, en donde es procesado para formar paredes de yeso, usado principalmente en construcción residencial. Apenas visible a la derecha está Cerro El Centinela, una cima alta en la Sierra

Cucapá. Los montes que se ven a lo lejos, al noreste de Split Mountain, están las montañas Chocolate.

61.5 Esta salida en la orilla del plutón de granodiorita ofrece una buena vista del desierto de San Felipe. Hay varias otras salidas más adelante, y todas tienen buenas vistas.

59.5 Se puede ver por primera vez la Laguna Salada.

58.5 Un dique de basalto negro - gris oscuro corta la granodiorita en este punto.

57 Al terminar la curva se puede ver un derrumbe en el kilómetro 56.8.

56.7 Los edificios sobre la colina de la izquierda son parte de una de las plantas que bombean el agua para Tijuana por la Sierra Juárez. Las torres verdes liberan el aire que queda atrapada en los ductos impidiendo que se formen grandes burbujas de aire que bloquearían el paso del agua a medida que ésta baja por el otro lado de la sierra.

55 Al acercarse la carretera al fondo de la Cuesta de la Rumorosa, a la izquierda están a la vista la Laguna Salada, Cerro Colorado y la Sierra Cucapá con el Cerro la Centinela. El Cerro Colorado está compuesto de granitos recubiertos de barniz desértico.

La Sierra Cucapá es de color café-rojizo y se ve al fondo detrás de la Laguna Salada. También se halla cubierta por el barniz desértico, aunque no tanto como la superficie del Cerro Colorado.

BARNIZ DESÉRTICO: Un pequeño aspecto del intemperismo en el desierto es el recubrimiento que se forma sobre algunas rocas; es delgado, brillante, de color café-rojizo a negro y es conocido como barniz desértico. Esta brillante mancha negro-café es de sólo uno ó dos micrómetros de grosor y parece ser una gelatina amorfa, rica en sílice y alumbre, que toma su color de las extrañamente altas concentraciones de hierro y manganeso. Las substancias químicas del barniz se originaron del polvo atmosférico, las mismas rocas, el subsuelo y otras substancias químicas que

se hallan disueltas en la humedad que se acumula en las superficies de las rocas por la lluvia, neblina y el rocío.

Al evaporarse la humedad de la superficie de las rocas, deja atrás una capa de los químicos que traía disueltos; ésta capa se va haciendo cada vez más gruesa durante el transcurso de los siglos. La formación de la capa de barniz es extremadamente lenta.

El barniz desértico ocurre sobre las superficies de rocas que se encuentran en abanicos aluviales y sobre el mosaico de guijarros del pavimento desértico. También se pueden ver éstas manchas como aparentando cascadas negras sobre las paredes de los cañones. La parte de abajo de muchas de las rocas barnizadas son de color naranja (rico en hierro), mientras que sólo los lados y la parte superior de los mismos son de color café-negrusco (rico en manganeso). Ya que el hierro es menos soluble que el manganeso, éste se queda por debajo de las rocas y el manganeso más soluble es transportado más hacia arriba para acumularse sobre las superficies expuestas a la intemperie.

53 La carretera pasa principalmente por gneiss y esquistos metamórficos del esquisto Julian, con algunas granodioritas y tonalitas apareciendo aquí y allá.

Los montes de ésta área están pobladas por Yuca, Ciribe, Palo Verde y Ocotillo. Esta área es un buen lugar para detenerse a observar las variaciones de la vegetación entre las laderas orientadas de norte-sur.

49.7 A la izquierda se ve un dique de granito pegmatítico cortando a las rocas metamórficas.

48 A la derecha se ve el río Agua Grande que corre por el cañón Los Llanos. El fondo del cañón es el meandro de un amplio arroyo. La flora de ésta área es típica de los deslaves, formada por Sauce, Acacia y Gobernadora.

44 Esta es una buena parada para ver la vegetación del drenado Este de la Sierra Juárez. Se pueden ver Incienso, Gobernadora, Huizapol, Palo Verde, Pino Salado, Uña de Gato, Ocotillo, Biznaga y especies de Árboles Elefante.

43.5 La carretera cruza el río Agua Grande. Se puede caminar al río y seguirlo hasta que se llegue al cañón Los Llanos para poder observar la flora de los deslaves. Los principales árboles que crecen a orillas del río son las Coronas de Cristo y Acacia parasitados por epífitas Toji. Ambos árboles son especies indicadoras de las áreas de deslave.

FLORA DE LOS DESLAVES: Debido a lo escaso que es el agua en el área donde se encuentran los Gobernadora y Huizapol, los cauces de los ríos, que se hallan secos durante la mayor parte del año, mantienen una flora que aprovecha las temporadas de lluvia, que generalmente sucede en el invierno en el norte de la península. En los desiertos de la península, la flora de los deslaves es dominada por Palo Verde, Corona de Cristo, Uña de Gato y Mezquite.

CORONA DE CRISTO

Las semillas de muchas de éstas especies se hallan cubiertas por una dura cubierta externa y no germinarán a menos que se rompa ésta capa, permitiendo que el agua penetre hasta la semilla e inicie la germinación. El rompimiento del cascarón se realiza durante las temporadas de lluvias, en las cuales las semillas son transportadas por el agua, impactándolos contra la arena y las rocas; éste transporte sirve además como un mecanismo para la dispersión de las semillas. Durante las semanas consecuentes a su germinación, éstas plantas sólo desarrollan dos ó tres hojas, enfocando el resto de sus reservas energéticas a extender sus raíces lo más profundamente posible, para extrae

agua del subsuelo durante la sequía. A este tipo de plantas se les conoce como Phreatofitas (phreato = pozo; fita = planta).

42 La carretera baja por la superficie de un abanico aluvial a lo largo de la base de la Sierra Juárez. La vegetación que crece sobre el abanico aluvial consiste principalmente de Ocotillo, Incienso, Cholla y Gobernadora.

37 La carretera cruza otro meandro del río Agua Grande, que se formó sobre la línea de una falla y sube a la superficie de un abanico levantado. Esta falla atestigua a la actividad volcánica que todavía continúa hoy en día en el valle imperial y a lo largo del norte del Golfo de California. Los oscuros montes barnizados que se ven al norte, se hallan sobre la línea de una falla y se conocen como las montañas Pinto. Esta área es desde hace mucho tiempo un lugar muy conocido para colectar las coloridas riolitas de las montañas Pinto, y la madera petrificada que casi siempre es pulida por el viento. Tenga cuidado de no cruzar la frontera si se pone a explorar ésta área. El camino que se halla al sur rodea los pies de la sierra Juárez y eventualmente llega a un bello oasis de palmeras en el cañón de la Virgen de Guadalupe (hay un camino mejor que éste en el kilómetro 27.5).

34 El pico que se ve enfrente a la izquierda es el Cerro El Centinela, un alto pico granítico que se encuentra en el extremo norte de la Sierra Cucapá. Las colinas de la izquierda consisten de sedimentos del Terciario que fueron levantados a lo largo de la zona de fallas activas de la Laguna Salada.

30 La vista hacia atrás es de el impresionante escarpe granítico de la Sierra Juárez.

27.5 El camino de la derecha baja por la Laguna Salada hasta la Cañada Cantú de las Palmas y el Cañón de la Virgen de Guadalupe.

La Laguna Salada es una cuenca rodeada por fallas. Seguirá ensanchándose y terminará siendo una parte permanente del Golfo de California. La laguna Salada estaba casi totalmente seca en la década de los 60's, sólo recibiendo el agua que se escurría de las montañas. Ha tenido bastante agua desde aquel entonces debido a las fuertes tormentas que surgen en el golfo y las mareas altas. Su extremo sur es supramareal y se conecta con el golfo durante épocas de inundación (*ver* 14:73). La zona de fallas de la Laguna Salada pasa cerca de ésta intersección.

25.5 A la izquierda se ha desarrollado una duna al lado de uno de los montes más cercanos.

El camino de la derecha se dirige al campamento de El Centinela, ubicada en la playa lodosa de la Laguna Salada. La presencia de restos de moluscos en los troncos de los árboles de ésta playa indica que éstos estuvieron bajo el agua alguna vez. El agua y los suelos de la laguna son muy salados. El "crecimiento" de los cristales de sal es causado por la continua evaporación del agua salada. Esta playa es muy lodosa y la laguna es bastante somera, pero a pesar de ello es una región muy escénica.

LAGUNA SALADA CON LA SIERRA JUÁREZ EN LA DISTANCIA

23 La carretera toma una curva y sigue subiendo a través de un pequeño pasaje que marca a una falla y un horst de rocas metamórficas. El monte de enfrente está muy barnizado. Al virar la carretera a la derecha, al frente se pueden ver las fracturas verticales en el plano de una falla al nivel de la carretera.

Aquí la vegetación consiste de numerosas y altas Acacias, Corona de Cristo más pequeños, Gobernadora, Huizapol y algunos árboles de Pino Salado.

20 Ahora la carretera desciende por abanicos aluviales inclinados al Este hacia el fértil valle de Mexicali, una de las mejores regiones agrícolas de México.

19 La acacia de ésta región se halla muy parasitada por la epífita *Phoradendron californium*.

Toji es un leñoso perenne árbol parasítico que roba azúcar con un sistema que se llama haustoria. Las pegajosas semillas son diseminadas sobre las patas y los picos de pájaros que comen los granos de el Toji.

15 Esta área fue formada por el río Colorado al formar éste un delta en el extremo norte del Golfo de California. El valle Imperial en la alta California es un segmento del golfo que fue aislado por el delta del río Colorado. El poblado de Indio, en la alta California, se halla 3 metros por debajo del nivel del mar. El punto bajo del delta entre el valle Imperial y el Golfo de California está a sólo 11 metros por encima del nivel del mar. Al ir creciendo el delta, el río colorado a veces fluía hacia el aislado valle Imperial. Esto creaba una serie de lagos que se alternaban con los períodos de sequía que se producían, al ir variando el cauce del río Colorado hacia la cuenca ó hacia el Golfo de California. En el valle Imperial el nivel más alto está marcado por caliza con remanentes de algas a lo largo de la costa del antiguo lago de agua dulce llamado Lago Cahuilla en el punto Travertine. Al contrario de esto, el mar de Salton es artificial. Es el resultado de un "error" producido en 1906 que permitió que el río Colorado se desviara por completo hacia el valle por todo un año.

0 La carretera llega a una intersección en "Y". El camino hacia la derecha es la continuación de la México 2. La México 2 se conecta con la México 5 unos 8 kilómetros más adelante. La calle de la izquierda entra a Mexicali.

TRANSECTO 14 – MEXICALI A SAN FELIPE
[190 Kilómetros = 118 Millas]

Mexicali a la Sierra Las Pintas - *Este segmento de la carretera se dirige al sur sobre las planicies arenosas del delta del río Colorado, cruza la zona de fallas de Cerro Prieto, y sube y comienza a seguir los ondulantes abanicos aluviales de la Sierra de Los Cucapá. Las altas y difíciles cumbres de Cucapá al oeste son bloques fallados levantados de basamento granítico y metamórfico, levantados durante la apertura del Golfo de California. El cono volcánico de basalto de Cerro Prieto y su área geotérmica están a la vista al Este. Al sur de la intersección El Tare la carretera cruza una planicie de lodo de un delta en donde un paso bajo en las rocas metamórficas denota el inicio de la casi continua Sierra El Mayor, compuesta de granito y rocas metamórficas. A la izquierda está la región del delta con los canales del río Hardy y el río Colorado. Al sur de El Mayor la carretera sigue el trazo de la falla frontal de Sierra El Mayor. En el extremo sur de la Sierra El Mayor la carretera cruza los llanos supramareales del alto golfo. Esta área es la entrada de las aguas del golfo a la Laguna Salada.*

Sierra Pinta a San Felipe - *En el extremo sur de los llanos supramareales la carretera entra en la altamente fallada área volcánica del Terciario de la Sierra Las Pintas. Las colinas a la izquierda de la carretera en el extremo norte de la Sierra Las Pintas son de rocas sedimentarias calcáreas del Paleozoico. El campo de dunas se extiende desde la Laguna Salada. La carretera luego sigue a través de varios pasajes bajos en las rocas volcánicas, pasando por algunos remanentes de los levantados y disectados abanicos aluviales.*

Al sur de la Sierra Las Pintas *la carretera rodea las orillas inferiores de los abanicos aluviales levantados hasta la intersección de la carretera Ensenada. Los llanos supramareales salados de las salinas de Ometepec dominan la vista al Este. Más cerca de la intersección los altos montes de la derecha son de granito y rocas metamórficas del extremo sur de la Sierra Pinta. El redondeado monte volcánico de la izquierda es El Chinero.*

0   Este transecto de la carretera empieza en la intersección de México 2 y 5 en el kilómetro 0.

El desierto de San Felipe es uno de los cuatro sub-desiertos de la región fitogeográfica del desierto. Generalmente, la extremadamente árida y escasamente poblado Desierto de San Felipe al noreste de la península se extiende hacia el sur desde la frontera internacional a lo largo del escarpe al este de las dos más importantes sierras peninsulares, las Sierras Juárez y San Pedro Mártir; hasta Bahía de los Ángeles. Este desierto es extremadamente árido porque esta en la sombra pluvial de las sierras peninsulares. Las dos plantas dominantes de ésta región son la Gobernadora y Huizapol que componen la Comunidad de Gobernadora (*ver* 14:108).

2   A medida que la carretera cruza el Río Nuevo, observe la lagunilla en el lado sur de la carretera. El río nuevo fluye hacia el norte para desembocar en el Mar de Salton en el lado estadounidense de la frontera internacional.

5.8   La carretera cruza el Río Nuevo por segunda vez.

10   La carretera se dirige al sur a través de los fértiles campos de cultivo. El agua de irrigación llega al valle por el Río Colorado por vía de un extenso sistema de canales desde la Presa Morelos, ubicada cerca del pueblo fronterizo de Algodones.

La sierra montañosa de la derecha es la Sierra de Los Cucapá. A lo lejos a la derecha se puede ver la más alta Sierra Juárez. El monte de enfrente a la izquierda se conoce como el Volcán Cerro Prieto. Es un cono volcánico Cuaternario descrito en más detalle en el kilómetro 16.6.

En muchos de los patios de las casas particulares que se hallan a los lados de la carretera se cultivan nopales.

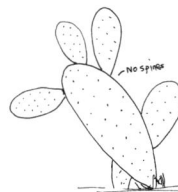

Nopal (*Opuntia*) pertenece a la familia Cactaceae y se asemeja al Cactus Cola de Castor. Las jóvenes hojas de Nopal son más grandes y no desarrollan espinas inmediatamente. Las hojas de Nopal son cosechadas jóvenes, y se usan para añadirle fibra vegetal a los alimentos, siendo consumidos cocinados, asados, curtidos, se le reconocen propiedades curativas.

16.6 Este canal marca el rastro de la zona de fallas de Cerro Prieto. Estas áreas que se hallan a lo largo de las zonas de fallas de la península son exploradas para los propósitos de obtener energía geotérmica (*ver* 5:32).

El prominentemente alto pico oscuro de 250 metros al frente y a la izquierda es el volcán Cerro Prieto, un cono volcánico Cuaternario con levantadas rocas sedimentarias del Terciario a sus lados. El gobierno mexicano genera miles de kilowatts de energía eléctrica (hasta la fecha son 620 MW) por medio de pozos geotérmicos localizados al sureste de Cerro Prieto. Estas plantas geotérmicas son las segundas más grandes en Norteamérica, excedida sólo por las plantas geotérmicas ubicadas al norte de San Francisco, California. Hay manantiales calientes y volcanes de lodos en el área cerca de una zona pantanosa conocida como Laguna Volcán.

21.2 Los arroyos del área del Valle de Mexicali están erosionando el abanico aluvial de la derecha, estableciendo un gradiente nuevo sobre los abanicos en la nueva base como 3 a 5 metros debajo de la base anterior. Esto ha creado una serie de arroyos y terrazas de abanicos abandonadas en los sedimentos. Al sur, estos abanicos disectados son muy obvios a medida que la carretera cruza los numerosos abanicos aluviales de la Sierra de Los Cucapá.

24 Al este la vegetación del desierto de San Felipe es uniformemente pobre y escaso. La flora de ésta región es predominantemente Acacia y Árboles de Humo, y Ocotillo. Las Acacias y Árboles de Humo de ésta área se hallan muy parasitadas (ver 16:15.5). A la derecha, cerca de la Sierra de Los Cucapá, la vegetación se hace más alta.

La extensa cantera de Villegas, ubicada a la derecha, está desarrollada sobre arenas graníticas aluviales. Esta área levantada ha sido erosionada a una topografía desolada.

25 La carretera se acerca y rodea la Sierra de Los Cucapa (llamada así por una tribu india local).

La Sierra de Los Cucapá fue levantada a lo largo de varias zonas de fallas que unen y cortan diagonalmente a la sierra. En la parte central la sierra está compuesta principalmente de tonalita y granodiorita.

26 Las plumas de vapor que se elevan a lo lejos a la izquierda son producidas por las plantas geotérmicas ubicadas cerca del volcán Cerro Prieto.

37 La intersección de El Tare marca el cruce de la México 5 sur y BC 18 Este. Al sur de ésta intersección, la meseta de la Sierra Cucapá está compuesta principalmente de granodiorita, esquistos prebatolíticos y rocas metasedimentarias calcáreas.

42 La Sierra de Los Cucapá se ha declinado en una cordillera de montes. Al frente y a la derecha hay un paso bajo que separa la Sierra de Los Cucapá de la Sierra El Mayor la cual es la principal masa montañosa de enfrente a la derecha.

49 En El Medanito la carretera vira al sureste a lo largo de la base de la Sierra El Mayor. A la derecha hay un cementerio entre la serie de dunas estabilizadas al pie de la Sierra El Mayor.

49.5 Las rocas metamórficas de la Sierra El Mayor se acercan mucho a la carretera.

Al Este hay una bella vista del Río Hardy. Los bancos del Río Hardy proporcionan una excelente oportunidad para avistar aves.

50 Los montes de la derecha tienen una serie de terrazas pequeñas de pendiente suave desarrolladas sobre ellas. Cada una representa un diferente tiempo de levantamiento de la Sierra El Mayor.

52 El Campo Sonora se halla al sureste al lado del Río El Mayor, un arroyo tributario que fluye hacia el más grande Río Hardy cerca de Las Cabañas.

53 Más adelante hay una excelente vista de las levantadas y disectadas terrazas.

53.5 A medida que la carretera rodea la meseta de la Sierra El Mayor, pasa al lado de un asentamiento abandonado a la izquierda del

Río Hardy. El río ha cambiado su curso varias veces en el pasado y puede que regrese para revivir este asentamiento en el futuro.

55.5 El pequeño asentamiento del campo Río Mayor Solano (La Carpa) está localizado al lado de uno de los principales canales laterales del Río Hardy.

56 La vegetación de ésta área es típica de un pantano la vegetación pantanosa está dominada por masas de monocotes angostos. Sobre las pendientes de las colinas de la Sierra El Mayor crecen Pino Salado, Hiebra Liebrera, Acacia, Palo Verde y masas de monocotes.

66 Debido a la alta salinidad de los suelos en ésta área, sólo algunas especies de halófitas pueden crecer aquí. Por consecuencia, la vegetación de la izquierda (Este) está dominada por casi puros Gobernadora Halófitos y Huizapol, escasamente dispersos por Pino Salado.

69 A medida que la carretera continúa hacia el sur, viaja a través de una amplia salina.

Más rocas graníticas de la Sierra El Mayor se hallan expuestas a lo largo de la carretera. La sierra de enfrente es la Sierra Las Pintas. A la derecha de la carretera también está a la vista la Sierra Las Tinajas. Detrás de ella se puede ver al oeste la más alta cresta de la Sierra Juárez.

73 La carretera cruza los llanos supramareales del Golfo de California. En realidad, está área es el extremo sureste de la Laguna Salada, una cuenca ubicada al noroeste (ver 13:27.5).

80 A ambos lados de la carretera hay una serie de dunas activas y otras parcialmente estabilizadas. Sobre las dunas crecen abundantemente Gobernadora muy altas. En ésta área, en días calientes, es común ver ilusiones ópticas sobre las salinas alrededor de la Sierra Las Pintas.

Las ilusiones ópticas casi siempre se pueden ver sobre las desoladas salinas, llanos supramareales y playas de la península. Las ilusiones son fenómenos ópticos que crean la

ilusión de la existencia de agua. Casi siempre están completos con todo y los reflejos invertidos de objetos distantes, idénticos a verdaderos cuerpos de agua. Resultan de la distorsión de la luz por las capas alternadas de aire caliente y frío. A las ilusiones también se les conoce como "fata morgana" porque son atribuídos a hechizos de Morgana le Fay, la hermana hechicera y enemiga del legendario Rey guerrero inglés del siglo VI, el Rey Arturo.

83 La Sierra Las Pintas está compuesta por las altas montañas de la derecha. Están formados por una gruesa secuencia de rocas volcánicas del Terciario. Los montes de la izquierda están compuestos de rocas metasedimentarias del Paleozoico Tardío, los cuales contienen fósiles de crinoideo. Estas fueron las primeras rocas sedimentarias del Paleozoico en ser documentadas en la Baja California. ESTA PROHIBIDO COLECTAR FOSILES

ROCAS DEL PALEOZOICO CON DUNAS DE ARENA

87 A la izquierda se ha desarrollado un extenso campo de dunas en las colinas de la Sierra Las Pintas. Se originaron por los vientos que soplan al suroeste sobre la Laguna Salada levantando arena y depositándola en las laderas, por el lado este, de la sierra.

97.3 La carretera viaja a lo largo de la orilla este de la Sierra Las Pintas durante muchos kilómetros. El amplio llano de la izquierda es parte de las Salinas de Ometepec, un llano supramareal ubicado en el extremo norte del Golfo de California. Los llanos supramareales son tierras costeras que son inundadas durante mareas muy altas.

105   El pequeño asentamiento de La Ventana está ubicada en el lado derecho de la carretera.

108   Este es un lugar excelente para detenerse a caminar y observar la flora del Gobernadora, la comunidad vegetal característica del área del Desierto de San Felipe de la región del desierto fitogeográfico. La vegetación, que crece sobre las colinas del este de la Sierra Las Pintas, consiste de Gobernadora, Huizapol, Arbusto Espinoso, Cochal, Mezquite, Uña de Gato, Corona de Cristo, Frutilla, y Palo Verde.

LA COMUNIDAD CREOSOTE	
Plantas	**localización típica**
Hierba del burro (Franseria dumosa)	Mezclado con creosota
Arbusto creosota (Larrea divaricata)	Laderas, deslaves, etc.
Ocotillo (Fouquieria splendens)	Laderas, llanos, deslaves
Arbusto de queso (Hymenoclea salsola)	Deslaves, etc.
Cholla (Opuntia sp.)	Sobre laderas rocosas y suelos perturbados
Sauce del Desierto (Chilopsis linearis)	Por arroyos

LA COMUNIDAD VEGETAL DEL GOBERNADORA DEL DESIERTO DE SAN FELIPE: La carretera desde Mexicali a San Felipe pasa a través la comunidad de Gobernadora del área del Desierto San Felipe de la región fitogeográfica del Desierto de Baja California. A ésta comunidad se le halla debajo de los 900 metros en las laderas, abanicos aluviales, y valles en el desierto. La precipitación es baja y llegan principalmente en la primavera con algunas lluvias de verano. Los suelos perturbados que mantienen a ésta comunidad están generalmente bien drenadas, y los cambios en la temperatura son extremos. La comunidad se llama así porque la Gobernadora (*Larrea divaricata*) es la planta más grande y abundante. Junto con el Huizapol (*Franseria dumosa*) componen casi el 90% del follaje.

La Gobernadora es un matorral que casi siempre es de 1 a 2 metros de alto con pequeñas hojas resinosas.

El Huizapol es un pequeño matorral redondeado de color gris-verde que tiene de 2 a 6 decímetros de altura con corteza gris-blanca y ramas rígidas.

Los dos arbustos dominantes de ésta región, Gobernadora y Huizapol, parece que han sido plantados en líneas rectas. Sin embargo, están separados naturalmente como una adaptación para utilizar el agua más eficientemente. Cada planta requiere una cierta cantidad de agua. En los suelos húmedos las plantas crecen más cerca y al azar; en los ambientes secos las plantas son casi territoriales y crecen en forma muy dispersa para asegurar que cada planta recibirá la cantidad de agua y minerales que requiere. Mientras más seco el ambiente, más amplio y más regular será el espaciamiento. Esto se puede ver fácilmente observando que tan separados y bajos son las Gobernadoras en las cimas de los montes. En las laderas las Gobernadoras se hacen más numerosas, crecen más juntos y más altos. Las gobernadoras menos separadas y más altas crecen a los pies de los montes en donde se colecta el drenado de las lluvias. Los más altos y frondosos Gobernadora crecen a los lados de la carretera en donde reciben el drenado de la carretera y son capaces de crecer al máximo de su capacidad.

Otro factor responsable del acomodo lineal del Huizapol y el Gobernadora es que la mayoría de éstas dos plantas dominantes crecen a lo largo de drenados delgados, conocidos como rills, que son menos de 5 centímetros de profundidad. Hasta pequeños cambios en el paisaje desértico puede alterar los patrones de distribución y composición de la comunidad.

Un tercer fenómeno que es responsable del amplio espaciamiento de la Gobernadora es la alelopatía. Si se permitiera que las semillas del Gobernadora ú otra especie de plantas crecieran debajo ó entremedio de la Gobernadora, competirían por la escasa humedad de los suelos del desierto San Felipe. Para impedir la competencia, las secreciones resinosas de las hojas y tallos de la Gobernadora "envenenan" el suelo, lo que impide el crecimiento de otras plantas. A pesar de ésta apariencia, crecen aquí una buena variedad de especies desérticas formando un conjunto regional de especies conocidas como la comunidad de Gobernadora.

123   Las Minas La Fortuna y La Moctezuma están ubicadas en los montes de la derecha. Antes se extraían minerales de oro y plata de ambas minas.

125   La región de planicie de enfrente y a la derecha es el llano del Cerro El Chinero.

134   El monte volcánico de la izquierda es el Cerro El Chinero. Un marino dejo unos chinos inmigrantes y los dijo que los Estados Unidos estaban por el norte. Los chinos caminaron hasta el monte. caminaron hasta no poder más y murieron muy lejos de los Estados Unidos.

El anfiteatro en el centro del Cerro El Chinero contiene rocas volcánicas que indican un centro de erupción. En la base del Cerro El Chinero, las dunas que se han formado contra el costado del monte han sido disectados por arroyos, dando la impresión de que son abanicos aluviales cónicos. Sin embargo, la parte ancha del abanico se halla en la sección anterior del arroyo; los abanicos están "al revés" porque en realidad son dunas. Las dunas en el costado oeste del Cerro El Chinero están escasamente poblados por Pastos, Arbustos Espinosos, y Hierba Huesuda. Sobre el Cerro El Chinero se pueden ver densos conjuntos de Ocotillo. Las planicies están cubiertas por materiales gruesos que han formado un pavimento desértico.

SUPERFICIE ORIGINAL DE SUELO DE GRAVA

EL MATERIAL ES REMOVIDO POR EL VIENTO Y LAS GRAVAS ES DESPLAZAN AL FONDO

LAS GRAVAS DESPLAZADAS RECUBREN LA SUPERFICIE GENERADO UN "PAVIMENTO"

Pavimento desértico: La deflación es un proceso erosivo realizado por el viento que transporta las partículas no consolidadas de arena y arcilla desde un depósito y deja las partículas más grandes en su lugar. Asistido por el humedecimiento y resecado alternado del suelo, los guijarros giran, se depositan y acumulan lentamente hasta formar un mosaico plano y resistente conocido como pavimento desértico. En algunas regiones de la península, el mosaico está compuesto de varios tipos de roca, y se pueden ver parches en donde cada roca es de color diferente. Los guijarros que forman este pavimento en las pendientes más bajas del Cerro El Chinero son de un color café muy uniforme. La nivelada superficie del suelo del mosaico ya no ofrece ninguna elevación que el viento pueda atacar, ya no hay más deflación, y el proceso de erosión termina.

No se deje engañar por la apariencia dura del pavimento desértico! Casi siempre sólo cubren de forma superficial a vastas áreas de arena suave, y un carro que se introduzca al pavimento desértico puede hundirse hasta los ejes de sus ruedas!

135   A medida que la carretera pasa el Cerro El Chinero, la alta elevación de la derecha a lo lejos es la cima de la Sierra San Pedro Mártir y su pico, el Picacho del Diablo (3,115 m.) ubicado en el Parque Nacional San Pedro Mártir Constitución 1857.

136   A lo largo de la carretera crecen Arbusto Espinoso y Arbusto de Queso. Si frota las hojas del Arbusto de Queso entre sus dedos producirán un olor similar al queso.

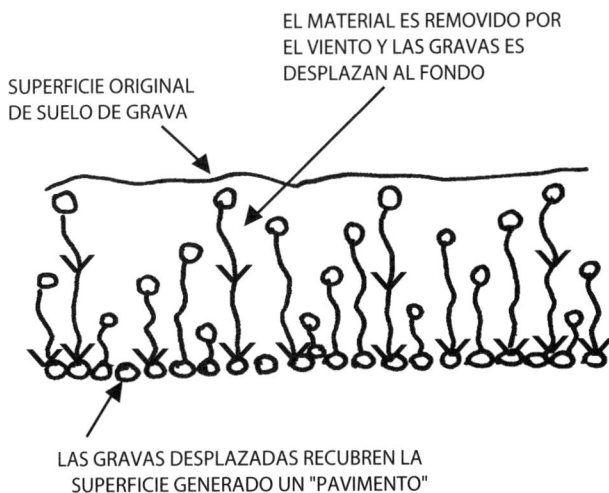

Gavilanes rapaces del desierto: El Aguililla Parda (*Buteo jamaicensis*) es un ave bien conocida que se le puede ver muy seguido sobre los postes de teléfonos y de cercos a lo largo de la carretera y en cualquier otra zona de cacería en la península. Generalmente caza sola, permaneciendo inmóvil durante horas, y de un momento a otro emiten un grito agudo y se lanza en picada para atrapar conejos, roedores, y otras presas terrestres. Dos características de éste halcón las hace fácilmente identificables en el campo, su cola de color rojo uniforme, y una línea ancha negra sobre su vientre.

140 Esta es la intersección de la carretera 3 a Ensenada (195 kilómetros) y Tijuana (300 kilómetros). Si se dirige a Ensenada de vuelta a la derecha (oeste) y empiece a cruzar la península (*ver* Transecto 12).

157 Esta es la primera vista del Golfo de California y la extremadamente amplia Salinas de Ometepec.

161 La línea de costa del Golfo de California se acerca a la carretera desde el área del delta del Río Colorado y las islas del golfo, isla Montague. La ladera que ahora está siguiendo la carretera baja hasta la planicie de las Salinas de Ometepec. Las Salinas de Ometepec tienen abundantes canales de inundación, lo cual sólo sucede durante las mareas superaltas. Son llanos supramareales que continúan a lo largo de la costa hasta el extremo norte del Golfo de California. Están relacionadas con las muy amplias variaciones de marea del golfo y la desembocadura del Río Colorado en la parte norte del Golfo de California.

165 Los montes cafés de la derecha son de tonalita barnizada por el desierto. La vegetación es similar a la flora del desierto de Anza-Borrego. Las plantas predominantes son el Ocotillo, Garambullo, Acacia, Mesquite, y Arbusto Púrpura. A lo largo de la carretera crecen plantas oportunistas como el Arbusto de Queso. Es prácticamente la única planta verde de toda ésta área.

La avifauna del Desierto de San Felipe: Las especies de aves de la costa del golfo en el noreste de la península son las mismas que son halladas en la región de la California alta, las regiones desérticas del México continental, y el suroeste de los estados unidos. Las siguientes dieciséis especies son las más comunes a lo largo de la línea de costa del noreste de la península, y dentro de la comunidad del gobernadora desde la frontera internacional hasta San Felipe:

167 A la izquierda de la carretera está el Cerro El Moreno, un tapón volcánico del Mioceno. Cercano hacia el Este hay una pequeña entrada de agua en la costa, el Estero Primero, el cual está en la región sur de las Salinas de Ometepec.

170 El alto monte de la derecha es el Cerro Colorado, que está compuesto de rocas volcánicas del Terciario. Las colinas de enfrente son de tonalita. Las colinas de color gris oscuro del suroeste están formadas de esquistos y demás rocas prebatolíticas.

175 A lo lejos hacia el oeste están los altos picos de la Sierra San Pedro Mártir y el escarpe este del batolito peninsular.

177 Durante los siguientes kilómetros la carretera pasa por campos de dunas semi-estabilizadas compuestas de arena traída desde las playas arenosas del golfo.

179 El camino de la derecha conduce hacia el noroeste hasta la Colonia Morero y El Saltio. Este camino arenoso cruza el Valle Santa Clara y se dirige al norte, rodeando la Laguna del Diablo, para intersectar a la carretera México 3, al Este de Valle Trinidad (*ver* 12:175.5).

187 La carretera pasa a través de una serie de montes formados de rocas prebatolíticas carbonatadas, las cuales están falladas en varios sitios. Están cubiertos por un espeso barniz desértico lo que les da a su superficie una apariencia muy oscura (*ver* 14:134).

189 A medida que la carretera entra a San Felipe, se pueden ver a la izquierda el Cerro El Machorro y Punta El Machorro, compuestos de tonalita y granodiorita. Las rocas que se ven a la izquierda dentro del círculo del monumento son rocas paleozoicas carbonatadas.

TRANSECTO 15 - ENSENADA A TECATE
[114 Kilómetros = 71 Millas]

Ensenada a El Testerazo - *La carretera sube sobre un leve valle aluvial rodeado a los lados por montes empinados de la Formación marina Rosario, luego sube por una ladera muy inclinada a través de montes metavolcánicos. Después de pasar por los montes metavolcánicos, la carretera continúa por un área de enormes rocas de tonalita en el lado sur del Valle de Guadalupe, eventualmente viajando sobre el suelo aluvial del valle con altos montes metavolcánicos y graníticos a ambos lados. La carretera luego sigue a través de más rocas graníticas y cruza una falla para pasarse a un área de montes de roca metamórfica, con algunos montes de granito intermezclados entre ellos.*

El Testerazo a Valle Las Palmas - *La carretera entra a una zona de montes tonalíticos cerca de El Testerazo y sube por una cuesta a través de los conglomerados de Las Palmas. Ya en la cima la carretera cruza la llana superficie de los conglomerados con vistas hacia el norte y al este de ondulantes superficies de erosión con picos graníticos, y vistas al oeste y al sur de las colinas metavolcánicas. La carretera luego desciende una pendiente a través de conglomerados al valle aluvial de Las Palmas.*

Valle Las Palmas a Tecate - *Al norte del valle la carretera sube por empinados montes de tonalita y después a través de granodiorita. La carretera sigue un espectacular contacto entre el monte suave y oscuro de gabro de la izquierda y el monte rocoso y claro de granodiorita de la derecha, luego continúa a través de montes de granodiorita y otros tantos montes de gabro, para terminar descendiendo a través de tonalitas y entrar a Tecate.*

104.5   Este transecto comienza en la intersección de la México 1 (*ver* 1:101.3) y la México 3 y termina en Tecate (*ver* 13:131.5). La carretera empieza dirigiéndose tierra adentro (noreste) en el valle aluvial del río San Antonio. Esta rodeado por montes de rocas cretácicas a ambos lados.

101   La carretera empieza a subir a través de rocas prebatolíticas metavolcánicas.

98.7   El corte de la cima expone una masiva brecha andesítica púrpura, un tipo de roca que es común entre las rocas prebatolíticas metavolcánicas. La carretera continúa pasando a través de rocas metavolcánicas durante los siguientes dos kilómetros.

96   La carretera entra al extremo suroeste de un valle de Encinos. La carretera pasa a través de numerosas áreas de Bosques de Encino intermezclados con áreas de Chaparral, durante todo el camino a Tecate.

92   El camino de la izquierda que conduce a El Tigre conecta con la carretera libre que une a Tijuana con Ensenada. Las laderas con afloramientos en ésta región se hallan sobre tonalita y las laderas limpias se encuentran sobre rocas metavolcánicas.

88   La colina de la izquierda es el remanente de un viejo nivel de terraza de un abanico aluvial que fue depositado cuando el valle se encontraba a un nivel más alto.

83   A la izquierda se puede ver la parte principal del Valle de Guadalupe.

Los montes de la derecha son de rocas prebatolíticas metavolcánicas y tonalita.

VALLE DE GUADALUPE Y MONTES DE TONALITA

77.4   La carretera cruza el Río Guadalupe que se origina en la Sierra Juárez cerca de la Laguna Hanson y fluye hacia el oeste a través de Ojos Negros, Valle Guadalupe, y al mar en Boca La Misión. La mayor parte del flujo ocurre en el subsuelo, dejando el cauce de la superficie seca. La vegetación en el cauce consiste de pino salado, hierba del pasmo, y sauce.

76.8 Esta salida a la izquierda conduce a Colonia Guadalupe, el sitio de una colonia agrícola rusa establecida en 1905. La Misión Dominical de Nuestra Señora de Guadalupe fue establecida aquí en 1834. Fue la última misión construida en Baja California.

La carretera sigue por el lado oeste del Valle de Guadalupe por la base de los montes de tonalita y granodiorita.

71.5 La carretera empieza a seguir un valle de línea de falla en tonalita.

70 Durante los siguientes kilómetros se pueden ver muchas pequeñas áreas riparias en el lado derecho de la carretera. La vegetación dominante a los lados del río está formada por Encinos, y Sauces. Sobre las colinas circundantes crecen Acacias, Hierba del Pasmo, Chamizo, Toyon, y Arbustos.

65 Varios tipos de rocas prebatolíticas afloran a lo largo de la carretera. Estos afloramientos probablemente son del Paleozoico. Hacia el este hay afloramiento de Ordovícico cuarzo, sílice, argilita y mármol.

64 Antes de entrar al valle del Ejido Ignacio Zaragoza, la vegetación riparia se ha quedado temporalmente atrás, ya que la carretera pasa a través de una comunidad de arbustos costeros, consistiendo de Arbusto de Conejo y Encino.

Numerosos diques graníticos cortan a las rocas metamórficas del Este. El bien conocido dique anillado de El Pinal (Duffield, 1969) se halla a algunas millas hacia el este.

Dique anillado: Los diques se forman cuando material fundido se infiltra entre las fracturas de las rocas. Un plutón pequeño de roca granítica se introdujo en el área de El Pinal. Al enfriarse éste plutón, se fracturó de manera paralela a su forma circular. La fractura resultante fue rellenada por el material del dique

y dejó un "dique de anillo", el cual está claramente marcado en el mapa geológico de la Baja California.

SECCION CRUZADA

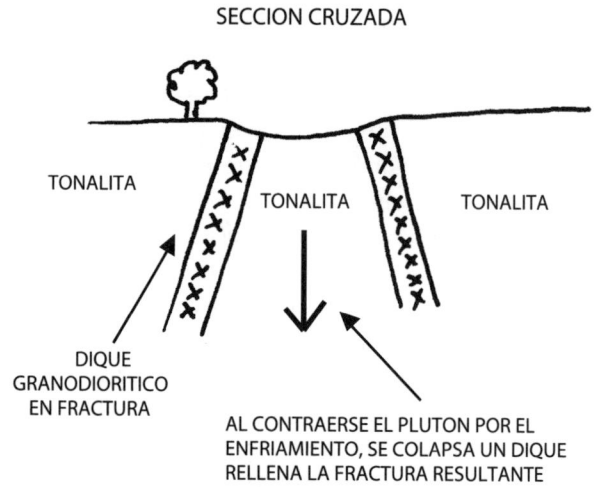

TONALITA

TONALITA

TONALITA

DIQUE GRANODIORITICO EN FRACTURA

AL CONTRAERSE EL PLUTON POR EL ENFRIAMIENTO, SE COLAPSA UN DIQUE RELLENA LA FRACTURA RESULTANTE

VISTA DE MAPA

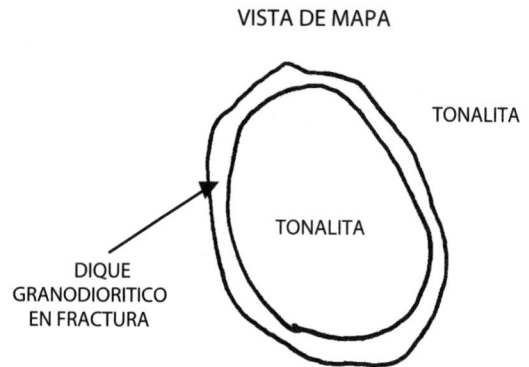

TONALITA

TONALITA

DIQUE GRANODIORITICO EN FRACTURA

Los árboles en los dos lados de la carretera son Pino Salado, Algodones, Sauce y Acacia.

La importante zona de fallas de vallecitos, orientado de noroeste-sureste, cruza la carretera cerca del extremo sur del valle. Algunos geólogos han sugerido que ésta zona de fallas puede que continúe hasta el valle del río Tijuana.

63 Los cortes de los siguientes 5 kilómetros exponen rocas prebatolíticas de varios tipos.

62 Ahora a la izquierda de la carretera se puede ver un bello Bosque de Encinos que se extiende a lo largo de los bancos más secos del Bosque Ripario. Los grandes árboles de corteza plateada son Aliso; los árboles de color verde oscuro son Encinos.

PIZARRAS Y FILITAS PREBATOLÍTICAS

62.5 La carretera pasa a través de algunos cortes que muestran bien a esquistos y gneiss cortados por diques.

60 La carretera ha entrado al amplio y aluvial Vallecitos que está rodeado por montes metavolcánicos y algunos parches de tonalita. Algunos de estos montes están cortados por diques.

ROCA GRANDE DE TONALITA

55.4 La parte más baja del pequeño valle de enfrente está poblada por algodones riparios.

52 El monte de conglomerados de enfrente ha sido levantada entre dos ramas de la Falla de Calabazas. La carretera ha sido construida en un cuerpo tonalítico. Durante el siguiente kilómetro, numerosas pequeñas zonas de cizallamiento cortan a las rocas.

El valle en el kilómetro 51.2 es un valle de línea de falla. La carretera corre paralela a la zona de fallas en el kilómetro 51.

50.5 La carretera cruza el río Las Calabazas. Este es otro valle de línea de falla que es paralela a la que se encuentra en el kilómetro 52.

ORILLA DE UN RÍO DEL EOCENO

49 Este es el poblado de El Testerazo. Los montes de enfrente están compuestos de conglomerados del Eoceno que fueron depositados hace 45 millones de años por un gran río.

48 Los montes de la izquierda son metavolcánicos; a la derecha se puede ver un cuerpo tonalítico.

CONGLOMERADOS DE UN RÍO DEL EOCENO

47 Al mismo tiempo en que la carretera comienza a subir una cuesta, pasa a través de varios afloramientos de conglomerados del Eoceno.

45 Los conglomerados están más firmemente cementados en ésta área. El color rojo de los cortes superiores se debe al deslave de la pendiente; esto es, los óxidos de hierro de las rocas sedimentarias de la capa superior han sido acarreados sobre las demás capas sedimentarias, pintándolas de un color rojo.

43   La vegetación de ésta área pertenece a la comunidad de arbustos costeros (ver 1:14.8).

40.5   A la derecha hay un buen lugar para detenerse a ver los conglomerados y las superficies de erosión. Los conglomerados que forman a éstos montes son parte de una cadena de exposiciones de conglomerados que se extienden desde aquí hasta la cima de la sierra peninsular del Este. Contienen un pequeño porcentaje de clastos de riolita similar a los hallados en los conglomerados de Poway en el área de San Diego (Minch, 1972). Los conglomerados descansan sobre una superficie de erosión del Eoceno ó más antiguo. La superficie de erosión puede verse al Este y sureste (*ver* 13:109).

SUPERFICIE DE EROSIÓN DEL KM 40.5

El Cerro La Libertad (noreste) era un monadnock sobre ésta superficie. Los monadnocks son remanentes erosionales dispersados sobre una superficie de erosión de baja presión (peneplano). Al oeste de ésta área la superficie ha sido destruida en su mayor parte por la erosión.

Los montes al oeste y suroeste se hallan sobre una falla y parte de la sierra costera metavolcánica, la cual no desarrolló superficies de erosión.

38.9   En este corte se pueden ver los afloramientos metavolcánicos que formaban parte del banco norte del canal del Eoceno.

38.6   Al amplio valle de la derecha ha sido cortada sobre tonalitas.

37   La vista se abre hacia abajo a los montes de tonalita que han sido cortados por

varios diques graníticos de color claro. Los afloramientos lineales de color claro son remanentes erosionales de éstos diques graníticos. Dos picos granodioríticos componen la vista: el Cerro Los Bateques es el pico más pequeño, mientras que el pico más grande es el Cerro La Libertad.

ÁREA DE AFLORAMIENTOS DE TONALITA

35.8   La carretera pasa a través de lodolitas y areniscas descompuestas, las cuales se encuentran debajo de los conglomerados superficiales en ésta región. Estos conglomerados representan un canal pre-Eoceno similar a los conglomerados Lusardi del Cretáceo en el área de San Diego. Fueron depositados por pequeños arroyos a medida que el batolito fue levantado y erosionado durante la subducción del Mesozoico. Estos conglomerados más antiguos sólo están expuestos en éste lado del valle eocénico.

32   Aquí se puede volver a ver la Falla de Calabazas, que la carretera había cruzado anteriormente cerca de El Testerazo, a un lado del cambio de relieve de enfrente y pasa a través de la muesca entre los dos montes, y cruza el valle por el lado derecho del camino Cerro Bola.

31   Durante los siguientes 3 kilómetros la carretera cruza a lo largo de la orilla del Valle de Las Palmas. La carretera entre aquí y Tecate se dirige al norte a través de varios tipos de rocas graníticas intermedias.

30.5   El camino de la izquierda sube hasta la cima del Cerro Bola en donde se encuentra la torre de microondas Cerro Bola. La parte baja del camino cruza una superficie suave y ligeramente inclinada que es parte de los viejos abanicos aluviales que se desarrollaron en ésta área antes de su levantamiento. La parte alta está entre las rocas metavolcánicas.

1

UN CAUCE CRETACICO ES RELLENADO
CON GRAVAS GRUESAS

2

UN RIO DEL EOCENO GENERA
UN VALLE AL LADO DEL
CAUCE ANTERIOR, RELLENO
DE GRAVAS EXOTICAS

3

LA EROSION ACTUAL HA REMOVIDO
LAS ROCAS ADYACENTES,
REMOVIENDO UNA PARED DEL
CAUCE, DEJANDO UNA CRESTA DE
CONGLOMERADO

28 La carretera cruza el Arroyo Seco.

25 La carretera pasa a través de un área de extensos afloramientos de granodiorita.

16 Observe el contacto entre el monte de granodiorita a la derecha (Este) y el monte de gabro a la izquierda (oeste) a lo largo de la carretera. El gabro se intemperiza

fácilmente y no tiene afloramientos, mientras que la granodiorita se intemperiza más lentamente y si presenta afloramientos. Al irse intemperizando el gabro, forma suelos arcillosos. Debajo de la superficie estos suelos arcillosos protegen al gabro subsuperficial de más intemperismo; esto resulta en gabro relativamente fresco cerca de la superficie. Sin embargo, la granodiorita se intemperiza a un suelo arenoso que permite que el intemperismo continúe por debajo de la superficie, dejando a las rocas grandes sobre una superficie intemperizada.

AFLORAMIENTOS DE GABRO Y GRANODIORITA

15 La carretera llega a la cima de un monte con una vista de la superficie de erosión.

7.5 El alto pico metavolcánico que se ve a lo lejos es el Pico de Tecate, ubicado en el lado estadounidense de la frontera.

3 Comienza el descenso a Tecate.

0 La carretera cruza las vías de ferrocarril en Tecate sobre la calle Ortiz Rubio. La carretera principal de Tijuana a Mexicali, la avenida Juárez, está en la segunda parada de tráfico. Tijuana se encuentra a 30 millas al oeste de Tecate. Quienes deseen continuar directamente a los estados unidos deberán de dar vuelta a la izquierda por una cuadra (hasta la siguiente parada de tráfico) luego dar vuelta a la derecha sobre la calle Lázaro Cárdenas para llegar al cruce internacional de Tecate. Este transecto se une al transecto de Tijuana a Mexicali en el kilómetro 131.5.

TRANSECTO 16 - CARRETERA A BAHÍA DE LOS ÁNGELES
[66 Kilómetros = 40 Millas]

Carretera a Bahía De Los Ángeles - La carretera sube lentamente hacia el Este sobre la llana superficie de las rocas sedimentarias fluviales del Mioceno hacia una serie de montes de roca metamórfica. Después baja a un deslave aluvial y pasa al sur de algunos montes de riolita, luego por en medio de una serie de montes de roca metamórfica sobre un amplio valle aluvial de pendiente suave. Los montes y mesas al norte están cubiertos en su punta por riolita y basalto. La carretera después desciende por un paso en las rocas metamórficas para rodear el lado sur de la laguna seca Laguna Amarga, por una serie de montes metasedimentarios. Los lados opuestos de la playa son una serie de empinadas y falladas rocas metamórficas y graníticas, cubiertas en su punta por mesas de basalto y riolita. Después de cruzar la parte sur de la laguna, la carretera desciende nuevamente, por un cañón muy inclinado entre los montes de roca metasedimentaria a los abanicos aluviales en la costa de Bahía de Los Ángeles. Aquí la carretera vira al sur sobre los abanicos y corre paralela a una falla escarpada en las rocas graníticas y metasedimentarias.

0   Durante los primeros 10 kilómetros la carretera sube lentamente a la superficie de las rocas sedimentarias fluviales del Mioceno que cubren a ésta área relativamente llana. La prominente mesa de la derecha consiste de rocas volcánicas y sedimentarias fluviales, cubiertas en su punta por basalto oscuro. La carretera continúa hacia el Este, acercándose a la mesa La Pinta, un monte de roca metamórfica y granito.

   La vegetación a lo largo de ésta carretera consiste de especies típicas de la flora del Desierto de Vizcaíno (*ver* 3:69). Las altas plantas dominantes son el cirio, Ocotillo, Árbol Elefante, y Cardón. Además hay Datilillo, Yuca, Cholla, Garambullo, y numerosas especies de anuales desérticas. En ocasiones se pueden ver Palo Verde y Mezquite. El Mezquite en ésta área está muy parasitada.

10   La carretera entra un área de colinas con afloramientos de roca metamórfica y granítica a ambos lados. Muchas de las rocas graníticas están esferoidalmente intemperizadas.

14.5   Aquí la carretera baja a un deslave aluvial poblada principalmente por Datilillo y Cardón.

15.5   Al subirse nuevamente a la superficie de rocas sedimentarias fluviales del Mioceno, observe al epífito Gallitos cubriendo a los Cirios, Aster del Desierto, Hierba Esquelética, Atriplex, Mezquite, Melón Coyote y Arbusto Índigo; en ésta área crecen dos especies de Agave, Árboles Elefante y Ocotillo.

17   Los montes rosados de la Mesa Tinajas Coloradas a la izquierda de la carretera son riolitas extrusivas del Mioceno, formadas sobre rocas sedimentarias fluviales del Mioceno.

18   Durante medio kilómetro la carretera rodea el monte de gabro de color oscuro de la izquierda. Hay muy pocos montes de gabro expuestos de forma accesible a lo largo de la carretera transpeninsular. Los gabros son rocas ígneas intrusivas de color oscuro compuestas primordialmente de labradorita, ó bitownita y augita. Es el equivalente intrusivo aproximado de los basaltos extrusivos.

23   la vista se abre más adelante, a medida que la carretera desciende por un amplio llano aluvial en el drenado de la costa del Pacífico, al Valle Agua Amarga.

   Por el lado derecho de la carretera hay un impresionante Bosque de Árboles Elefante. Aunque los Árboles Elefante parezcan muertos durante la mayor parte del año, en las épocas de lluvias se ven frondosas y verdes. Cuando tienen flores parece que están cubiertos por una neblina rosada. Todas las bien drenadas laderas de ésta área están pobladas por ellos. Los Cirios y los Cardones habitan las elevaciones más bajas.

30   Al llegar a la cima de un pasaje, entra al drenado del golfo. El monte de la izquierda está compuesto de una mezcla de varios diferentes tipos de riolita y andesita que se hallan sobre las rocas sedimentarias fluviales del Mioceno sobre las cuales está pasando la carretera.

31   En la cima del paso, la vegetación consiste de Datilillo, Garambullo, Agave, Chamizal, Cirio y

Cardón. La alta planta dominante aquí es el Árbol Elefante.

32.5 Los montes directamente al frente son de rocas prebatolíticas metasedimentarias con numerosas resistentes capas claras. Las capas de grano fino y color blanco a lo largo de la carretera son rocas sedimentarias lacustres del Cuaternario que pueden representar a los remanentes disectados de un antiguo lago.

33 Adelante la vista se abre a la Playa Agua Amarga, el lago seco del Valle Agua Amarga. Su nombre hace referencia a las aguas altamente salinas halladas en éste valle. La Sierra El Toro, ubicado a lo lejos a un lado de Valle Agua Amarga, consiste de una mezcla de varios tipos de rocas incluyendo granitos, metamórficas, sedimentarias y volcánicas.

Playa de Lago: Las playas son las llanas, secas y desoladas áreas de una cuenca desértica sin drenado que se halla sobre arcillas y sales. Pueden estar cubiertas por un intermitente y somero lago durante las temporadas de lluvia, que se seca por evaporación durante los meses de verano. Cuando el agua se evapora deja una playa cubierta por depósitos salinos.

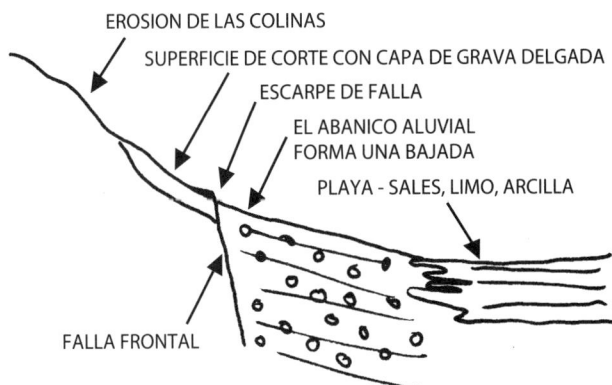

El Valle Agua Amarga era un valle más profundo, pero los valles son rellenados a través del tiempo geológico. El relleno del valle está compuesto de sales, arenas y demás que originalmente fueron intemperizados, erosionados, deslavados ó disueltos de las rocas de las elevaciones circundantes y depositadas en el valle, un proceso que todavía continúa. Las playas y sus superficies salinas son los lugares

más aplanados naturalmente sobre tierra. Después de una breve tormenta de desierto, varios centímetros de agua pueden cubrir a los cientos de acres de la Playa Agua Amarga, convirtiéndolo en un lago. Más adelante la carretera rodea al valle salino de la Playa Agua Amarga. Las desoladas, blancas y altamente salinas porciones centrales de la playa están a la vista y están completamente desprovistas de vida. Sin embargo, los suelos menos salinos a lo largo de la orilla de la playa están poblados por algunas halófitas.

Valle Salino: Sales ($CaCl$, KCl, $NaCl$) y lodos forman la mayor parte del suelo del Valle Agua Amarga formando la Playa Agua Amarga. Sin embargo, varias otras sales están mezcladas con la halita y el lodo en proporciones variables. Originalmente las lluvias disolvían a las sales de las rocas de las montañas circundantes. El drenado y el agua subterránea emergente han movido a las sales lentamente hacia las partes más bajas del valle, resultando en deformaciones en la playa. Diferentes sales se mueven a diferentes velocidades y terminan en distintas localidades dependiendo de su solubilidad.

La sal en los suelos de los abanicos aluviales está compuesta principalmente de la menos soluble sal carbonatada conocida como calcita. La calcita se cristaliza en un cementante natural y es comúnmente vista como largas extensiones de caliche (*ver* 3:152.5).

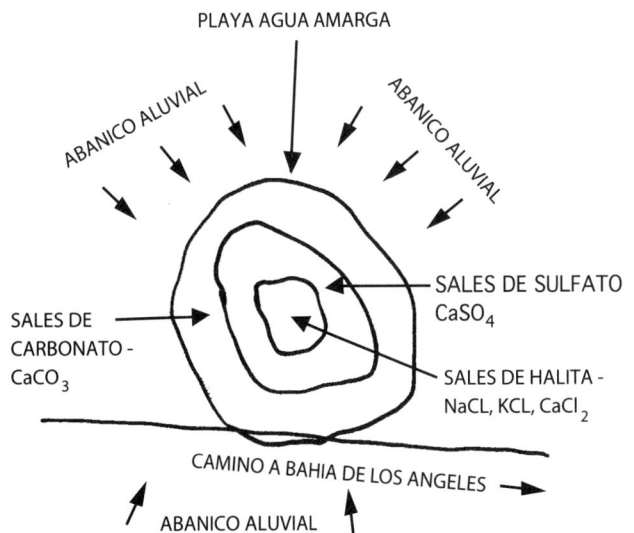

Descendiendo el abanico, hasta la orilla de la playa, el ligeramente más soluble yeso sulfatado se hace más abundante como venas tipo caliche y ocasionalmente como cristales de yeso que se han formado por eflorescencia. La eflorescencia es el proceso por el cual crecen los cristales, sobre las superficies, debido a la evaporación de agua salina.

La parte central y más baja de la playa Agua Amarga es principalmente de halita y otros cloruros ya que son las sales más solubles. Por ello parece haber una zonación aproximadamente circular alrededor del valle salino, reflejando una solubilidad cada vez mayor, desde carbonatos en la punta de las laderas, a sulfatos y finalmente a los altamente solubles cloruros concentrados en el desolado y deshabitado suelo del valle salino.

35.5 A medida que la carretera comienza a rodear la desolada orilla de la playa Agua Amarga, las rocas al lado derecho de la carretera son esquistos y rocas prebatolíticas metasedimentarias.

¿Porque casi no hay vegetación en la Playa Agua Amarga?: Las plantas son extremadamente sensibles a los cambios en calidad y cantidad del agua. Una disminución repentina en la altura y/o un cambio en las especies de un área puede dar alguna idea sobre la cantidad de agua disponible y la calidad de esa agua. Las plantas que necesitan mucha agua, como los Sauces, Helechos, y Junco, se les conoce como freatofitas. A las plantas que requieren de poca agua para sobrevivir, como el Mezquite, Chamizal, Palo Verde, y varios Cactus, se les denomina xerófitas. Las plantas son muy útiles en las secas áreas desérticas como indicadoras de la profundidad y la salinidad del agua. No importa que tan seco sea el suelo, habrá algunas plantas que se han adaptado a los bajos niveles de agua. Sin embargo, pocas, si es que existen para empezar, pueden tolerar un suelo con una salinidad mayor al 6%. La alta salinidad de los suelos de la playa es el resultado de deslaves que transportan sales disueltas que son colectadas y concentradas en las partes bajas y centrales de las playas.

En los desiertos y en las playas como Agua Amarga, hay áreas que están completamente desprovistas de vida vegetal. Esto probablemente indica que la salinidad del suelo es mayor al 6%. Puede hasta haber agua, pero con una salinidad mayor al 6% existe un "desierto fisiológico" al cual no se puede adaptar ninguna planta. Observe que se pueden ver a algunas plantas creciendo en las orillas de la playa. Esto indica que la salinidad del suelo es menor al 6%.

39 Observe el cambio dramático que sucede en la vegetación al ver desde la parte superior de las laderas hasta el valle salino de la playa. Estos cambios reflejan el drenado de la cuesta y el aumento en la salinidad de los suelos. Los montes de la derecha están cubiertos con Árboles Elefante; las partes bajas de las laderas están pobladas por Cardon, Cholla Saltarina y Ocotillo; los llanos están densamente poblados por Gobernadora, Ciribe y Chamizal. Los muy salinos salitrales están despoblados.

41 Sobre los deslaves a ambos lados de la carretera se pueden ver a Corona de Cristo creciendo en conjuntos densos. Las Coronas de Cristo sólo crecen sobre los deslaves ya que sus semillas necesitan ser abiertas por la fricción contra la arena de los deslaves durante los períodos de lluvia y se ocupa de agua para eliminar a los inhibidores de la germinación. Ambos factores aseguran que las semillas tienen suficiente agua para crecer hasta su maduración (*ver* 13:43.5).

41.3 El letrero de aquí indica que hay un camino de tierra de regreso a la Misión San Borja, recomendado sólo para vehículos de doble tracción. Debido a las mejores condiciones del camino, el camino desde El Rosarito (*ver* 4:52.5) es la ruta preferida. El manantial de Agua Higuera y el rancho ganadero están ubicados como a 1 kilómetro a la derecha. El camino luego continúa a la Misión San Borja.

43.8 Esta salida también se dirige a la Misión San Borja. Tanto éste camino como el que está en el kilómetro 41.3 se encuentran en el manantial Agua Higuera.

45 La vegetación de ésta área es típica de la comúnmente hallada creciendo sobre planicies a lo largo de esta sección de la carretera. A los pies de las laderas se ven creciendo a Ocotillo, Cardón, Mezquite, Datilillo, dos especies de Agave, Cholla Saltarina, Garambullo, Cirio y varias especies de compuestos anuales. Sobre las partes más altas y secas de las laderas crecen abundantemente los Árboles Elefante, Ciribe, Cholla Saltarina y Cirios. La vegetación que crece a lo largo del pavimento son Arbusto de Queso, Incienso, y Mariola.

48 La carretera cruza el extremo sur de la Playa Agua Amarga.

48.5 El Árbol Elefante a la izquierda está casi cubierta por el parásito Cabellos de Bruja.

52 La pendiente del abanico aluvial que desciende hacia la carretera desde la derecha, está densamente poblada por árboles elefante y el más pequeño y delicado palo verde.

53 Junto con la primera vista del golfo, se puede ver hacia el noreste a la distante Isla Ángel de la Guardia, de 75 millas de longitud. Forma la lejana línea de montes en el hueco de la sierra peninsular de la izquierda. La carretera desciende a lo largo de un arroyo aluvial con rocas prebatolíticas metasedimentarias expuestas a ambos lados.

Hay un gran número de Cirios y algunos Cardones en ésta área. Desde éste punto el Cirio desaparecerá gradualmente dejando a la demás vegetación relativamente sin cambio.

56 La vegetación de éste deslave incluye a especies típicas de los deslaves. Está predominada por Corona de Cristo, Palo Verde, Ocotillo, Chamizal, Candelilla, Ephedra, Cholla, Algunos Cardones y Cirios, y especies variadas de matorrales anuales.

56.7 La carretera entra a un cañón cortado en las rocas prebatolíticas metasedimentarias. Estas rocas metasedimentarias están intrusionadas por numerosos diques de color claro.

58 A la derecha, debajo de la carretera, hay un vado formado en las rocas volcánicas, que fue cortado por un viejo arroyo. Originalmente el arroyo cortó una superficie en las rocas metasedimentarias y luego, como resultado de un levantamiento, el arroyo hizo un vado de 3 a 5 metros de profundidad dejando a la superficie como una terraza a ambos lados del vado.

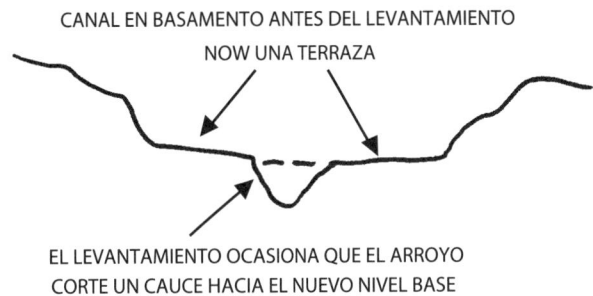

CANAL EN BASAMENTO ANTES DEL LEVANTAMIENTO
NOW UNA TERRAZA

EL LEVANTAMIENTO OCASIONA QUE EL ARROYO CORTE UN CAUCE HACIA EL NUEVO NIVEL BASE

58.5 La vista de enfrente es de muchas de las pequeñas y cercanas islas de Bahías de Los Ángeles. La isla Ángel de la Guarda domina el centro de la bahía.

60.5 La carretera baja hasta una superficie aluvial y vira al sur siguiendo la línea de costa hacia el sureste hasta la parte principal de Bahía de Los Ángeles.

62.3 Ahora entra a la vista el pueblo principal de Bahía de Los Ángeles, junto con el faro de Punta Arena a la izquierda, y el extremo sur de Punta La Herradura, el cual forma la punta externa de la bahía.

Las laderas secas que rodean a ésta bahía están escasamente pobladas por Ocotillo, Palo Verde, Gobernadora, y algunos Árboles Elefante pequeños.

66 Bahía de Los Ángeles está protegida por las islas centrales que ayudan a producir una bahía relativamente calmada, con abundantes Cardúmenes de Curvina, Atún de Cola Amarilla, Carpa, y otros populares peces deportivos.

REFERENCIAS

Allison, E.C., 1974, The type Alisitos Formation (Cretaceous, Aptian-Albian) of Baja California and its bivalve fauna in Gastil, G., and Lillegraven, J., eds, Guidebook; the geology of peninsular California: L.A, CA., Pac. Sec., Am. Assoc. of Petrol. Geol., p. 20-59.

Anderson, C.A., 1950, 1940 E.W. Scripps cruise to the Gulf of California, Part I: Geology of islands and neighboring land areas: Geological Society of America Memoir, 43, 53 p.

Ashby, J.R., & Minch, J.A., 1984, The upper Pliocene San Diego Formation and the occurrence of Carcharoden megalodon at La Joya, Tijuana, Baja California, Mexico in Minch, J.A., and Ashby, J.R., eds, Miocene and Cretaceous depositional environments, NW Baja Calif., Mexico: Pac. Sec., Am. Assoc. of Petrol. Geol. 54, p. 19-28.

Ashby, J.R., Ku, T.L., & Minch, J.A., 1987, Uranium-series Ages of Corals from the Upper Pleistocene Mulege Terrace, Baja California Sur, Mexico, Ciencias Marinas, v. 15, p. 139-141.

Ashby, J.R., & Minch, J.A., 1987, Late Tertiary Sedimentation and Molluscan Paleoecology of the Mulege Embayment, Baja California Sur, Mexico, Geology, v. 15, p. 139-141.

Beal, C.H., 1948, Reconnaissance of the geology and oil possibilities of Baja California, Mexico: Geol. Soc. of Am., Mem., 31, p. 138.

Carreño, A.L., J. Ledesma-Vázquez y R. Guerrero-Arenas, 2000, Bioestratigrafía e historia paleodepositacional de la Formación Tepetate en arroyo Colorado (Eoceno-medio-temprano), Baja California Sur, México; Ciencias Marinas.

Case, T.J., and Cody, M.L., 1983, Island Biogeography in the Sea of Cortez, Univ. of Calif. Press, Berkley, 508 p.

Delattre, M.P., 1984, Permian Miogeoclinal Strata at El Volcan, Baja California, Mexico: in Frizzell, V.A., ed, Geol. of the Baja Calif. Peninsula: Pac. Sec. SEPM, p. 23-30.

Duffield, W.A., 1968, Petrology and structure of the El Pinal Tonalite, Baja California, Mexico: Geological Society of America Bulletin, v. 79, p. 1351-1374.

Fife, D.L., Minch, J.A., and Crampton, P.L., 1967, A Late Jurassic Age for the Santiago Peak Volcanics, Geological Society of America Bull., v. 78, p. 299-304.

Fife, D.L., 1968, Geology of the Bahia Santa Rosalia Quadrangle, Baja California, Mexico [Master Thesis]: San Diego, CA, San Diego State College, 100 p.

Forman, J.A., Burke, W.H., Jr., Minch, J.A., and Yeats, R.S., 1971, Age of the Basement Rocks at Magdalena Bay, Baja California, Mexico, Sixty-seventh annual meeting, Cordilleran Section, Geol. Soc. of America, Riverside, CA.

Gastil, G., Minch, J., and Phillips, R.P., 1983, The geology and ages of the islands in Case, T.J., and Cody, M.L., editors, Island biogeography in the Sea of Cortez: Berkeley, CA, University of California Press, p. 13-25.

Gastil, R.G., Phillips, R.P., and Allison, E.C., 1975, Reconnaissance geology of the State of Baja California: Geol. Society of America Memoir, 140, 170 p.

Gastil, R.G., Krummenacher, D., and Minch, J., 1979, The record of Cenozoic volcanism around the Gulf of California: Geological Society of America Bulletin, v. 90, p. 839-857.

Gastil, R.G., and Miller, R.H., 1984, Prebatholithic Paleogeography of Peninsula California and Adjacent Mexico in Frizzell, V.A., Jr., editor, Geology of the Baja California Peninsula: Pacific Section SEPM, p. 9-16.

Harris, M.E., 1991, Geology of Baja California: A Bibliography, San Diego State Univ. Library and Calif. Mines and Geol.

Hawkins, J.W., 1970, Petrology and possible tectonic significance of late Cenozoic volcanic rocks, southern California and Baja California: Geol. Soc. of Amer. Bull., v. 81, p. 3323-3338.

Heim, A., 1922, The Tertiary of southern Lower California: Geological Magazine, v. 59, p. 529-547.

Johnson, M.E., And Ledesma-Vázquez, J., 2001, Pliocene-Pleistocene Rocky Shorelines Trace Coastal Development of Bahía Concepción, Gulf Coast of Baja California Sur (Mexico); Paleogeography, Paleoclimatology, Paleoecology, 166, 65-88.

Kilmer, F.H., 1963, Cretaceous and Cenozaic stratigraphy and paleontology, El Rosario area, Baja California, Mexico [Ph.D. dissertation]: Univ. of Calif., Berkeley, 216 p. 203.

Kilmer, F.H., 1965, A Miocene dugongid from Baja California, Mexico: Southern California Academy of Sciences Bulletin, v. 64, p. 57-74.

Knappe, R., Jr., 1974, The micropaleontology of a section of the Tepetate Formation, southern Baja California, and a paleobiogeographic comparison with equivalent foraminifera along the west coast of the United States [Master's thesis]: Athens, OH, Ohio University.

Ledesma Vázquez J., Y M.E. Johnson, 2001, Miocene-Pleistocene Tectono-Sedimentary Evolution of Bahía Concepción Region, Baja California Sur (Mexico): Sedimentary Geology, 144, 83-96.

Ledesma, Vázquez J.,1984, Mechanisms of Sedimentation for a Facies of the Upper Cretaceous Rosario Formation, Baja California, Mexico in Geology of the Baja California Peninsula, Frizzel, V. A., Jr., Ed., Pac. Sec. SEPM, Vol. 39. P.193-195

Ledesma Vázquez J., 2002, A gap in the Pliocene invasion of seawater to the Gulf of California; Revista Mexicana de Ciencias Geológicas,19,. 145-151.

Ledesma Vázquez, J. y Daleth Huerta S., 1993, Slides and Slumps on the Coastal Zone between San Miguel and El Descanso, B.C., México: in Ferman Almada, J.L. ed. Coastal Managment in México: The Baja California Experience: American Shore & Beach Preservation Assoc., p. 30-42.

Ledesma Vazquez, J. y M. Johnson, 1994, Plataforma De Abrasion Del Plioceno Tardio Dentro De La Formacion Cantil Costero De Baja California: Ciencias Marinas, v. 20 [2]: 139-157.

Ledesma Vazquez, J., M. Johnson y F. Romero Rios, 1999, Evolucion Tectonica del Golfo de California:Mioceno-Plioceno de Bahia Concepcion, BCS; Gaceta de la Asoc. Mexicana de Geologos Petroleros, V 3, N° 2, p 1-5.

Ledesma Vazquez, J., G. Rendon-Marquez y A. Carreño, 1999, Ambientes Sedimentarios en la Seccion Arroyo Colorado, Formacion Tepetate [Eoceno Temprano-Medio], Baja California Sur, Mexico; Geos, V. 19, N° 2, p. 78-83.

Lothringer, C.J., 1984, Geology of a Lower Ordovician Allochthon, Rancho San Marcos, Baja California, Mexico: in Frizzell, V.A., Jr., editor, Geology of the Baja California Peninsula: Pacific Section SEPM, p.17-22.

McCloy, C., 1984, Stratigraphy and Depositional History of the San Jose Del Cabo Trough, Baja California Sur, Mexico: in Frizzell, V.A., Jr., editor, Geology of the Baja California Peninsula: Pacific Section SEPM, p. 267-277.

McLean, H., 1987, K-Ar ages confirm Pliocene age for oldest Neogene marine strata near Loreto, Baja Calif. Sur, Mexico [abstr.]: Am. Assoc. of Petrol. Geol. Bull., v. 71, p. 591.

McLean, H., 1988, Reconnaissance geologic map of the Loreto and part of the San Javier quadrangles, Baja California Sur, Mexico: U.S. Geol. Survey Misc. Field Studies Map, Rpt # MF-2000, 10 p., geol. map 1:50,000.

McLean, H., 1989, Reconnaissance geology of a Pliocene marine embayment near Loreto, Baja California Sur, Mexico in Abbott, P.L., ed, Geologic studies in Baja California: Los Angeles, CA, Pac. Sec. SEPM, 63, p. 17-25.

Mina U., F., 1957, Bosquezo geologico del Territorio Sur de la Baja California: Asociacion Mexicana de Geologos Petroleros Boletin, v. 9(3-4), p. 141-269.

Minch, J.A., 1967, Stratigraphy and structure of the Tijuana-Rosarito Beach area, northwestern Baja California, Mexico: Geol. Society of America Bulletin, v. 78, p. 1155-1177.

Minch, J.A., 1971, Landsliding and the Effects on Resort Development Between Tijuana and Ensenada, Baja California, Mexico: in Coastal Studies in Baja California: Off. of Naval Res., Tech. Rpt. # 0-72-1, NR 387-045, 17 p.

Minch, J.A., 1972, The Late Mesozoic-Early Tertiary framework of continental sedimentation of the northern Peninsular Ranges, Baja California, Mexico: Doctoral, Univ. of Calif., Riverside, Riverside, California, p. 192.

Minch, J.A., 1979, The Late Mesozoic-Early Tertiary Framework of Continental Sedimentation, Northern Peninsular Ranges, Baja California, Mexico, in Abbott, P.L., ed., Eocene Depositional Systems, San Diego, California, Pac. Sec. SEPM, p. 43-68.

Minch, J.A., Schulte, K.C., and Hofman, G., 1970, A Middle Miocene age for the Rosarito Beach Formation in northwestern Baja California, Mexico: Geological Society of America Bulletin, v. 81, p. 3149-3153.

Minch, J.A., Ashby, J.R., Demere, T.A., and Kuper, H.T., 1984, Correlational and depositional environments of the Middle Miocene Rosarito Beach Formation of northwestern Baja California, Mexico in Minch, J.A., and Ashby, J.R., editors, Miocene and Cretaceous depositional environments, northwestern Baja California, Mexico; annual meeting: Pac. Sec., Am. Assoc. of Petrol. Geol., 54, p. 33-46.

Minch, J.A., and Leslie, T.A., 1991, The Baja Highway, a geology and biology gield guide: John Minch & Associates, Inc., San Juan Capistrano, CA 240p.

Morris, W.J., 1966, Fossil Mammals From Baja California, New Evidence on Early Tertiary Migrations: Science, v. 153, p. 1376-1378.

Morris, W.J., 1967, Baja California - Late Cretaceous dinosaurs: Science, v. 155, p. 1539-1541.

Morris, W.J., 1969, Late Cretaceous dinosaurs from Baja California: Geol. Soc. of Amer. Sp. Paper, 121, p. 209.

Morris, W.J., 1971, Mesozoic and Tertiary vertebrates in Baja California: National Geographic Society Research Reports, 1965, p. 195-198.

Normark, W.R., and Curray, J.R., 1968, Geology and structure of the tip of Baja California, Mexico: Geol. Soc. of America Bulletin, v. 79, p. 1589-1600.

Radamaker, K., 1995, ABA Field List of the Birds of Baja California.

Robbins, C.S., Brunn, B., and Zim, H.S., 1983, A Guide to Field Identification Birds of North America, Western Publishing Company, Inc., Racine.

Rowland, R.W., 1972, Paleontology and paleoecology of the San Diego Formation in northwestern Baja California: San Diego Soc. of Natural History Trans., v. 17, p. 25-32.

Roberts, N.C., 1989, Baja California Plant Field Guide, Natural History Publishing Company, La Jolla.

Santillan, M., and Barrera, T., 1930, Las Posibilidades petroliferas en las Costa Occidental de Baja California, entre los paralelos 30 y 32 de latitud norte: Mexico (City) Universidad p. 1-37.

Scott, S.L., 1992, National Geographic Society Field Guide to the Birds of North America, National Geographic Society, Washington D.C.

Shreve, F., and Wiggins, I.L., 1964, Vegetation and Flora of the Sonoran Desert, Stanford University Press, Stanford.

Smith, J.T., 1984, Miocene and Pliocene Marine Mollusks and Preliminary Correlations, Vizcaino Peninsula to Arroyo La Purisima, Northwestern Baja California Sur, Mexico: in Frizzell, V.A., Jr., editor, Geology of the Baja California Peninsula: Pacific Section SEPM, p. 197-218.

Standley, P.C., 1920-1926, Contributions from the United States National Herbarium: Trees and Shrubs of Mexico, volume 23, GPO, Washington D.C.

Téllez-Duarte, M.A. y López-Martínez, M. 2002, K-Ar dating and geological significance of clastic sediments of the Paleocene Sepultura Formation, Baja California, México, Jour. of South Amer. Earth Sciences, v. 15(6): 725-730.

White, C.A., 1885, On new Cretaceous fossils from California: U.S. Geol. Survey Bull. 22, p. 355-373.

Wiggins, I.L., 1980, Flora of Baja California, Stanford University Press, Los Angeles.

Wilson, I.F., 1948, Buried topography, initial structure, and sedimentation in Santa Rosalia area, Baja California, Mex.: Am. Assoc. of Petrol. Geol. Bull., v. 32, p. 1762-1807.

Wilson, I.F., and Rocha Moreno, V.S., 1957, Geology and mineral deposits of the Boleo copper district, Baja California, Mexico: USGS Prof. Paper 273, 134 p.

Woodford, A.O., 1928, The San Quintin volcanic field, Lower California: Am. Jour. of Sci., v. 215, 5th, v. 15, p. 337-345.

Yeats, R.S., Minch, J.A., and Forman, J.A., 1971, Paired basement terranes in Baja California Sur, Mexico: Geol. Society of America Abstracts with Programs, v. 3, p. 760.

PAJAROS EN INGLES

ESPAÑOL	INGLES
Aguililla parda	Red-Tailed Hawk
Alondra cornuda	Horned Lark
Cabezón	Loggerhead Shrike
Calandria zapotera	Hooded Oriole
Calandria tunera	Scott's Oriole
Camea	Wrentit
Cardenal común	Northern Cardinal
Cardenal torito	Pyrrhuloxia
Cardenalito	Vermilion Flycatcher
Carpintero aliamarillo	Gilded Flicker
Carpintero alirrojo	Red Shafted Flicker
Carpintero de Gila	Gila Woodpecker
Carpintero de Nuttall	Nuttal's Woodpecker
Carpintero listado	Ladder-Back Woodpecker
Cenzontle norteño	Northern Mockingbird
Cenzontle norteño	Mockingbird
Cernícalo chitero	American Kestrel
Cernícalo chitero	Sparrow Hawk
Chiero barbanegra	Black-throated Sparrow
Chiero de lunar	Sage Sparrow
Chupaflor barbinegro	Black-chinned Hummingbird
Chupaflor cuello escarlata	Anna's Hummingbird
Chupaflor garganta violeta	Costa's Hummingbird
Chuparrosa de Xantus	Xantu's Hummingbird
Codorniz californiana	California Quail
Codorniz de Gambel	Gambel's Quail
Copetón cenizo	Ash-throated Flycatcher
Correcamino californiano	Greater Roadrunner
Cuervo común	Common Raven
Cuitlacoche californiano	California Thrasher
Cuitlacoche ceniciento	Gray Thrasher
Cuitlacoche crisal	Crissal Thrasher
Cuitlacoche del desierto	LeConte's Thrasher
Cuitlacoche sonorense	Bendire's Thrasher
Dominiquito viajero	Lawrence's Goldfinch
Estornino	Starling
Gorrión de Cassin	House Finch
Gorrión morado	Varied Bunting
Jilguero negro	Phainopepla
Madrugador chilero	Cassin's Kingbird
Matraca grande	Cactus Wren
Mosquero negro	Black Phoebe
Ojilumbre mexicano	Yellow-eyed Junco
Paisano	Roadrunner
Paloma de alas blancas	White-winged Dove
Papamoscas boyero	Say's Phoebe
Paro sencillo	Plain Titmouse
Pelícano blanco	American White Pelican
Pelícano moreno	California Brown Pelican
Perlita colinegra	Black-tailed Gnatcatcher
Perlita común	Blue-gray Gnatcatcher
Platero piquiamarillo	Yellow-billed Cuckoo
Primavera real	American Robin
Quélele	Crested Caracara
Saltapared comesebo	Rock Wren
Tildio	Killdeer
Toqui de abert	Abert's Towhee
Tórtola	Common Ground Dove
Triguera de occidente	Western Meadowlark
Urraca azulejo	Scrub Jay
Valoncito	Verdin
Vencejo montañés	White-throated Swift
Verdín Amarillo	Yellow Warbler
Verdín de antifaz	Belding's Yellowthroat
Vieja	Brown Towhee
Vireo aceitunado	Bell's Vireo
Zacatero mixto	White-crowned Sparrow
Zopilote	Turkey Vulture

PLANTAS EN INGLES

ESPAÑOL	INGLES
Alamillo	Aspen Quaking
Alfambrilla	Sand Verbina
Amapola Amarilla	California Poppy
Árbol Elefante / Torote	Elephant Tree
Arboledas Riparias	Riparian Woodlands
Arbusto de Queso	Cheese Bush
Arbusto Espinoso	Buckthorns
Arbusto Índigo	Indigo Bush
Arbusto Mezquite	Mesquite Bush
Aster del Desierto	Desert Aster
Biznaga	Cactus [Barrel]
Bosques de Coníferas	Coniferous Forest
Bugambilia	Bougainvillaea
Cabellos De Bruja	Witches Hair [Dodder]
Cacto Aterciopelado	Cactus [Velvet]
Canutillo	Mormon Tea
Candelilla	Wax Plant
Caoba De Montaña	Mountain Mahogany
Cascabelito	Locoweed
Castilleja	Indian Paint Bush
Cedro Incienso	Incense Cedar
Celosa	Mimosa
Chamizo	Chamise
Chaparral	Chaparral
Chaquira	Lilac
Chirinola	Cactus [Creeping Devil]
Cholla Saltarina	Cholla [Jumping]
Ciribe	Cholla [Teddybear]
Cochal	Cactus [Candelabra]
Colorín	Coral Tree
Corona De Cristo	Smoke Trees
Encinillo	Oak [Scrub]
Encino	Oak
Encino Negro	Oak [Black]
Efedra	Ephedra
Epífitos De Gallitos	Ball Moss
Espuela Del Diablo	Unicorn Plant
Flor De Sol	Ice Plant
Frutilla	Desert Thorn
Gobernadora	Creosote Bush/Greasewood
Pitayita	Cactus [Hedgehog]
Hiedra	Lemonaide Berry
Hierba del Pasmo	Broom Baccharis
Hierba Esquelética	Skeleton Weed
Hierba Liebrera	Rabbitbrush
Higueras Silvestres	Fig

Hollyhock Del Desierto	Desert Hollyhock	Palo Fierro	Ironwood
Huata	California Juniper	Pino Azúcar	Pine [Sugar]
Huata-Piñon Arbolado	Juniper-Pinon Woodland	Pino Colter	Pine [Colter]
Huizapol	Bursage/Burrobush	Pino Encino Arbolado	Pine-Oak Woodland
Incienso	Brittle Bush	Pino Jeffrey	Pine [Jeffrey]
Jacolosúchil	Plumeria	Pino	Pine [Lodgepole]
Jumete	Milkweed	Pino Salado	Tamarask
Junco	Spiney Rush	Pino-Huata-Encino Arbolado	Pine-Juniper-Oak Woodland
Lecheguilla	Yucca	Piñon/Pino Piñonero	Pine [Pinyon]
Lentisco	Laurel Sumac	Pitaya Dulce	Cactus [Organ Pipe]
Liga	Cliff Spurge	Romerillo	Penstemon
Lila	Ceanothus	Saladillo	Atriplex
Lomboy Blanco	Lomboy	Salvia Blanco	Sage [White]
Maderista	Buckwheat	Salvia Negro	Sage [Black]
Malvia	Desertmallow/ Mallow	Salvia Púrpura	Sage [Purple]
Mangle Blanco	Mangrove [White]	Sauce	Willow
Mangle Negro	Mangrove [Black]	Sumac De Limón	Lemonaide Sumac
Mangle Rojo	Mangrove [Red]	Tabaco Amarillo	Indian Tree Tobacco
Mariola	Nightshade	Tesajo	Cholla [Pencil]
Matacora	Leatherplant	Toji	Desert Mistletoe
Matorral Costero	Coastal Sage Scrub	Tornillo	Mesquite [Screw Bean]
Matorral De California	Sagebrush [California]	Torote Prieto	Copal
Melón De Coyote	Coyote Melon	Trompo	Buckeye
Nopal / Tuna	Cactus [Prickly Pear]	Uña De Gato	Cats Claw Acacia
Orchilla	Ramalina		

LISTA DE LIBROS QUE RECOMENDAMOS
A continuación una lista de libros que recomendamos:

Potter, Ginger, Baja Book IV.
Automobile Club Guide to Baja California.
Landon, Baja Explorer Topographic Atlas Directory
Roberts, Plant field guide to Baja California
ABA Checklist ? Birds of Baja
Gotshall, Daniel, Guide to Marine Invertebrates.
Peterson Field Guide, Pacific Coast Shells.
Peterson Field Guide, Western Birds.
Kira, Baja Catch
Crosby, H.W., 1997, Cave Paintings of Baja California, Discovering the Great Murals of an unknown People
Gohier, F., A Pod of Grey Whales.
Adams and Wyckoff, A Golden Guide to Landforms.
Zim and Shaffer, A Golden Guide to Rocks and Minerals.

La mayoría de estos se peuden adquirir en librerias o en red en la Direcciónes:

Sunbelt Publications
1250 Fayette St.,
El Cajon, CA 92020, (800) 626-6579,
<sunbeltpub.com>

Baja Source
1945 Dehesa Road,
El Cajon, CA 92019, (619) 442-7061
<http://www.alegriabooks.com/orderonline.html>
<http://www.bajalife.com/books/mail.htm>

FRED T. METCALFs Information Pages on Baja California, Mexico,
<http://math.ucr.edu/~ftm/baja.html>

GLOSSARIO

ABANICO SUBMARINO: Sedimento que es transportado por un cañón submarino forma una masa con la apariencia de un abanico al final del cañón.

ABANICOS ALUVIALES: Material de un río acumulado en un abanico al pie de una montaña en una región desértica.

ACUÍFERO: Capa que contiene agua, generalmente arenisca.

ALUVIAL: Cubierta por aluvión.

ALUVIÓN: Arena, gravas, depositados en arroyos.

ANDESITA: Roca volcánica de grano grueso intermedio de color rojo-café a gris. Hallado en estrato volcanes y brechas. Zonas de subducción a orillas del continente.

ARKOSICO: Arena que contiene abundantes feldespatos. Generalmente formado en climas áridos.

BAJADA: Abanicos aluviales unidos que rodean a una playa.

BASALTO: Roca volcánica oscura, de grano fino, rica en hierro que se halla en los conos volcánicos y mesetas.

BASE NIVELADA: Erosionado hasta casi una planicie en ó cerca de el nivel base.

BATOLITO: Cuerpo de roca plutónica de más de 60 kilómetros cuadrados.

BIOTURBACIÓN: Actividad de organismos sobre los sedimentos.

CADODO: Tallo ó tronco que funciona como una hoja para realizar la fotosíntesis.

COMENSALISTA: Una relación en la cual dos ó más organismos viven en una asociación cercana y en la que una puede derivar algún beneficio, pero ninguna es lastimada.

CONTACTO: Frontera entre dos unidades rocosas.

COQUINA: Conglomerados formados por conchas.

DELTA: Sedimentos depositados en el océano al final de un río.

DERRUMBAMIENTOS: Término general para el movimiento vertical de material debido a la gravedad.

DETRITOS: Fragmentos de material que han sido movidos desde su lugar de origen por erosión.

DIQUE: Material ígneo que rellena una fractura en la roca.

ECOTONO: Una comunidad ecológica de vegetación mixta formada por la combinación de comunidades vecinas.

EDAD ISOTÓPICA: Edad probable determinada por fechado radiométrico de isótopos radioactivos.

EDAFICO: La forma en la que el suelo afecta a los organismos.

ENDEMICO: Nativo ó confinado a una cierta región.

EPIFITO: Una planta que vive sobre otra planta, de la cual depende para su apoyo mecánico, pero no para alimentarse.

ESCARPE DE FALLA: Acantilado ó banco levantado a lo largo de una línea de falla.

ESQUISTO: Roca metamórfica foliada con minerales alineados, tales como la mica y los anfíboles.

ESTRATOS: Acumulamiento en capas en las rocas sedimentarias debido a los cambios en régimen.

ESTUARIO: En donde un río desemboca al océano a través de un área de mareas.

FACIES: Diferentes unidades de roca depositados al mismo tiempo en distintas partes de una cuenca.

FALLA LATERAL: (falla de deslizamiento): Movimiento principalmente horizontal con un lado deslizándose junto al otro.

FALLA NORMAL: Causado por tensión en donde un bloque se desliza hacia abajo. Falla principal de una área de horst y graben.

FALLA: Fractura en las rocas con movimiento.

FECHADO RADIOMÉTRICO: Algunos elementos son radioactivos. Esto es que cambian de un elemento padre a un elemento hijo. Este cambio es aleatorio. Sin embargo, la razón de cambio sí es predecible con números grandes. A ésta razón de cambio se le llama vida media, el cual es el tiempo que se ocupa para que la mitad del elemento padre se transforme en su elemento hijo; 1, 1/2, 1/4, 1/8, 1/16. La razón determina la edad aproximada.

FITOGEOGRÁFICO: Agrupando a plantas por su ocurrencia geográfica.

FLUVIAL: Sedimentos depositados por la acción de algún arroyo o río.

FOLIADO: Alineación de los granos minerales.

FORMACIÓN: Unidad rocosa trazable geograficamente.

FÓSILES: Evidencia de vida pasada, principalmente como restos de organismos.

FRANCISCANO: Rocas metamórficas y sedimentos derivados de una zona de subducción.

GABRO: Roca plutónica de color oscuro, grano grueso y rico en hierro.

GEOSINCLINAL: Sinclinal en una escala continental.

GNEISS: Roca metamórfica segmentada con bandas de minerales de color oscuro y claro.

GRABEN: Bloque caído rodeado por fallas.

GRANÍTICO: Utilizado en vez de plutónico, aplicado como sinónimo de granito.

GRANITO: Roca plutónica de color claro.

GRANODIORITA: Roca plutónica de composición intermedia.

HALÓFITA: Plantas tolerantes a la sal.

HOGBACK: Cordillera angosta con capas muy empinadas.

HORST: Bloque levantado rodeado por fallas.

IGNEO: Formado por el enfriamiento de material fundido.

DISCORDANCIA ANGULAR: Inconformidad en la cual las capas inferiores son inclinadas y erosionadas antes de que se depositen las capas superiores.

DIASTEMA [DISCORDANCIA]: Hueco en el registro de la roca generalmente representado por un período de erosión.

INTEMPERISMO MECÁNICO: Desintegración; descomposición mecánica, más común en los desiertos.

INTEMPERISMO QUÍMICO: Descomposición química de los minerales de las rocas; más común en los trópicos.

K/Ar: Método de fechado en el cual se determina la relación de decaimiento en el que el Potasio 40 decae a Argón 40.

LAGUNA COSTERA: Un cuerpo de agua somero con una conexión restringida al mar.

LAHAR: Flujo de andesita que se rompió a medida que descendía por alguna ladera, generalmente mezclada con agua.

LAPILLI: Material volcánico expulsado como erupción de grano grueso.

LIQUENES: Un alga y un hongo se unen para formar al organismo denominado liquen. El alga proporciona el alimento y el hongo forma el hábitat.

LITIFICACIÓN: Proceso por el cual el sedimento es convertido a roca (cementación, compactación, desecación, cristalización).

LITOLOGÍAS: Carácter físico de las rocas, tipos de rocas.

LITORAL: Línea de costa intermareal.

MAGMA: Material fundido que se forma por la liberación de presión en las cordilleras oceánicas ó la fricción en las zonas de subducción.

MATRIZ: Material alrededor de los granos de una roca.

MEGABRECHAS: Clastos grandes en las brechas.

MESICO: Condiciones húmedas.

METAMÓRFICO: Rocas que han sufrido un cambio por estar sujetas a mucho calor (sin llegar a derretirse) y/o mucha presión debajo de la superficie terrestre.

MONOCLINA: Empinamiento local de las capas, generalmente sobre una falla.

NIVEL BASE: El punto más bajo hasta el cual puede erosionar un arroyo.

OBLIGADO: Capaz de sobrevivir en un solo ambiente; generalmente se refiere a los parásitos.

OBSIDIANA: Vidrio volcánico.

ONIX (Travertino): Carbonato segmentada formada en los depósitos de manantiales calientes.

OPORTUNISTA: Un organismo que se aprovecha de cualquier oportunidad que tenga para beneficiarse a sí mismo.(Vea Parásito)

PARÁSITO: Un organismo que se alimenta y crece sobre un huésped, eventualmente causándole daño ó hasta matándolo.

PIROCLÁSTICO: Material volcánico fragmentado, muchas veces arrojado al aire por un volcán.

MESA ALTA: Extensa área de flujo volcánicos, generalmente basalto, con algunos conos volcánicos.

PLUTÓN: Cuerpo individual de una roca plutónica.

PLUTÓNICA: Roca ígnea de grano grueso que se enfrió lentamente algunas millas dentro de la corteza terrestre.

PUMICITA: Roca volcánica formada de magma con muchos gases disueltos.

ROCAS METAVOLCÁNICAS: Rocas volcánicas que han sufrido un ligero metamorfismo.

SEDIMENTARIO: Rocas hechas de fragmentos de rocas depositadas por corrientes de agua, aire, hielo, gravedad, ó por acumulación de varios materiales orgánicos formados por acción química.

SEDIMENTO: Material fragmentado derivado de otras rocas, siendo transportado de manera activa.

MANTO: Cuerpo intrusivo tabular que es paralelo al echado de los estratos.

SINCLINAL: Plegamiento hacia abajo ó cuenca en donde las capas descienden uno hacia el otro.

DESLIZAMIENTO: Movimiento rotacional de un bloque por gravedad.

SUPERFICIE DE EROSIÓN: Superficie relativamente plana que ha sido erosionada hasta su nivel base por arroyos.

SUSTRATO: Rocas ó sedimentos en la interfase entre tierra y agua.

TALUS: Derrumbamiento de sólo algunas rocas a la vez, de manera local..

TAPONES: Cuellos volcánicos erosionados.

TOBA: Fragmentos volcánicos generalmente arrojados por un volcán.

TONALITA: Roca plutónica de composición intermedia y de grano grueso.

TUFÁCEO: Que contiene toba.

TURBIDITA: Una masa de agua lodosa que se desplaza por una ladera continental, asociada con un cañón submarino

FRACTURA: Fractura sin movimiento.

VOLCANICLÁSTICO: Fragmentos de roca volcánica.

VOLCÁNICO: Roca ígnea de grano fino que se enfrió rápidamente en ó cerca de la superficie.

XERICO: Condiciones áridas.

XEROFITA: Plantas adaptadas a las condiciones áridas.

ZONA DE FALLAS: La mayoría de las fallas son una serie de fallas más pequeñas con sus aspectos relacionados.

ZONA DE SUBDUCCIÓN: En donde una placa se hunde bajo otra a lo largo de una frontera de placas convergentes.

ESCALA GEOLOGICA DE TIEMPO EN BAJA CALIFORNIA

ERAS	PERIODOS	EPOCAS	EVENTOS IN BAJA CALIFORNIA
Cenozoico	Cuaternario	Holoceno	Fallamientos continuos y levantamientos
		Pleistoceno	Levantamiento principal y inclinación de las Sierras
	Tercario	Plioceno	La boca del Golfo de California se abre
		Mioceno	Extenso vulcanismo - el Golfo central se abre
		Oligoceno	Primeros movimientos de las fallas laterales
		Eoceno	Rios auríferos fluyen atravéz de las cordilleras
65 m.a.		Paleoceno	Intemperismo de las someras costas tropicales
Mesozoico	Cretacio		Zona de subducción, Formación del Batolito,
	Jurasico		Geoclinal del Cretácico, y las Cordilleras de la costa.
230 m.a.	Triasico		Tiempo de los Dinosaurs en Baja
Paleozoico	Permico		Volcanismo
	Pensylvanico		Mares someros ? sobre mucho de
	Missisipico		la Baja California
	Devonico		
	Silurico		
	Ordovicico		¿Rocas más antiguas de la península?
600 m.a.	Cambrico		
Precambrico			

CICLO DE LAS ROCAS

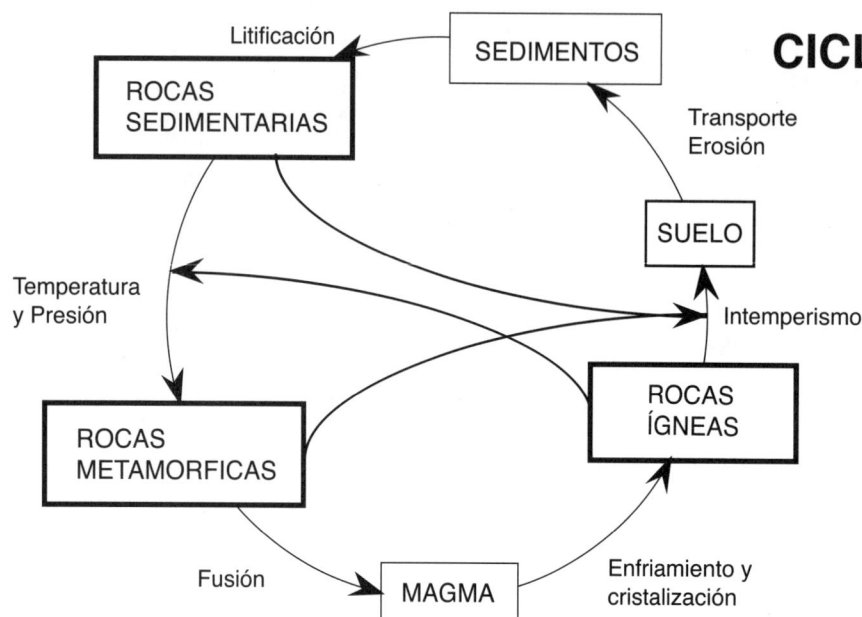

Todas las rocas se encuentran inter-relacionadas como parte de un ciclo dentro de la Tierra, el cual eventualmente se cumplirá en su totalidad hasta convertirse nuevamente en masa fundida. Una vez que como rocas se encuentran en la superficie se preservan por largos periodos de tiempo y son incorporadas al ciclo por medio de la erosión y el intemperismo.

El magma se enfría y cristaliza para formar a las Rocas Ígneas y estas quedan sujetas al intemperismo para formar suelos y así continuar con el ciclo de las rocas.

Diagrama:

- Litificación → ROCAS SEDIMENTARIAS
- SEDIMENTOS → ROCAS SEDIMENTARIAS (Litificación)
- Transporte / Erosión → SEDIMENTOS
- SUELO
- Temperatura y Presión
- ROCAS METAMORFICAS
- Intemperismo
- ROCAS ÍGNEAS
- Fusión → MAGMA
- MAGMA → ROCAS ÍGNEAS (Enfriamiento y cristalización)

ROCAS ÍGNEAS

Las rocas ígneas son formadas por cristalización del magma [roca fundida]. Pueden enfriar lentamente a profundidad y se presentan con un grano grueso visible a simple vista. O, pueden enfriarse lentamente en o cerca de la superficie y presentan un grano fino. Algunas presentan una combinación con cristales grandes y pequeños, a estas rocas se les denomina pórfidos.

OBSIDIANA = volcanica glass
PUMICITA = vidrio volcánico poroso
TOBA = fragmentos de explosión

	Silica Rico ——————— Ferro Rico			
Plutónica	GRANITO	GRANODIORITA TONALITA	GABRO	grano grueso
				límite visible
Volcanica	RIOLITA	ANDESITA	BASALTO	grano fino
	Claro ——————— Obscuro			

ROCAS SEDIMENTARIAS

Los sedimentos son el producto del intemperismo y la erosión por agua, viento, gravedad, acción química sobre las rocas pre-existentes en la superficie de la Tierra. La Mitificación de los sedimentos por cementación, compactación, desecación y cristalización producen a las rocas sedimentarias.

Brechas con fragmentos angulosos y **Conglomerados** con fragmentos redondeados mayores a 2 mm.

	Sedimento	Roca Sedimentaria	
CLÁSTICAS [fragmentos]	Grava	Brecha	Δ
		Conglomerado	O
2mm	Arena	Arenisca	
1/16mm	Lima Arcilla	Limolita Lutita	
NO-CLÁSTICAS [químicas]		Pedernal [SiO_2] Caliza [$CaCO_3$] Yeso [$CaSO_4$]	

ROCAS METAMÓRFICAS

Las rocas metamórficas se general como resultado de sufrir los efectos asociados con la presión y/o temperatura a rocas pre-existentes. Esto ocurre en el interior de la corteza.

La presión produce que la **lutita** se convierta en **pizarra**, más calor y presión hace que las micas crezcan generando **esquistos**, si los feldespatos crecen se genera el **gneiss** con bandas de minerales bien definidas. La **caliza** da lugar al **mármol** y la **arenisca** se convierte en cuarcita. La **serpentinita** se considera material metamorfizado proveniente del manto. Mientras que las rocas **metavolcánicas** son producto de la metamorfización de las rocas **volcánicas.**

PIZARRA → ESQUISTO → GNEISS

Caliza → Mármol
Arenisca → Cuarcita
Gabro → Serpentinita
Rocas volcánicas → Rocas Metavolcánicas